“十三五”国家重点出版物出版规划项目
农地制度改革与流转研究丛书
国家自然科学基金资助项目（71173056）
丛书主编 洪名勇
全国文化名家暨“四个一批”人才项目
贵州大学文科重点特色学科重大项目（GDZT201504）

农地流转契约选择及口头契约自我履约机制研究

洪名勇◎等著

中国财经出版传媒集团
中国财政经济出版社

图书在版编目（CIP）数据

农地流转契约选择及口头契约自我履约机制研究/洪名勇等著．—北京：中国财政经济出版社，2017．10
（农地制度改革与流转研究）
ISBN 978－7－5095－7450－8

Ⅰ．①农…　Ⅱ．①洪…　Ⅲ．①农业用地－土地流转－契约－研究－中国　Ⅳ．①F321．1

中国版本图书馆CIP数据核字（2017）第096924号

责任编辑：高树花　段　钢　　责任校对：李　丽
封面设计：孙俪铭　　责任印制：杨　军

中国财政经济出版社 出版
URL：http：//www．cfeph．cn
E－mail：cfeph@cfeph．cn

社址：北京市海淀区阜成路甲28号　邮政编码：100142
营销中心电话：88190406　北京财经书店电话：64033436　84041336
北京财经印刷厂印刷　各地新华书店经销
710×1000毫米　16开　16．25印张　320 000字
2017年10月第1版　2017年10月北京第1次印刷
定价：66．00元
ISBN 978－7－5095－7450－8
（图书出现印装问题，本社负责调换）
本社质量投诉电话：010－88190744
打击盗版举报热线：010－88190414　QQ：447268889

序

土地是财富之母、发展之基、民生之本，关系国计民生。土地问题不仅是关系我国现代化进程中的重大经济问题，而且是一个社会问题、政治问题，关系到国家的兴衰成败。对于农业发展、农村发展、农民增收而言，土地不仅是财富的重要源泉，而且还为人们提供了生活、生产及行为活动的空间。从财富生产的视角来看，土地要素发挥作用的大小，不仅取决于土地禀赋的具体情况，而且还取决于土地要素与其他生产要素的配置效果与配置效率。而这种配置效果、配置效率的高低与资源配置效率的土地制度安排密切相关，因为不同的土地制度安排将激励有关行为主体与土地配置的要素的投入，不同要素的投入将影响土地资源的产出结果与效率。正因为如此，对于农业发展、农村发展、农民增收来讲，土地制度是最为根本的制度安排。而就中国土地制度对发展的影响而言，不同土地制度安排的绩效是不一样的。

中华人民共和国成立之初，由于封建土地制度的废除和农民土地产权制度的建立，让农民将自己的资源及劳动力时间配置到生产活动之中，短期内使单位土地资源的产出大幅度增加，实现了中国农业快速增长。农用土地入股自愿、退社自由的制度安排，不仅给农民充分的资源配置权，而且农民还拥有“用手投票”权和“用脚投票”权，这将给合作社经营主体足够的经营压力，使其在竞争中将更多的时间、精力投入经营之中。结果，土地合作社超越了土地农民产权制度安排，推进了中国农业持续发展。在人民公社土地产权制度安排下，农民被强制捆绑在人民公社之内，不仅失去了“用手投票”的权利和“用脚投票”的退出机会，而且还失去了劳动时间的配置权利。这样，人民公社的负责人的前途与经营无关，公社负责人完全没有经营、管理好公社的动力和压力。在人民公社土地产权制度安排下，中国农业生产停滞不前，不少地区农村面临生存危机。为了使生活于村庄之内的村民能够生存，安徽凤阳县小岗村的农民才会在知道自己面临非常严重的政治惩罚时，小岗村18位农民仍然以“托孤”的方式，冒险在土地承包责任书按下鲜红手印，实行包产到户。正是这一“包”推进农地产权制度创新，不仅赋予农民耕地要素、劳动时间、品种选择等进行灵活配置的权利以及对生产过程的控制权，而且还赋予农民生产剩余的财产索取权。这一制度安排激发了农民的生产积极性，提高了土地资源配置的效率，而且解决了中国农民的吃饭问题，促进了农业生产发展和农村经济繁荣。

对于学习和研究经济学的人来讲，我们都知道，在一定条件下，土地、资本和劳动力投入都会呈现出边际报酬递增递减规律。与土地要素投入一样，如果其他条件不变，某一制度安排也有边际报酬递增递减规律。不可否认，以土地产权制度为核心的承包制，对解决农民吃饭问题、减少贫困及促进农业农村发展，起了巨大作用。随着市场环境的变化及人们认知心理及观念等的变化，农地家庭承包制的边际报酬也由递增走向边际报酬递减。因此，从20世纪80年代中期开始，国家选择贵州湄潭、江苏苏南、广东南海、北京顺义等地进行农地制度改革试点。在这些地区进行的农地制度改革试验取得了丰硕成果，不少成功经验已经得到国家认可并在全国推广。我们知道，中国制度改革走了一条渐进之路，农地制度改革也一样。针对农地制度运行中存在的具体问题，走了一条渐进改革之路。近年来，在农地“三权分置”这一政策之下，结合本区域的实际情况，各地区在推进农地流转方面做了非常大的工作。农地流转一方面促进农地由“资源”向“资产”、农村闲置“资金”向“资本”、农户身份由“农民”向“股民”的变化，推进农地制度安排的创新；另一方面，在农地制度改革与创新过程中出现一些新情况、新问题，需要学术界进行总结和研究。例如，农地流转空间规律性、农地“三权分置”的路径、农地流转与非就业的内在逻辑、农地流转与农民增收、农地抵押贷款、城乡土地制度分割带来的危害、农地流转过程对农民权益损害，等等。这些问题迫切需要我们进行理性反思与探讨。更何况自2013年以来，中央“1号文件”均用相当的篇幅对农地制度改革与流转进行了阐述，习近平总书记在党的十九大报告中明确指出：“深化农村土地制度改革，完善承包地‘三权’分置制度。保持土地承包关系稳定并长久不变，第二轮土地承包到期后再延长三十年”。可见，党和国家高度重视农地制度改革与创新。因此，对农地制度改革与流转问题进行深入、全面、系统研究是我们义不容辞的责任，正是基于这一认知，瞄准农地制度改革与流转中存在的重大实现与理论问题，我们组织有关学者、专家对此进行深入研究，形成了系列成果。这些成果以“农地制度改革与流转”丛书形式，由中国财政经济出版社出版出版发行，意义重大。本套丛书的出版不仅得到各位专家、学者的支持，而且还得到中国财政经济出版社的鼎力相助，没有他们的努力，丛书是不可能入选“十三五”国家重点图书出版规划的。在此，对他们的支持和努力表示最诚挚的感谢。

丛书主编　洪名勇

2017年11月7日

目　录

第一章　导言 …………………………………………………… (1)
　第一节　研究意义 ……………………………………………… (1)
　第二节　研究框架 ……………………………………………… (4)
　第三节　研究方法与创新 ……………………………………… (6)

第二章　契约选择 ……………………………………………… (8)
　第一节　契约的内涵与特征 …………………………………… (8)
　第二节　契约选择 ……………………………………………… (31)

第三章　契约履约机制 ………………………………………… (41)
　第一节　契约履约机制的选择 ………………………………… (41)
　第二节　自我履约机制 ………………………………………… (46)
　第三节　第三方履约机制 ……………………………………… (59)

第四章　信任、声誉及内在逻辑 ……………………………… (69)
　第一节　多学科视角下的信任及机制研究 …………………… (69)
　第二节　信任、声誉及内在逻辑 ……………………………… (77)

第五章　信任对农地流转契约选择的影响研究 ……………… (85)
　第一节　信任与农户农地流转契约选择 ……………………… (85)
　第二节　基于信任的农地流转契约选择研究 ………………… (92)

第六章　差序格局、利益导向与农地流转契约选择 ………… (102)
　第一节　流转对象、差序格局与农地流转契约选择 ………… (102)
　第二节　差序格局、利益取向与农户土地流转契约选择 …… (114)

第七章　信任、空间距离与农地流转契约选择研究 ………… (127)
　第一节　文献综述与分析框架 ………………………………… (127)

第二节 研究设计 …………………………………………………………（131）
第三节 实证研究 …………………………………………………………（132）

第八章 农地流转契约选择：整体性分析框架及实证研究 ……………（140）
第一节 农户农地流转契约选择机制：分析框架及来自对贵州三个县的调查 ……………………………………………………………（140）
第二节 选择口头契约还是书面契约：基于7个县的实证研究 ……（152）

第九章 声誉机制、契约选择与农地流转口头契约自我履约研究 ………（161）
第一节 研究假设 …………………………………………………………（161）
第二节 农地流转契约选择、声誉机制与口头契约自我履约：实证研究 ……………………………………………………………（166）

第十章 未来价值、契约选择及我自履约机制 ……………………………（177）
第一节 农地流转中的未来价值理论 ……………………………………（177）
第二节 未来价值对农地流转过程中农户行为决策的影响路径 ……（189）
第三节 未来价值、契约选择及口头契约自我履约机制 ……………（197）

第十一章 农地流转口头契约自我履约机制的实证研究 …………………（214）
第一节 农地流转口头契约履约：现象与文献综述 …………………（214）
第二节 信任博弈与农地流转口头契约自我履约 ……………………（218）
第三节 农地流转口头契约自我履约机制：分析框架与研究假设 …（223）
第四节 调查区域与调查样本描述 ………………………………………（226）
第五节 实证分析 …………………………………………………………（228）

第十二章 农地流转口头契约自我履约对农户未来合作意愿的影响研究 ……（233）
第一节 一个解释性框架 …………………………………………………（233）
第二节 区域情况与数据描述 ……………………………………………（237）
第三节 实证分析 …………………………………………………………（238）

参考文献 …………………………………………………………………（244）

后　　记 …………………………………………………………………（255）

第一章 导 言

从乡村土地利用来看，随着一部分乡村人口向城镇迁移和大量劳动力外出务工，不少地区出现耕地抛荒现象。而农地流转不仅可以减少耕地抛荒，提高土地资源利用效率，而且对于促进农业供给侧改革，发展高效农业意义深远。

从现实生活来看，契约无处不在。人们的诸多行为都是依口头约定而行的，这种口头约定就是契约，是一种口头契约。从人类生活的历史长河来看，口头契约发生纠纷的比例是比较低的，即人们都能够遵守自己的约定。从学术研究的视角来看，人们自觉遵守有关约定意味着口头契约是自我实施的，或者是口头契约具有自我履约机制。但口头契约的这种自我履约机制长期以来没有引起学术界的关注，这不能不说是学术研究中的一大遗憾。正是为弥补学术研究中的这些缺憾，笔者以农地流转为切入点，重点对农地流转中的契约选择及口头契约自我履约机制进行研究。

第一节 研究意义

农地流转顺利、有序流转，离不开契约选择和履约。对于农地流转契约选择及履约尤其是口头契约履约机制的研究，不仅具有学术价值，而且具有现实意义。

一、现实意义

农地制度是关系“三农”问题，关系美丽乡村建设及农业供给侧改革的重大课题之一。从我国农地制度安排的历史经验来看，不同时期、不同的农地制度安排具有不同的制度绩效，例如，人民公社下的农地制度与家庭承包经营的农地制度，对农业生产的影响是完全不一样的。虽然农地的家庭承包制创新了农地制度，并对农业经济增长做出了应有的贡献，但我们认识到这一农地制度安排同样是有缺陷的，因此，从20世纪80年代中后期开始，国家就选择了贵州省湄潭、广东省南海、北京顺义、山东平度等地进行农地制度改革试验，以推动农地制度的进一步创新。特别是进入21世纪之后，随着农村劳动力的大量外出务工，农村土地弃耕抛荒现象日益明显，农地资源利用率下降，在人多地少的中国，如何提高农地资源利用效率和配置效率，就成为理论工作者和实际工作部门共同关注的重大课题。提高农地利用效率和配置效率有许多工作要做，其中一个重要内容就是通过农地的合理流转，实现资源配置效率的最优化。

在农地流转过程中，将农地流转双方联结起来的桥梁和纽带是契约（合同），契约的履约情况对于农地流转制度的顺利实施至关重要。我们注意到，国家有关部门就契约制定了一系列规范的书面契约，但从农地流转过程中签订契约的实际情况来看，在一个村庄范围之内，农地流转契约基本是口头契约。这样，对于农民而言，流转土地时，面临签订口头契约还是书面契约的选择，在契约选择之后，就是契约履约。因此，研究村庄范围内农地流转中契约选择及履约机制，对于理解农地流转制度的运行机制，发现农地流转机制的规律性，具有十分重要的现实意义。

二、理论意义

从某种程度上讲，人们生活在契约的世界里。在我们周围存在着这样或者那样的契约，正因为如此，契约理论不仅是近30年来迅速发展的经济学分支之一，而且也是管理学研究的重点课题。近30年发展起来的现代契约理论则认为，由于契约双方的有限理性和交易成本的存在，使契约具有不完备性，即现代契约理论不仅对完全契约进行研究，而且将研究的重点放在对不完全契约的研究上。另外，还对契约中的隐性契约（默认契约、心理学称为心理契约）和激励契约进行研究。因此，代理契约理论、自我履约契约（隐性契约）理论和关系契约（不完全契约）理论就成为经济学中三种主要的契约理论。研究契约的模型主要有事前当事人之间博弈信息不对称的逆向选择模型和事后博弈信息不对称的道德风险模型。同时，将有关研究成果运用到金融市场、保险市场及工商管理、组织运行等领域之中，并取得了大量研究成果。

如果从契约的形式上来进行研究，契约可以分为书面契约和口头契约及心理契约三种。从研究成果来看，大家将更多的精力放在对书面契约和心理契约的研究上，对口头契约的研究相对较少。

在经济学研究中，履约理论（implementation theory）利用机制设计的思想，通过一种简单的选择性契约（option contract）或者再谈判设计，可以实现社会最优的专用性投资水平。在不考虑再谈判的条件下，Moore、Reupllo 和 Moore 设计了一个精巧的多阶段博弈（message game）。在此博弈中，任何偏离均衡路径的一方都将获得不利的默认选择权（default option），并使双方都向第三方缴纳罚金，因此均衡中没有人说谎，这保证了子博弈精炼履行。以上研究借鉴了完全契约的思想，因为它假定有效的结果是基于一些可证实的变量，因此对变量和第三方的假设非常敏感。问题在于，有效交易的数量和价格是不可证实的变量，违约的责任也是难以认定的，可履约理论放松了这些假设，那么契约的不完全性究竟体现在哪里呢？如果考虑到合谋（collusion），第三方惩罚机制就会失效。

要真正理解契约的履约问题，必须引入新的分析理论。20 世纪 80 年代，Kreps、Roberts 和 Wilson 等人将声誉纳入经济学模型，学者们才正式开始研究声誉对经济主体行为决策的影响问题。博弈论最初对声誉的关注主要是集中于与声誉密切相关的策略“可信性”问题上（“可信性”是声誉产生的一个重要的基础）。1982 年，Kreps、Milgrom、Roberts 和 Wilson 将不对称信息引入重复博弈，研究了在不完全信息重复博弈中经济主体之间履约行为的可信性问题，即不完全信息条件下有限次重复博弈中的合作均衡生成机制问题，这就是在信息经济学、博弈论以及产业组织理论中都非常有影响的“KMRW 声誉模型”，他们的思想被总结为“KMRW 定理”。Barro 使用 KMRW 声誉模型研究了政府是否选择制造通货膨胀的问题，Aoyagi 研究了动态 Stackelberg 博弈和声誉的关系。Abreu 和 Gul 建立了一个基于讨价还价理论的声誉模型，研究并突出了讨价还价的态度对讨价还价结果的影响。可以说，声誉模型为我们研究契约的履约机制提供了一种新的视角。

对于契约的履行来讲，除了声誉机制之外，另一种重要的因素在于人们之间的相互信任和信任机制的运行。信任与信任机制是经济学、社会学和管理学研究的一个前沿领域。根据 Zucker 的分类，信任建立机制有三类，即基于过程、基于特征和基于制度。也就是说，信任既可能来源于过程，也可能来源于特征，还可能来源于制度，当然也可能来源于三者的不同组合。在研究中，学者们基本上采用信任方与被信任方这类对偶关系作为研究对象，并将信任视为在特定制度框架下的双边关系的一种指标。由此便形成了三种典型的信任建立机制模型，即基于被信任方的感知可信度模型、基于信任方的信任倾向模型和基于制度规范的新制度模型。人们之间的信任机制可以通过重复博弈模型得到有效解释。在管理学领域，Blaze M 等人于 1996 年第一次提出了信任管理（Trust Management，TM）的概念，并建立了相应的信任管理模型，即 Blaze 信任管理模型。信任是非理性的，是一种经验的体现。在引入了经验的概念来表述和度量信任关系的信任模型称为 Beth 信任管理模型。但该信任管理模型的不足之处在于简单地应用概率模型对主观信任进行建模，引入了证据空间（evidence space）和观念空间（opinion space）的对 Beth 信任管理模型改进的信任模型称为基于主观逻辑（sub - jective logic）的信任管理模型，即 Jsang 信任模型。

值得注意的是，农地制度不仅是制度经济学研究的前沿阵地，而且也是农业经济管理长期给予关注和研究的重点领域。在对农地制度的研究中，农地流转、农地契约又是研究重点和前沿课题之一。如科斯就专门研究了农地产权及产权流转问题，张五常对地主与佃农之间的契约进行了研究，认为农业中存在三种类型的契约——固定地租契约、分成契约和工资契约。从近年国内学术界研究看，农地流转契约已经开始引起了学者们的关注，在进行农地流转时，农民是如何选择契约的？契约选择之后，契约又是如何选择的？从众多学者的调查来看，在农地流转过程中，不少农户都选择口头契约而放弃书面契约，农民在农地流转契约的选择上，普遍存在“重口头、轻书面”的行为倾向。农民为什么会存在这种行为？农民在选择口头契约之后，口头契约是如何履约的？口头契约是自我履约还是第三方参与下的履约？其履约机制是什么？等等。这些问题虽然有学者注意到了，但还没有进行深入系统的调查研究。综合起来看，目前国内在这方面的研究存在以下不足：一是没有对口头契约的履约进行研究；二是没有对农地流转口头契约进行深入研究；三是没有研究农地流转口头契约的履约机制。因此，对农地流转过程的口头契约及履约机制进行研究，搞清楚农地流转中口头契约的履约规律，对于完善新制度经济学的制度理论和农地制度理论具有十分重大的理论意义，这一研究不仅可以丰富新制度经济学的研究素材，而且对于发展新制度经济和农地制度理论有可能做出一定的贡献。

第二节　研究框架

在农地流转过程中，就农地流转契约来说，从农户的视角看，至少涉及两个问题，一是选择什么样的契约，二是如何履约。基于此，我们的研究框架包括以下四个方面：一是契约选择与履约机制研究；二是农地流转契约选择研究；三是农地流转口头契约自我履约机制研究；四是农地流转口头契约自我履约对下一步合作意愿的影响研究。

一、契约、契约选择及履约机制

契约、契约选择及履约机制是一个非常复杂的重大课题，在这一部分，我们用三章对契约的内涵、基本特征、契约选择，履约机制及影响契约选择、契约履约的主要因素如信任、声誉进行探讨。在第二章，我们从多学科的视角对契约的内涵进行了梳理和解读，分析契约产生的根源，对契约进行分类，探讨契约的特征、演化和作用。对科斯、张五常、威廉姆森和巴泽尔的契约选择理论进行梳理。在现实经济生活中，选择契约仅仅是开始而非目的。契约选择后，关键在于契约实施，从而促进契约双方的合作，这样契约履约自然而然地成为本研究需要梳理的问题。在第三章，我们从契约主体的视角来对履约机制进行分类，梳理契约履约机制的重要性，人们是如何进行履约机制选择的，在分析契约履约机制从自我履约走向第三方参与的履约机制后，重点探讨契约的自我履约机制和第三方参与的履约机制。契约选择、契约履约受到诸多因素的影响，在这些影响因素中，其中信任、声誉是较为重要的因素，基于此，第四章重点从多学科的视角对信任及信任机制进行研究，对信任与声誉之间的内容在逻辑进行探讨。

二、农地流转契约选择

农地流转契约选择是我们研究的核心内容之一，我们如何理解农户流转土地时的契约选择是一个非常重大的理论课题。我们用三章对农地流转契约选择机制进行研究。在第五章，我们多次深入贵州的湄潭、金沙等县进行调查，运用多次调查资料，就信任对农地流转契约选择的影响及内在机制进行实证研究。对于生活在农村的农户而言，他们总是生活在一定的差序格局之中，而农地流转不仅受差序格局的影响，而且还受到利益的支配。在第六章，我们从差序格局社会关系和利益取向视角对农户土地流转契约选择机制进行理论研究，同时运用我们对贵州农户的调查资料进行实证研究。在第七章，我们借鉴空间经济学研究的有关成果，将空间、声誉及农地流转契约选择整合在一个分析框架之中，利用调查数据进行了实证研究。在第八章，我们沿着科斯等人的研究路径，将交易成本纳入农地流转契约选择的研究要素之外，还将信任、声誉、文化等因素考虑在内，并建立一个分析农地流转契约选择的整体性分析框架，运用贵州调查资料进行实证研究。另外，还从经济、关系、习俗和文化四个方面，提出四个农地流转契约选择的假设，运用贵州、辽宁 7 个县的数据进行计量分析。

三、农地流转口头契约自我履约机制

农地流转口头契约的履约机制包括自我履约机制和第三方参与的履约机制两种，这类似于制度经济学中制度的自我实施机制和第三方参与的实施机制。本书重点对前者进行研究。对于农地流转口头契约的自我履约机制，我们可以通过信任模型（信任机制）、声誉模型（声誉机制）和未来（预期）合作的收益（价值）进行研究。第九章从声誉的视角对口头契约自我履约机制进行了研究。在这一章，我们先就声誉对农地流转契约选择的影响进行分析，然后就声誉机制对农地流转口头契约的自我履约机制进行实证研究。我们的研究发现，声誉越好，契约越能够自我履约。第十章引入未来价值，研究未来价值对农地流转口头契约自我履约的影响。在我们看来，农地流转口头契约之所以能够自我履约，除受前面我们分析的信任、声誉等机制在起作用之外，一个重要原因还在于不少农户更看重自我履约给自己带来的未来价值。在这一章，我们在对未来价值进行分析的基础上，探讨农地流转过程中未来价值的形成机制；引入心理账户，分析未来价值对农地流转过程中农户行为决策的影响路径；按照实证研究的要求，运用贵州湄潭县的调查资料，对未来价值对农地流转契约选择及自我履约进行实证研究。在第十一章，我们将信任、声誉、未来价值、自我惩罚行为以及农地流转口头契约自我履约整合成为一个分析框架，并运用湄潭、金沙和施秉为调查资料，对农地流转口头契约自我履约机制进行实证研究。

四、自我履约对农户未来合作意愿的影响

在我们看来，农地流转口头契约的自我履约情况与未来价值有关，而且还会影响未来的合作意愿。这一点目前未得到学术界重视，在第十二章试图借鉴博弈论、信任和声誉理论来构建一个解释性框架，提出本章的研究假设，即农地流转契约的履约情况越好，农户越可能选择和对方进一步合作。并运用对贵州的调查数据，进行实证研究，我们的研究表明：合作方自我履约情况越好，农户越愿意在下一轮合作中与其合作，相应的合作愿望越高，与前几章我们进行的契约形式选择机制（“契约前”）、契约履约机制研究（“契约中”）不一样，这一章的研究属于“契约后”研究。

第三节　研究方法与创新

农地流转契约选择及口头契约的自我履机制是一个新的课题，在这里，简要介绍我们的研究方法及在相关领域的创新。

一、研究方法

将新制度经济学、博弈论、统计调查以及计量分析等多学科结合起来对本书进行调查研究，主要研究方法有：

第一，调查方法。在文献分析、深度访谈、开放式调查（试调查）的基础上，编制具有可操作性的农地流转契约的调查表格（尤其是信任、声誉调查表），对农地流转契约选择及履约情况进行调查。

第二，案例研究法。对典型案例进行调查，主要从经验检验的角度就信任、声誉和未来价值对农地流转口头契约自我履约机制进行经验检验。

第三，博弈论。利用信任博弈模型分析信任对农地流转口头契约自我履约机制的影响；通过重复博弈模型分析、信任博弈对农地流转口头契约自我履约机制进行研究。

第四，计量分析。在对信任调查表、声誉调查表中的资料等进行整理的基础上，利用回归模型（logistic 回归模型等），对研究假说进行计量检验。

二、创新

第一，新理论。通过对农地流转契约选择机制及口头契约自我履约机制的调查研究，形成农地流转契约的选择理论及口头契约自我履约机制理论，推进了农地流转理论的发展。

第二，新材料。农地利用管理中，调查和掌握相关地区农地流转契约选择情况、口头契约及自我履约的基本情况，丰富了农地制度研究和制度理论研究的材料。

第三，新方法。一是开发了一套度量信任、声誉的调查表格和计量工具，并用于对农地流转契约选择、口头契约自我履约机制的调查。二是引入信任博弈模型、重复博弈模型等研究信任、声誉对农地流转契约选择、口头契约自我履约机制的影响。

第二章 契约选择

人们都生活在契约的世界里，随时随地会面临契约和契约选择，那什么是契约？当我们面临多种契约时，又如何进行选择？契约选择的机制是什么？有什么规律可以遵循？这些是本章拟探讨的内容。

第一节 契约的内涵与特征

契约是一个涉及多学科、多领域的概念，我们力图从多学科的视角对契约的内涵进行梳理，对契约的特征、演化及作用进行探讨，为后续研究奠定基础。

一、契约的内涵

（一）法律视域的契约

不仅不同学科对契约内涵的理解不一样，即使在法律视域，对契约的理解也是不一样的，归纳起来，主要是从协议、承诺（允诺）、交易三个方面对契约进行理解。不同学者在进行具体的理解和定义时又有较大差别，但综合起来看，主要有规定性的契约定义、描述性的契约定义、记述性的契约定义。规定性的契约定义是指按照作者的运用目的或者意图，来确定其契约定义中的每个专有名词或者概念的含义；对于描述性的契约定义而言，更多的是致力于描述其他人的定义方式，展现契约概念本身的基本结构；记述式的契约定义，更多的是在描述某一特定词语或者概念在特定时期、特定地点、被特定的人所使用的具体含义。

第一，协议视角下的契约定义。契约又称为合同、合约或者协议。英文为contract、compact 或 covenant。在《牛津法律大辞典》中，契约是指两人或者多人之间为在相互间设定合法义务而达成的具有法律强制力的协议①。《拿破仑法

① David M. Walker，The Oxford Companion to Law. Oxford University Prees. 1980.

典》第三章第一节《通则》中，将契约定义为一种合意，依此合意，一人或数人对于其他人或数人负担给付、作为或不作为的债务；当签约双方是相互负有债务时，这种契约为双务契约；如果不是双方互有债务，而只是其中一方对另一方负有债务时，这种契约称为单务契约[①]。

按照《现代汉语词典》的解释，契约是依照法律订立的正式的证明，“出卖、抵押、租赁等关系的文书”[②]。1932 年美国律师学会在《合同法重述》中所下的定义是：契约是“一个诺言或一系列诺言，法律对违反这种诺言给予救济，或者在某种情况下，认为履行这种诺言乃是一种义务”。从法理上看，契约是指个人可以通过自由订立协议而为自己创设权利、义务和社会地位的一种社会协议形式。契约的观念早在古罗马时期就已经产生，罗马法最早概括和反映了契约自由的原则。

第二，承诺（允诺）视角下的契约定义。弗里德在《契约即允诺》这本书中认为契约的生命就是允诺原则，允诺原则“是指之前没有任何义务存在的前提下人们可以为自己设定义务的原则”[③]。那么，允诺是什么？“允诺是一种沟通”[④]；一般地，这种沟通可能是口头的。允诺未被信守和撒谎都会给对方造成伤害，这两种情况都滥用了信任，但两者又有所区别，对于撒谎者而言，在谎言出口的时候就意味着会给对方造成了伤害；做出允诺，则是保证一个将来的行为会按照允诺去做。而允诺之后，没有按照诺言实现允诺，可能不是故意的。因此，两者是有较大区别的。

《法律重述》（第二版）说：“所谓契约，就是一个或一组承诺……法律对于契约的不履行给予救济，或者在一定的意义上承认契约的履行为一种义务”，这个定义不是事实上的契约定义，而是法律上的契约定义。根据这个定义，任何关系，不论包含了怎样多的交换，只要不具有法律给予救济或被法律承认为义务的可能性，就不是契约。事实上，在现实生活中，可能还存在许多交换关系，但这些交换关系并不一定存在救济，尤其是市场经济条件的很多交换可能都没有救济。可见，这种定义是需要我们认真思考的，也是有问题的。以法律为取向的契约定义把一些特定的关系排斥在外，而且这种定义产生另一个重要后果是使人们产生有偏见的认知，认为除在法律领域之外是没有契约的。事实上，法律可能是契约的重要内容，但契约所包含的内容远远超过了法律，而且要比法律广泛得多。另外，仅将契约理解为一个承诺也是有问题的。《法律重述》将它界定为

---

① 参见《拿破仑法典》，商务印书馆 1996 年版，第 148 页。

② 中国社会科学研究院语言研究所词典编辑室：现代汉语词典（修订本），商务印书馆 2000 年版，第 1005 页。

③④ 弗里德．契约即允诺．北京大学出版社，2006：1.

“以某种特定的方式作为或不作为的意思表示，通过这种表示，使受诺人相信已做出了一项允诺”[①]。承诺的观念意味着确信人类的意志力能影响未来，确信一个人现在能够影响未来。在麦克尼尔看来，交易中的承诺包括五个方面的内容：一是承诺人的意志；二是受诺人的意志；三是为限制未来的选择采取的现时行为；四是交流；五是可度量的互惠性。

虽然从承诺这一视角来理解契约有一定意义，但还是存在许多问题。其中一个重要原因在于，“承诺总是不完整的”[②]，承诺之所以是不完整的，其原因在于：一是人的大脑在同一时间里只能集中在有限的几件事情上，事实上，从效率上考虑，一个人实际注意的事比他能够注意的还要少，这样，承诺就只能是全部情况中的一部分。这就是西蒙所讲的有限理性的约束，个人对于未来的信息量总是不全面的，所以承诺无论多么完满，都只有根据它的背景才能理解。二是承诺转换是有成本的，这使得承诺只能是契约的一个片段。承诺要能够实施，首先需要转换成交流的信号，这种转换需要付出努力，努力就是一种代价。或者说，承诺转换是有成本的，这样，使得并非所有能够转换成承诺的事实际上都成了承诺。基于此，麦克尼尔说：“承诺不可避免的只是契约关系的片断，甚至只是交易的片断”[③]。另外，发出承诺者与接受承诺者的承诺不能很好契合，使从承诺视角来理解契约受到一定限制，或者说使承诺不能发挥应有的作用。既然是承诺，意味着存在承诺的发出者与接受者。这一个承诺要能够真正发挥作用，其前提是承诺的发出者与接受者对承诺的理解完全一致。但由于承诺转换的成本以及个人理解之间的差异，使得发出的承诺与接受的承诺不可能完全一致。这样，使得每一个承诺都是两个承诺，即发出者的承诺和接受者的承诺。这使得承诺的发出者和承诺的接受者在对承诺理解上总会存在或大或小的差别，这种理解上的差异，使承诺的顺利实施存在一定障碍。

第三，交易视角下的契约定义。所谓契约，不过是有关规划将来交换的过程的当事人之间的各种关系。一种选择意识以及对未来的认识，通常促使人们为未来进行活动制订计划。当这些行动和计划关系到交换时，这种交换就被规划到以后了。就是说，某些交换的因素，不是立即发生，而是要到将来才发生。这种规划，或更确切地说，这种规划发生时人们之间的关系，就是我所指的契约[④]。根据麦克尼尔的观点，契约是规划未来交易的一种机制。持续的契约关系的存在造成了这样一种期待：未来的交换将会发生，并通过现存关系的动力以部分可预见

---

① 麦克尼尔．新社会契约论——关于现代契约关系的探讨．中国政法大学出版社，1994：5.

②③ 麦克尼尔．新社会契约论——关于现代契约关系的探讨．中国政法大学出版社，1994：8.

④ 麦克尼尔．新社会契约论——关于现代契约关系的探讨．中国政法大学出版社，1994：4.

的模式发生[①]。在市场经济条件下，每个人都有自己的目标，这种目标可能是利益目标，或者是非利益目标。由于专业化与分工的存在，个人要达到自己的目标，就需要与其他人进行合作。而合作的有效途径之一就是交易，对此，弗里德在《契约即允诺》中写道："你想达到A目的而我想达到B目的。没有合作，我们都不可能成功。所以，我想要约束我自己去帮你达到A目的，这样你也会约束你自己帮我达到B目的"[②]。如果交易双方可以通过实时交易达到目标或者完成行动，就不需要契约来约束双方的行为。问题在于，交易双方实现自己的目标是有时间差的，而且在不少场合，交易中的每一方实现自己的目标也是需要较长时间的。这样，由于交易双方与其自身追求目标之间的时间差异，就需要一种契约来对双方的行为进行规范和约束。这样，契约成为一种交易双方可能都选择的一种有效的制度安排。这意味着在在未来一定时期内，如果交易中的甲方需要乙方帮助时，乙方会帮助甲方完成其目标，而在乙方需要帮助时，甲方也帮助乙方完成自己的目标。也就是说，甲方的允诺现在就把甲方未来的行动交付在乙方手中，如同乙方的答允把乙方未来的行动交付在甲方手中一样。这样，未来的交易就转化为现在的交易。为了完成这个交易，只需要甲、乙双方签订一个契约，用于规范和约束甲、乙双方在未来一定时期的行为。因此，在契约经济学家看来，任何交易都需要由某种形式的契约为媒介，不管这种契约是公开的还是默契的[③]。交易有多种形式，如货币与诺言的交易、诺言与诺言的交易、商品与诺言的交易、服务与诺言的交易。交易形式虽然是多种式样的，但不管是哪种形式的交易，其交易过程中的共同点是，一方放弃某物以引诱另一方也放弃某物；一边是立约人立下诺言，另一边是受约人通过对价给予回报[④]。

（二）经济学视域的契约

经济学视域的契约与法律视域的契约概念虽然有一定联系，但由于学科的差别，使这两个学科之间对契约的理解是不一样的。现代契约经济学中的概念，比法律所使用的契约概念更为广泛。它比法律上所使用的契约概念的内涵要宽泛得多。不仅包括具有法律效力的契约，也包括一些默认契约。现代经济学中的契约概念，实际上是将所有的市场交易（无论是长期的还是短期的、显性的还是隐性

---

① 麦克尼尔．新社会契约论——关于现代契约关系的探讨．中国政法大学出版社，1994：7.

② 弗里德．契约即允诺．北京大学出版社，2006：14.

③ 伊特韦尔，米尔盖特，纽曼．新帕尔格雷夫经济学大辞典（第二卷）．经济科学出版社，1996：811.

④ 考特，尤伦．法和经济学．上海三联书店、上海人民出版社，1999：298.

的）都看作一种契约关系，并将此作为经济分析的基本要素[①]。H. 培顿·扬在《个人策略与社会结构——制度的演化》中认为，所谓契约，指的是决策人们相互之间关系的各种条款，契约可以是书面的或者非书面的，显性的或者隐性的[②]。综合起来看，我们可以将契约定义为契约是交易各方为优化自己的资源配置，实现资源配置的最优化和效应的最大化，为规范交易双方行为而订立的一种协议。这一契约定义包括以下几个方面的含义。

第一，契约存在的前提是交易。交易、契约是制度经济学研究的核心概念之一，对此，康芒斯在《制度经济学》这一著作中指出："我用'交易'作为经济研究的基本单位。""交易，不是实际'交货'那种意义的'物品交换'。它们是个人与个人之间对物质东西的未来所有权的让与和取得……交易是所有权的转移"[③]。在康芒斯将交易作为经济学的研究对象之后，不少经济学家沿着康芒斯研究路径，一方面不断拓展"交易"的应用范围，另一方面不断深化对"交易"范畴的研究，使交易成为经济学研究的重要对象，而且成为制度经济学的核心概念。科斯在其经典论文《社会成本问题》中认为交易不是物与物的交易，而一种产权或者称为权利的交易。回顾一下经济学家对交易的研究，除新制度经济学家将交易对象定义为权利之外，早于新制度经济学家科斯的马克思也表达了相同的思想，马克思在研究商品交易时，虽然是从"商品"这个细胞切入去分析问题，但马克思显然注意到商品交易的背后还有一个更为重要的商品的权利人，即商品交易的背后是产权的交易。

第二，契约是交易当事人自由选择的结果。交易过程中，不论是从需求主体的视角看，还是从供给主体的视角看，交易对象可能都不少于一个或者说多个，选择什么样的交易对象进行交易，完全是双方自由选择的结果。从契约的视角来看，不仅交易对象是自由选择的结果，而且契约形式的选择也是自由的，例如选择书面契约或者口头契约均是双方自由选择的结果，不论是契约内容或者契约条款也是双方自由选择的。

第三，契约是建立在交易双方意见一致基础上的。契约的形式是双方经过反复协商的结果，在协商过程中，每一方充分表达自己的意见，让对方充分理解。只有双方都充分理解对方的意见，并且达成共识，才会形成契约。因此，契约一定是建立在交易双方意见一致基础之上，如果双方意见不一致就不可能达成契约。

---

① 参见李风圣为《契约经济学》撰写的前言，拉斯·沃因、汉斯·韦坎得主编，经济科学出版社1999年版，第3页。

② H. 培顿·扬. 个人策略与社会结构——制度的演化. 上海三联书店、上海人民出版社，2004：167.

③ 康芒斯. 制度经济学. 商务印书馆，1997：74.

第四，契约主体之间的地位是平等的。契约不是行政命令，不以服从为特征，契约涉及的交易主体之间是平等的。由于交易是自由选择的结果，这决定了契约涉及的交易主体的地位是平等的，没有高低贵贱之分。因为，如果没有地位上的平等，就不可能有自由选择交易，就不可能有交易双方的意见的自由表达，也就没有自由选择的空间。

第五，契约是一种承诺。契约涉及双方的权利与利益，同时也会涉及自己的责任与义务。从责任与义务的视角来看，契约是签约双方向对方的一种承诺，同时也是自己承担责任的一种表示。这种承诺或者表示可以是明确的，也可能是隐含的；契约以承诺为构成要件，它体现了对对方意见的尊重。值得注意的是，契约中的承诺不是单向的，而是双向的，是相互的。承诺意味着当事人自己未来应该干什么样的事，并且要对自己的行为进行约束，不要损害对方利益。这样，承诺就成为一种约束机制，规范当事人的行为。因此，如果没有承诺这种约束机制，交易要能够获得成功是比较艰难的。

二、契约的根源

为什么会存在契约？麦克尼尔认为，契约之所以存在，其根源在于：第一，社会契约的第一个根源“就是社会，社会自始至终都是源头”①。在麦克尼尔看来，要搞清楚什么是契约，我们必须从社会开始。要理解契约，首先必须理解社会。麦克尼尔认为，没有社会创造的共同需求和爱好，契约是不可想象的；脱离了社会，在完全孤立、追求功利最大化的个人之间的契约不是契约，而是战争；如果没有社会交往过程中的语言，契约是不可能的；没有社会的结构和稳定，仅从字面上看，契约也是不可思议的，这就像远离社会的人不可思议一样。因此，“契约的基本根源，它的基础是社会。没有社会，契约过去不会出现，将来也不会出现”②。

第二，劳动的专业化和交换。一方面，专业化和分工提高了生产效率，促进了经济发展。另一方面，专业化和分工的另一种结果又促进交换的发展。专业化要能够提高经济效率，必须以满足有关主体对商品多样化的需求，而专业化使某一特定的个人仅有某种技能、某企业仅仅生产某种产品，而人的需求又是多种多样的，即使是企业的生产需求也是多样的。这样，专业化就要求通过交换满足个人和企业需要的商品，从而实现个人劳动力的再生产和企业的再生产，而将交换双方联系在一起的制度安排就是契约。因此，麦克尼尔将劳动的专业化和交换作

---

① 麦克尼尔．新社会契约论——关于现代契约关系的探讨．中国政法大学出版社，1994：1.

② 麦克尼尔．新社会契约论——关于现代契约关系的探讨．中国政法大学出版社，1994：2.

为契约的第二种起源。

第三，选择性。选择性意味着我们可以在一系列行为中进行某种自由挑选，没有选择，即使有了劳动的专业化和交换，对最简单的契约也没有意义①。如果从契约的概念中去掉了选择，那么也就没有契约。按照笔者的理解，麦克尼尔的意思可能是：与专业化相伴的是交换，但如果交换的对象是唯一的，即交换没有选择性。这时，交换对象、交换内容等就是既定的，不管你愿意或者是不愿意。在这种场合，也就不需要交换双方签订契约，或者，即使存在分工、专业化的交换，如果交换对象没有选择的余地，契约是不需要的。

第四，未来意识。麦克尼尔认为，在一个社会中，有了专业化、交换和选择性，这仅仅有了契约的雏形。“只有加上第四个根源，自觉的未来意识，契约才真正成熟”②。一旦人类有了这种意识，随之对自己是一个选择性的动物的认识越来越强，契约充分发展的可能性才变成现实。

三、契约分类

不同学科、不同学者从不同视角对契约进行了分类，这里，我们主要就经济学者对契约的分类进行归纳和整理。

（一）个别性契约和关系性契约

麦克尼尔在《新社会契约论——关于现代契约关系的探讨》这一著作中将契约分为个别性契约和关系性契约。

个别性契约。“个别性契约是这样一种契约，当事人之间除了单纯的物品交换外不存在任何关系。它的范式就是新古典微观经济学的交易”③。这种契约类似于现代契约经济学如威廉姆森所讲的新古典契约。

关系性契约。事实上，在交易过程中，除了物品交易之外，还涉及关系。因此，我们说，从某种意义上讲，规范交易双方的契约，实质上是关系契约。对此，麦克尼尔写道：“每一个契约，即使是这种理论上的交易，除了物品的交换外，都交涉到关系”④。而关系又可以分为两大类，一类是原始社会共同体中的关系，另一种是现代市场经济中的关系。与此相适应，关系契约可以分为原始社会的关系契约和现代市场经济社会的关系契约，从现代契约经济学的视角来看，前一种关系契约类似古典契约，后一种契约类似于现代关系契约。

在麦克尼尔看来，三种契约既有区别，又有联系。两种关系契约就像两把解

①② 麦克尼尔．新社会契约论——关于现代契约关系的探讨．中国政法大学出版社，1994：3.

③④ 麦克尼尔．新社会契约论——关于现代契约关系的探讨．中国政法大学出版社，1994：10.

剖刀，一把解剖刀主要对原始社会的交易进行解剖，另一把则对现代市场经济的运行进行解剖。同时，两把解剖刀都从个别性交易出发对交易进行解剖。从而，使三种契约紧密联系在一起。

（二）完全契约与不完全契约

完全契约。完全契约意味着准确而完备地描述了与交易有关的所有未来可能出现的状态；详细列明了每一状况下契约各方的权利和责任，以及风险的分配；明确规定了契约履行方式和违约后的处理程序①。萨拉尼耶认为，完全契约是指在协商、签订契约时，把整个契约期内所有影响契约关系的变量都考虑在内②。在阿罗—德布鲁范式中，每一份契约都是市场供求关系的一个均衡点。由于新古典经济学把交易视作没有人格特征的匿名交易，当事人之间的私人关系无关紧要。“无形之手”使每一份契约都能严格地履行和实施。因此，契约总是完全的。

完全契约的存在依赖于以下假设前提：一是契约当事人必须具有完全的理性；二是当事人必须具有充分的合作精神，即没有机会主义行为的倾向；三是契约条款的影响和作用不存在外部性，即当事人之间的契约不对契约外的第三者构成利益上的损益；四是契约当事人均拥有对其选择的对象及其结果的完全信息，并且不存在信息上的不对称。

不完全契约。由于个人的有限理性，外部环境的复杂性、不确定性，信息的不对称性和不完全性，契约当事人或者契约的仲裁者无法证实或者观察一切，从而使契约不完全。相对于完全契约而言，不完全契约意味着，契约不可能对签约双方现在或者今后可能出现的各种情况进行预见，不可能对有关事项进行约定。因此，契约是不完全的，这就需要设计不同的机制以应对契约条款的不完全性，并处理由不确定性事件引发的有关契约条款带来的问题。哈特把注意力集中在契约的不完全上。他指出，在现实中，契约是不完全的，并且无时不在进行修改和重新协商。第一，在复杂的、不可预测的世界中，人们很难想得很远，也很难对可能发生的各种情况都做出计划。第二，即使能够做出计划，缔约各方也很难就这些计划达成协议，因为他们很难找到一种共同的语言来描述各种情况和行为；对于这些，过去的经验也提供不了多大帮助。第三，即使各方可以对将来进行计划和协商，他们也很难明确这些计划是什么意思，更重要的还在于，这些计划很难强制性地加以执行。换句话说，双方必须既能够相互交流，而且还要能够与对签约各方运作环境一无所知的局外人进行

---

① 陈国富．契约的演进与制度变迁．经济科学出版社，2002：73.

② 萨拉尼耶．合同经济学．上海财经大学出版社，2008：96.

交流。

艾伦·施瓦茨认为，不完全契约之所以存在，主要有以下几个方面的原因：第一，描述契约内容的语言不清晰。虽然契约签订各方在协商契约内容时，各方“意思”表述是清楚的，可以意会的，也可以言传的。但将有些内容写入契约时，由于语言表述上的模棱两可或不清晰，这时契约就是不完全的。第二，“由于契约方的疏忽未就有关事宜订立契约，而使一个契约是不完全的”①。第三，当契约方订立一契约条款以解决一个特定问题时，由于订立契约的成本、新契约的实施成本过高使新契约的订立成为不可能。第四，由于信息不对称引起的弱或强不可缔约性。当契约方知道信息但第三方获得信息的成本超出其收益时，信息是“不可获得的”；相反，信息就是“可获得的”，又是“可确认的”。如果契约条款的签订以不可确认的信息为基础时，这种契约就是不完全契约，即与契约相关的信息是不可证实的，艾伦·施瓦茨将这种由于信息不可确认时签订的契约称之为“弱不可缔约性”；如果与契约相关的信息既是不可获得又是不可确认的，一个契约事宜被称为“强的不可契约性”，当弱的或者强的不可契约性存在的时候，一个契约“注定是不完全的”。第五，喜欢合作的倾向。由于交易过程中不同主体是有差别的，同时不同主体的合作偏好又是不一样的，当交易主体存在异质性时，契约是不完全的。这样，一个完全交易契约的签订必须要满足：一是信息的完全性，二是合作者的偏好类型。如果缔约方不能筛选信息和合作者类型，即不知情方不了解类型分布或者知情方不能令人信服地披露另一个合作者的类型时，契约就是不完全的②。

（三）显性契约与隐性契约

隐性契约。隐性契约最早是用以阐述雇主和雇员之间各种心照不宣的复杂协议，是一种雇主与雇员之间心理上的约定，即心理契约。对心理契约的研究最早可以追溯到 C·阿奇利斯（Chris Argyris），他在《理解组织行为》这一著作中探讨了工头与工人之间一种隐性及非正式的理解与默契关系，并将这种关系称之为“心理工作契约”。莱文森、普莱斯在充分肯定阿奇利斯的发现后，把心理契约视作雇主与雇员之间的相互期待，认为心理契约很大程度上是无形的，并且是不断变化的。施恩在阿奇利斯、莱文森、普莱斯等人研究的基础上，进一步明确了心理契约对于行为动机方面的重要意义，并将心理契约定义为：在组织中，每个

① 艾伦·施瓦茨．法律契约与不完全契约．载科斯，哈特，斯蒂格利茨．契约经济学．经济科学出版社，1999：102.

② 艾伦·施瓦茨．法律契约与不完全契约．载科斯，哈特，斯蒂格利茨．契约经济学．经济科学出版社，1999：96－134.

成员和不同的管理者以及其他人之间，在任何时候都存在的没有明文规定的一整套期望①。D·M·鲁索（Denise M. Rousseau）在《组织心理与隐含契约》一文中认为，心理契约实质上是当事者（主要是雇员）的主观信念，是一个在实践中逐步建构的过程，并认为心理契约是个体在他/她与第三方之间进行互惠交换、建立联系的主观信念，而这种信念以双方在交往中所做出的或暗示的承诺为基础②。Baily、Gordon 和 Azariadis 以完全信息和风险偏好不对称（工人厌恶风险、企业风险中性）为假设前提，指出厌恶风险的工人为了避免收入不确定而与风险中性的企业达成一种默契的、非明文规定的长期保险契约，即隐性契约③。隐性契约是交易双方就商品产权转移的默契合意，它以商品产权分割为存在前提，契约主要依靠交易双方在综合利益机制约束下自动实施。

与隐性契约相对应的是显性契约。显性契约即成文契约或者称为正式契约。显性契约是交易双方关于商品产权完全转移的明示合意，契约主要依靠第三方强制实施。显性契约与隐性契约都是交易主体在契约成本约束下为追求交易效率所进行的契约安排，是交易双方承诺的动态调整。

一般地，显性契约与隐性契约两者是相辅相成的。在显性契约出现之前，隐性契约是最为主要的契约。在显性契约产生之后，尤其是在现代市场经济中，显性契约是规范交易双方行为的重要契约。在这种情况之下，隐性契约的存在是以显性契约的存在为基础的，隐性契约是显性契约的衍生物。但是，显性契约与隐性契约又是不一样的，两者是有区别的。显性契约的内容是法律认可或明文规定的明示条款，隐性契约的内容是交易双方共同预期的默示条款，不以文字的存在为前提。显性契约的存在具有普遍性，隐性契约则以商品产权分割为存在前提。显性契约的履约以国家法院等国家机器为基础，以法律运行机制为保障，隐性契约的实施以利益机制、竞争机制与伦理机制为保障。显性契约强调满足主体现实利益需求，隐性契约侧重于满足利益主体的潜在利益需求。显性契约具有静态性、离散性，忽视了交易主体缔约能力的动态变化；隐性契约具有动态性、连续性，认为交易主体谈判能力随着环境与自身条件的变化而变化。显性契约对制度环境差异的反映缺乏敏感性，隐性契约对制度环境差异的反映具有较强敏感性④，显性契约与隐性契约的比较如表 2－1 所示。

---

① 彭正龙，沈建华，朱晨海．心理契约：概念、理论模型以及最新发展研究．心理科学，2004：2.

② Rousseau，D. M. Psychological and Implied Contracts in Organizations. Employee Responsiblities and Rights Journal，1989，2（2）：121－139.

③ 李敬湘，张衔．国有企业高管激励中的契约选择：隐性契约与显性契约．云南社会科学，2009：4.

④ 程宏伟．隐性契约与企业财务政策研究．西南财经大学博士论文，2005.

表2-1 显性契约与隐性契约比较

	显性契约	隐性契约
存在前提	普遍存在	商品产权分割
契约内容	明确	模糊
效力根源	现实利益	潜在利益
机会主义行为	可能性小	可能性大
法律约束	直接作用、强制性	间接作用、非强制性
契约成本	高	低
违约惩罚	第三方惩罚	未来合作机会丧失
制度环境	弱	强

（四）简单契约与复杂契约

在不少契约经济学家的研究视野里，简单契约就是完全契约。对简单契约范畴的界定，契约理论似乎矛盾而又混乱。道格拉斯·伯恩姆和马歇尔·温斯顿（1998）认为，简单契约只涉及两方的契约，契约规定了双方的行动集，契约当且仅当法庭能够辨认契约的一方是否选择了行动集的一个行为时，才能强制施行[①]。从他们的界定中可以看出，简单契约设计了双方的行动集并给予界定，还强调了这些行为是法庭的可以识别的。简单契约更多的带有完全契约的特征，他们不仅强调了事前契约条款的可明确性，而且强调了事后法庭的可以识别性。而更多的经济学家们则认为，简单契约不能取得理想的结果，只有复杂契约或重新谈判才可以实现。

（五）短期契约与长期契约

契约规定的是未来的交易，由于经济人的有限理性和机会主义倾向，那么交易便有风险。各契约人出于对风险的应对，根据交易条件，对契约的有效期做出相应的设计或规划。威廉姆森（1971，1985）认为，资产专用性交易条件适合用长期契约或垂直兼并来解决契约双方的机会主义倾向。但长期契约毕竟是由一个个短期契约组成的，如何处理契约交易关系中的短期契约与长期契约的关系成为契约经济学讨论的热点。克劳福德提出用短期契约治理长期契约，即使有威廉姆森意义上的专用性投资的存在，并解释了契约的持续期如何影响沉没成本投资[②]。

---

① Douglas, B. & M. D. Whinston (1998), "Contracts and Strategic Ambiguity", The American Economic Review 88 (4): 902-933.

② 张东辉，王杰．契约经济学发展的若干前沿问题．经济学动态，2005：11.

（六）口头契约与书面契约

在法学领域，口头契约是指交易双方以一定的语言，以产生法定债权为目的的契约，书面契约是以某种书据为法定原因的契约（房守林，任锡君，1997，P206－210）。从经济学的视角来看，我们可以将口头契约定义为交易双方或者交易当事人以一定语言来商议的协议，而书面契约则是交易双方或者交易当事人以书面形式签订的协议。

（七）自我实施契约与第三参与实施契约

诺斯、巴泽尔等著名制度经济学家从契约实施主体的视角，将契约分为自我实施契约与第三方参与实施的契约。那么在什么条件下，契约是自我实施的？在什么条件下，契约需要第三方参与才能实施？诺斯认为，当合约双方的支付额与应付额相等时，合约将是自我实施性的，即在衡量与实施合约没有成本时，从合约中获得的收益将超过成本；在交换双方相互具有关于对方的大量知识以及交易中包含重复交易时，合约是自我实施的[①]。随着交换在时间和空间上越复杂，为实现合作结果需要的契约安排就越复杂，成本也越高。这时，只有建立由第三方的实施或降低另一方的信息费用的契约安排，才能使十分复杂的交换得以实现[②]。

四、契约思想的演化

契约思想的演化经历了古典契约理论的自由观、新古典契约理论的完全观、现代契约理论的关系观三个阶段。

（一）古典契约

麦克尼尔在《新社会契约论——关于现代契约关系的探讨》这一著作中将契约分为古典契约、新古典契约和现代关系契约，威廉姆森在《资本主义经济制度》一书中，沿着麦克尼尔的分类对三类契约进行了研究。

在完全自由竞争的古典市场中，交易者自由选择交易对象，各交易者像一个个原子可以相互替代，他们交易同质的产品，契约条款全面并且有充分的约束力。契约对所有与商品或劳务有关的未来事项加以描述并进行“贴现”，契约不需要修正和调整。古典契约具有以下特征：一是契约是个别的、不连续的。在古典契约中，没有持久性的通过契约建立起来的合作关系。二是契约的实时性。由

① 诺斯．制度、制度变迁与经济绩效．上海三联书店、上海人民出版社，1994：75.

② 诺斯．制度、制度变迁与经济绩效．上海三联书店、上海人民出版社，1994：79.

于个别性的契约，对交易当事人的权利、责任、义务作了明确的规定，协议条款是明确的，不需要对未来的事件做出规划，因此，契约的谈判、签订、履行都现时化了。三是契约是具有自由意志的交易当事人自主选择的结果，他们所签订的契约不受任何外来力量的干涉。古典契约中没有第三方的介入。它强调的是“法律规则”、正式文件和自我清算的交易。在古典契约下进行的交易，是那些交易条件事先已经规定的交易。在现实生活中，我们经常看到的房地产买卖契约就是古典契约。古典契约除交易内容之外，一般对不履行契约造成另一方损失的情况规定了详细的赔偿条款，交易的一方如果没有履行契约，需要对交易中的另一方进行按照事先的约定进行补偿。这种事先对不履行契约规定明确条件和惩罚办法的契约，就是典型的古典契约。

（二）新古典契约

古典契约并非能令人满意地适用于所有的交易。对于在不确定性条件下实施的长期契约来说，完全的明晰性是很难做到的，或者即使有可能做到，其代价也是极其昂贵的。在这种情况下，会出现这样几个问题：其一，不是所有的未来事件一开始就能预见的到；其二，除非情况明朗，否则对于许多事件来说，正确的治理事项很难通过契约在事先就准备规定好；其三，除自然状态的变化不明朗以外，自主的各部门之间的契约，也有可能引起各部门的意见分歧。在一个充斥着机会主义的世界里，应该相信谁的意见呢？因此，重新设计一种契约，这种契约不仅能够使交易继续，而且还能够有一种有效的治理结构。这种契约就是新古典契约。

新古典契约是一种考虑了不确定性的长期契约。它有以下基本特征：一是契约筹划时留有余地，契约筹划者所使用的技术和程序本身可变范围很大，因此，契约具有一定的灵活性。二是第三方介入契约充当仲裁者，从而为契约创造出弹性并执行裁决。三是契约的长期性。新古典契约关系是一种长期的契约关系，当事人关心契约关系的持续，并且初步地认识到契约的不完全性和事后调整的必要。四是契约的抽象性。这种契约已经剔除了古典契约中的伦理道德因素，变成了市场自然秩序的结果。五是契约的完全性。新古典契约是在有秩序、不混乱、没有外来干扰的情况下顺利进行并完成的。

（三）现代关系契约

现代关系契约。契约期限的延长和不确定性的增加使新古典调整程序最终被在管理方面更为特殊的交易调整程序所取代。与新古典契约不同，关系契约是一个过程，初始协议不再是不可突破的参照点。关系契约的签署者知道契约不可能完全，也就不追求完全，而只对双方的关系作一个大体的框定。随着事件的展开，当事人不断地调整契约内容。

现代关系契约具有以下特征：一是现代契约充满了可度量性和精确性。但是，任何现代关系也都涉及许多不可度量或不加度量的交换。二是现代契约关系中存在契约性团结或共同意识，这种契约性团结能够通过一系列非正式规则来确保当事人之间关系的稳定性。三是现代契约关系中通过正式或非正式的规则来处理未来的事件和变化。四是契约当事人可以共同参与契约的制订，也可能被迫接受既定的契约。这意味着现代契约关系中的契约自由要比新古典契约小。五是现代契约关系中出现了阻碍契约自由的权力、等级和命令。六是责权利的分担和共有。七是时间的持续性和纠纷解决的多样性。现代契约关系既包括实时交易，又使这种交易关系持续到未来。

关系契约的核心思想是从社会网络结构出发，将契约嵌入社会之中，从契约网的角度理解契约，每个签约主体都是社会网络中的一个结点，通过契约与其他结点进行交易，交易半径取决于签约主体之间的交易路径成本与收益的比较，履约能力决定了签约主体的交易范围。

威廉姆森认为，如果没有机会主义和有限理性，契约问题便不复存在。从古典契约到新古典契约再到关系契约，契约的形态逐步从静止走向动态，契约的结构逐步从封闭走向开放。契约的演进就是契约对有限理性和机会主义组合条件的反应①。

五、契约的作用

(一) 契约是理解和研究经济组织的关键

在科斯对企业组织进行研究之前，何谓企业组织？一般将企业理解为利润最大化的“装置”，至于是什么“装置”？没有人知道，似乎人们也不想知道，即企业内容是一个“黑箱”。对于企业是利润最大化的装置，我们好像将之视为理所当然或者是众多研究人员的一种“公理”，没有打开这个“装置”或者“黑箱”去看一看。直到科斯 1937 年《企业的性质》的发表才开启企业这一“黑箱”，才开始去解开企业这一“装置”的研究工作。在科斯看来，市场是资源配置的一种机制，而企业同样也是一种资源配置机制。在经济运行过程中，资源是通过市场机制来配置呢？还是通过企业机制来配置？这取决于两种配置机制运行的成本，这种成本对于市场而言就是交易成本，对于企业而言就是组织运行的成本。

对于一种资源的配置机制而言，是通过企业来配置还是通过市场机制进行配

① 陈国富．契约的演进与制度变迁．经济科学出版社，2002：4.

置，主要取决于交易成本与企业运行的组织成本的比较。张五常在《关于新制度经济学》这篇论文中认为，科斯关于企业替代市场的观点并不是完全正确的[①]。事实上，科斯在《企业的性质》这篇论文中已经认识到企业具有契约性质。在该文中，科斯写道："当存在企业时，契约不会被取消，但却大大减少了。某一生产要素（或它的所有者）不必与企业内部同他合作的一些生产要素签订一系列的契约。当然，如果这种合作是价格机制起作用的一个直接结果，一系列的契约就是必需的。一系列的契约被一个契约替代了。在此阶段，重要的是注意契约的特性，即注意企业中被雇佣的生产要素是如何进入的。通过契约，生产要素为获得一定的报酬（它可以是固定的也可以是浮动的）同意在一定限度内服从企业家的指挥"[②]。从笔者的角度理解，生产要素的所有者之间的合作机制有两种，一种是市场机制，另一种是企业。对于前者是通过"一系列的契约"来实现合作的，后者不是通过"一系列"契约而是通过一个"契约"实现的。例如，劳动力的所在者通过与企业签订"雇佣"契约，一方面是劳动力的所在者获得一定期的报酬，另一方面是企业获得对所雇佣的劳动力在一定限度内的支配权，从而实现对劳动力资源的配置，实现劳动力与企业的合作。在科斯看，市场机制中的"一系列契约"常常是短期契约，而劳动力所在者与企业所签订的契约是长期契约。之所以如此，一方面，为降低市场风险，人们"可能宁愿签订长期契约而不是短期契约"，另一方面，劳动力所在者与企业之间选择长期契约而不是短期契约可以节省交易成本，对此，科斯写道："如果签订一个较长期的契约以替代若干个较短期的契约，那么，签订每一个契约的部分费用就将被节省下来"[③]。正因为这样，张五常认为，科斯在《企业的性质》提出的企业替代市场的观点是不完全正确的，与其说是企业替代市场，还不如说是要素市场替代了产品市场。正确的观点是一种类型的契约替代另一种类型的契约[④]。

张五常的意思是说，市场是一种契约，而企业是另一种契约，科斯关于企业替代市场的实质是企业契约替代了市场契约。从张五常的观点再思科斯《企业的性质》一文，科斯的意思是市场是一系列的短期契约，而企业则是由长期契约组成的。从契约的视角看，企业是契约的集合。如果要素产权为私人产权，对于第一个要素产权所在者而言，其行为有三种选择：一是自己生产和出售产品，二是出售自己的全部生产要素，三是引入契约安排，将生产要素的使用权委托给代理人进行经营，以获得一定的收入。而企业的起源与生产要素所有者的第三种选择相关，正是通过契约安排，生产要素的所有者将要素的使用权委托给企业家，企

---

① 张五常．关于新制度经济学．载科斯，哈特等．契约经济学．经济科学出版社，1999：61－90.
②③ 科斯等．企业、市场与法律．生活·读书·新知三联书店，1990：6.
④ 张五常．关于新制度经济学．载科斯，哈特等．契约经济学．经济科学出版社，1999：61－90.

业家通过对委托方的生产要素的使用而出售商品①。这样，生产要素所有者与企业家之间就通过契约而联系在一起。科斯在《企业的性质》所讲的雇佣关系，其实质就是劳动力的所有者通过与企业签订契约这种方式，将自己的劳动力使用权让渡给企业家指挥，从而实现企业契约替代市场契约。推而广之，其他生产要素的所有者也通过契约将其要素使用权让渡给企业家进行经营，企业通过契约获得生产要素的使用权，而要素所有者则通过契约获得生产要素的收益。此时，生产要素所有者与企业之间就通过契约联系在一起，从企业内部看，企业是通过契约而与外部发生关系的，企业就是一系列契约的集合。正因为这样，张五常写道："在履约成本限制的条件下，成文和不成文的契约条款支配了生产和交易活动如何组织和经营。这里需要解释的是规定可观察的契约或制度安排。这就是什么是重要的：在我们的生活中，生产和交易活动通过契约组织起来，在没有考虑到契约安排的情况下，总的来说，这些活动在我们的分析中被忽视了。当契约或制度安排被忽视，经济分析的预测力就会下降"②。

（二）契约促进了交易与合作

我们知道，市场对资源的配置主要是通过交易进行的。亚里士多德是较早使用"交易"概念的古希腊思想家。他在其《政治学》中将"交易"视为三种"致富技术"（畜牧业、交易和矿冶、木材采伐）之一。他认为，"交易"又可以分为三种：商业交易、贷款取利、雇佣制度或劳动力交易。我们今天去分析亚里士多德的交易概念发现，亚里士多德的"交易"概念与现代经济学使用的"交易"概念显然有较大差距，但亚里士多德对交易认识有一点是可以肯定，即他分析的交易不是人与自然的关系，而是人与人的关系，这一点与现代经济学的分析是相通的。在古典经济学家那里，"交易"概念的使用是十分广泛的，但其含义相对狭窄。他们大都将"交易"简单地等同于"交换"，即物品或劳务的双边转移。在《国富论》这一经济学名著中，亚当·斯密对交易这一概念进行界定。"人总是需要他的同胞的帮助，单凭人们的善意，他无法得到这种帮助的。如果他能诉诸他们的自利心，向他们表明，他要求他们所做的事情是对他们自己有好处的，那他就更有可能如意以偿。任何一个想同他人做交易的人，都是这样提议的。给我那个想要的东西，你就能得到这个你想要的东西，这就是每一项交易的意义"③。在亚当·斯密之后，康芒斯对交易进行了界定。康芒斯（1962：70）

① 张五常．企业的契约性质，载陈郁．企业制度与市场组织．上海三联书店、上海人民出版社，1996：240－269.

② 张五常．关于新制度经济学，载科斯，哈特等．契约经济学．经济科学出版社，1999：61－90.

③ 亚当·斯密．国富论．华夏出版社，2012：13－14.

把交易定义为产权的转移，以区别于商品实际移交的“交换”，同时他还将交易“作为经济研究的基本单位”[①]，可以说，将交易作为经济学研究的基本单位是康芒斯对制度经济学做出的一大贡献。从现实经济运行来看，每天发生关于知识、服务以及商品的交易，从直观视角看是商品或者服务的货物转移的“交换”，但从康芒斯关于交易的定义来看，实际上是产权的转移。康芒斯从自己交易概念出发，将交易区分为“买卖的交易”、“管理的交易”和“限额的交易”[②]。把交易现象提到经济学中心位置的还有路德维希·冯·米塞斯。他指出，当人们认识到市场现象符合规律时，他们才开始发展出“交易学”与交换理论，这构成了经济学的核心。在精心建立分工理论以后，李嘉图的“协作规律”才使人可以把握它的性质和意义，从而把握社会形成的性质和意义[③]（米塞斯，2001：3）。

以科斯为代表的新制度经济学家，从资源配置效率角度来认识交易本身的内涵，并以经济学的方法分析交易及其规制。科斯在《企业的性质》这一经典论文提出了自己的交易思想，1998年，他在谈到《企业的性质》一文的由来时认为，该文选择“交易”作为研究单位，并突出地强调了交易关系作为法律上产权转让在制度上的意义。科斯的这一分析显然是对康芒斯的继承。但科斯的“交易”的意蕴及其研究的思想又与康芒斯有较大差异。科斯的“交易”在大多数场合是指狭义的市场交换，科斯所讲的“交易”一般是以“市场交易”这一术语出现的。但科斯认为，交易是稀缺性的，可计量的，交易有成本，也有收益，交易的成本和收益可以量化、可以比较，从而可以将交易纳入新古典经济学方法的分析框架进行研究。康芒斯虽然准确地定义了“交易”概念，认识到了交易是产权在人与人之间转让的实质，遗憾的是他却没有将它与资源配置联系起来[④]。

从亚当·斯密等经济学家对交易的界定，我们可看出，交易从形式上看是交易双方对于物品的买卖，从实质上看是交易双方基于利己心的合作[⑤]，这种合作是通过一种互利互惠交易实现的。在这里，亚当·斯密看到了交易的背后实际是

---

① 康芒斯．制度经济学．商务印书馆，1997：74.

② 买卖的交易就是一般商业交易，通过法律上平等的人们转让财富的所有权，其一般原则是稀缺，计量单位是“元”。康芒斯把管理的交易定义为以生产为目的的交易，用法律上的上级命令创造财富，其一般原则是效率，计量单位是“工时”。康芒斯所谓的“限额的交易”用他的一些例子更能说明其含义，“或阻止分派一项合营事业未来的负担和利益”；“公司董事会编制下一年度的预算”；“立法机关的委员会分摊捐税或者同意保护一种税则”；雇主联合会和工人联合会的集体谈判；买方和卖方的贸易协议；旨在控制产量的垄断联合组织；经济纠纷中的司法判决，把财富从一人手中转移至另一人手中……在这些例子中，都不是平等的当事人主体一致同意下的财富所有权的转移，而是在公道、集体利益等名义下的伴有强制性特征的财富所有权的转移（康芒斯：1962：74－86）。

③ 刘业进．分工、交易和经济秩序．首都经济贸易大学出版社，2009：129－130.

④ 胡乐明．“交易”范畴的演化．山东财政学院学报，2001：1.

⑤ 汪和建．迈向中国的新经济社会学——交易秩序的结构研究．中央编译出版社，1999：30.

人们之间的合作，亚当·斯密关于交易的这一深刻洞见是非常有价值的。通过交易，不同天资才能和不同分工的人们被联合成一种共同才智资源而被群体中的成员共享，这就是亚当·斯密的“共同资源”说①。

明确解释和系统阐述交易活动合作本质的是制度经济学家柯武刚和史曼飞，在《制度经济学：社会秩序和公共政策》中，从协调活动这一视角重新定义交易概念，认为交易是一种协调活动。他们认为，在现代经济运行中，协调成本不断上升，并且协调成本已经成为现代经济成功的组成部分。“在多数当代社会中，人的合作已经到了完全令人震惊的程度。个人之间的经济交往已经变得极其复杂。众多个人协调的结果是他们被激励去满足他人欲望的事情。当买方和卖方以一种特殊的专业化方式并通过购买和销售与他人交往时，都必须牺牲其他机会（协调的机会成本）”②。也就是说，现代经济中的交易表面上看是一种与他人交往的形式，实质是交易双方之间的一种合作形式，只不过这种合作形式不被当事人所明确地直接感知。柯武刚和史曼飞认为，企业中有大部分人从事协调和控制活动。这部分人包括在企业中的人和在市场中交往的人，前者相当于康芒斯的“管理的交易”，后者是所谓“买卖的交易”。

交易一方面促进了合作，创造一个自行调节的自然经济秩序；另一方面，交易双方之间通过契约联系在一起，通过契约这一制度安排去引导交易双方的行为。正如布伦南和布坎南所言：“市场交换就是一个达成契约的过程，我们都参与这一过程”③。可以说，契约是交易双方进行合作的制度装置。对此，巴泽尔指出：“交易者都在一个合同下运作，或者至少是在一个隐含的合同下运作”④。巴泽尔的研究推进了经济学对交易、合作问题的研究，亚当·斯密、康芒斯等经济学家虽然研究了交易与合作，并且提出了交易的实质是合作。通过交易将有关主体联合起来，形成一个共同体。例如，斯密揭示了交易倾向如何把人们结成了一个共同体，它们的才能和知识互补，从而分工生产出来的物品也是互补的，两者相互增进。通过交易，人类获得了大大超越其他动物以长于早期独立和通过本能获得求生技能的能力⑤，从而使人类能够在与其他动物的竞争中胜出。但他们并没有探讨是什么将交易双方联合在一起成为一个共同体的。巴泽尔的研究让我们看到了是契约将交易双方形成一个合作共同体。

另外，前面的分析已经指出，契约就是一种允诺。因此，建立在允诺基础之上的契约当然是便于交易的顺利实现。因为签约者能够根据自身的情况做出交易

① 刘业进．分工、交易和经济秩序．首都经济贸易大学出版社，2009：123.
② 柯武刚，史漫飞．制度经济学：社会秩序和公共政策．商务印书馆，2000：152.
③ 布伦南，布坎南．宪政经济学．中国社会科学出版社，2004：26.
④ 巴泽尔．产权的经济分析．上海三联书店，2002：94.
⑤ 刘业进．分工、交易和经济秩序．首都经济贸易大学出版社，2009：124.

与否的判断，因此交易的自主权已经由允诺人所掌握。弗里德在《契约即允诺》这一专著写道："如果我对你做出一个允诺，我就应该依允诺而行；如果我没能遵守诺言，要求我交付与履行与允诺价值相当的东西就是公平合理的"①。从弗里德的论述中可以看出，在交易过程中，以允诺为基础的契约实际上为交易的顺利实施提供了保障机制。如果交易一方违约，就会损害另一方的利益，就要以违约损害进行赔偿。

（三）商品属性测度、契约安排与交易成本的节约

科斯定理提示：如果交易成本为零，那么资源配置的效率与初始的产权安排无关，不同的产权主体通过交易可以实现资源配置最优。如果没有交易费用，不同契约效率是没有差异的。相反，如果交易成本大于零，则初始的产权安排就会影响资源配置的效率，相应的契约安排就显得非常重要。在现实生活中，交易成本是无所不在的，不同契约在节约交易成本方面作用不一样。在不同的制度环境中，我们之所以选择不同的契约安排，其中一个重要原因就是基于交易成本的节约，从而实现效用最大化。

张五常认为，交易成本就是指鲁滨逊一人经济以外能够想象的所有成本。但诺斯指出，交易成本是契约运行的成本，它包括测定交易对象的价值属性的度量成本和实施契约的成本。在经济学研究中，不少经济学家假设，市场交易是单向的商品或服务的瞬间交换。与标准的理论不一样，但是现实经济运行是"商品和服务具有我们从中得到效用的多重价值属性，并且在交换中，测量每个属性的费用是极为巨大的"②，以购买柑橘获得橘汁为例，我们真正想买的是具有酸味和确定数量维生素 C 的橘汁，橘汁的数量、酸味和维生素 C 是所有价值的属性，但要单独对这些属性进行测定，其成本是非常高的。如果我们购买更为复杂的商品，例如汽车或者医疗设备时，有价值的属性的范围更大，这些属性不仅不能精确测定，而且对这些属性进行测定的成本是非常高的。巴泽尔也注意到商品属性的多样性以及对这些属性进行度量的困难性。在巴泽尔看来，每一资产（商品）都是一系列属性的组合，在对资产（商品）的属性进行测量交易时，有一些测量值很容易获得，有一些测量值则很难获得。例如，我们能以很低的成本准确地测量一个橙子的重量，但由于橙子的果肉被橙皮所覆盖，对果肉的味道以及果汁含量等属性的直接测量是非常困难的。"由于商品属性很复杂，测度每种属性都要付出成本"③，而对资产属性的测度成本涉及并影响着所有的经济交易活动。

① 弗里德．契约即允诺．北京大学出版社，2006：19.

② 道格拉斯·C. 诺斯．交易成本、制度和经济史．经济译文，1994：2.

③ 巴泽尔．产权的经济分析．上海三联书店，1997：159.

如果测度失误将会带来巨大的交易成本和浪费，“测度成本是交易的参与者为完成交易付出的对于所交易资产属性判断与测度的资源代价，所以交易各方通过签订实施契约来降低这种资源代价”①。从诺斯、巴泽尔等新制度经济学家的论述中可以看出，人们之所以购买某一种商品，注重的是商品所具有的一种或者多种属性，商品属性不一样，其价值、交易价格就不一样。因此，进行商品交易，其前提在于对商品属性进行测度，在对商品属性进行测度时，不仅观察这些属性是困难的，而且对这些属性进行测度也是要花费比较高的成本的。这些成本，按照新制度经济学的分类，可以将之归入交易成本的范畴。诺斯、巴泽尔等新制度经济学家不仅找到了商品交易过程中的测度成本，而且还找到了节约这种测度成本和工具，这种工具就是契约。用巴泽尔的话来讲就是“交易各方通过签订实施契约来降低这种资源代价”③。问题在于契约的签订、实施也是有成本的，从巴泽尔、诺斯的研究来看，契约成本至少包括度量契约的成本和实施契约的成本。从逻辑上，如果交易双方能够对商品属性精确的测定和度量、能够清晰地规定契约的内容，那么，将能够判断契约何时被执行。如果一方不履行契约，对另一方造成的损害能够被准确地测定，那么契约第三方实施机构就能够促进契约履约或者对受损给予相应的赔偿。进一步，如果契约实施和执行是充分的，则契约履约过程中的机会主义将无容身之地。但是，契约实施本身是不充分的，这不仅因为测定交易商品或者服务的属性以及构成契约的内容所需付出的代价是巨大的，而且第三方实施主体本身也是代理人，因而他们本身也没有充分受到约束。第三方实施中的主体对契约的判定和决策，深受他们契约公正性观念的左右。随着交易商品属性的多样性和复杂程度的加深，测定成本和实施成本将越来越大，越来越多的资源被用于契约的说明和实施。正是在这种压力下，我们不仅发明了不同契约，使人们在不同环境条件下选择交易成本最小的契约，而且还促使契约沿着节约交易成本的方向演进。不同的契约安排之所以具有不同的测定成本和实施成本，原因在于不同的契约，其度量机制和履行机制存在绩效上的差异。“错误的合约协议与监督合约的困难，会导致惊人的浪费”，“为了避免庞大的交易费用，那些在协议上及监督上大有困难的租赁合约就绝少出现了”②。为了减少交易成本，人们设计出适应各种情况的契约③。这样，有关主体在进行交易时，就会根据自己的实际情况从现有的契约中进行选择，从而实现交易成本最小化。

①③　Yoram. Barzel. “Measurement Cost and the Organization of Markets”. Journal of Law & Economics, 1982: 27 – 28.

②　张五常. 再论中国. 香港信报出版有限公司，1987：75 – 79.

③③　陈国富. 契约的演进与制度变迁. 经济科学出版社，2002：46 – 47.

（四）契约设定了制度

契约不仅是一种重要的制度安排，而且大多数制度是由契约设定的。从某种程度上说，契约设定了制度。前文的分析告诉我们，交易与契约之间、制度与契约之间关系是非常紧密的。有学者则认为，契约以交易为基础，“契约”更多地被理解为一种过程和一种关系框架，“制度”被理解为一种既定的规则，是契约的结晶。交易是契约的内容，协议是契约的形式，合意是契约的本质，制度是契约的产物[③]。

在演化经济学看来，制度不仅是不断演化的，而且制度本质是内生的。而契约则提供了理解制度内涵的基本框架。在这一框架下，交易双方可以显示各自的偏好，交流彼此的信息，促成知识的互补，实现自己的利益。利益大小、利益边界以及与利益相关的责任、义务等通过他们的谈判来决定。正是从这个意义上讲，制度本质是内生的。

德国经济学家沃尔特·尤肯（Walter Eucken）认为，契约不仅是从事市场交换的方式，而且可以被用于创造其他形式的经济组织的权力结构[④]。正是从这种意义上讲，契约的本性是一种“私自创法”的装置。签约有关各方通过协商一致的一系列规则来调整、约束他们未来的关系，这些规则同时又是契约的各种文字条款。这样一种“私自创法”的装置在市场交易活动中是必不可少的。因此，这种“私自创法”是商法的来源，正是大量市场交易，交易当事人之间运用契约这一制度装置，不仅创造了大量的契约安排，而且这些契约安排恰恰是整个社会的制度创新的重要来源。

第一，契约设定产权制度。契约关系的核心内容是当事各方彼此承认是对方权利的拥有者，他们都承认对方对于他手中的东西有权转让。契约的主体必须是拥有权利的人以及承认对方财产权利的另一个人。由于大量契约界定了有关参与者或者交易者的财产权利，这使整个社会的财产权利制度得以形成。因此，契约设定了产权制度，或者说财产权利制度即产权制度是契约关系的产物。一般地，人们常常强调产权制度对契约关系的基础性作用，但很少有人注意到契约决定了产权制度，产权制度是契约关系的产物。有关产权基础的一个流行观点是约翰·洛克的解释，他把产权看成是一种自然和技术的产物。他假定如果有人从丛林中的地上捡起一枚坚果，那么，应如何界定这枚坚果的产权呢？洛克认为，由于捡者消耗了相应的劳动，因此应将坚果的产权界定给捡起者。产权或者财产就这样被定义为已经物化的劳动。对此，约翰·F. A. 泰勒一针见血地指出：“这是一种误解。因为可以这样认为，如果另外有人强行从他手中夺走了坚果，那么根据同

④ 奥斯特罗姆．制度分析与发展的反思．商务印书馆，1996：344－345.

样的合法理由，夺取者就占有坚果了。与此相反，除非得到别人承认，否则任何人都不能对任何东西拥有财产权。我对一样东西拥有财产权不是我对它付出劳动的结果，而是由于您愿意认可这一点，由于您愿意认可我的劳动是我提出要求的根据；因此，如果你不愿意，那么尽管我全心全意地去劳动，我也没有财产权”①。诚然，财产产权与劳动有关，但仅有劳动是不够的，它还必须与其他主体有关，是人们相互间的约定。财产权利作为产权的一个重要组成部分，是一种社会选择，个人劳动虽然与产权有关，但劳动不是产权界定的充分条件而只能是必要条件。对此，泰勒接着写道：“权利只有在道德共同体的要求得到认可时才会出现。A 离开 B 是否有权利这类问题是没有意义的。A 离开 B 既没有权利也不需要权利。唯一重要的问题是，在什么情况下 B 会承认 A 的权利？对此有个直接而简单的回答：作为回报，A 也承认 B 的权利。所有权利都是以这种互惠关系为依据的，人们为了保证自身权利的安全就得同时承认自己应承担的责任。因此，如果想了解共同体的范围，就需看在实践中共同体所遵守的权利。哪儿有被承认的权利，哪儿也就肯定有人，哪儿有人，这些人就在契约之中”②。

就现代多数人而言，很少想到财产权利是由契约界定的，认为财产的产权仅由法律规则界定。实际上，法律只是国家用以维护财产权利的一种手段，法律不仅不能理解为财产权利的来源，而且法律作为一种制度安排，它本身也有一个起源问题。在许多时候，法律并不能解决所有问题，正如美国经济学家爱伦·斯密德所言：“警察并不是在任何场合下都有效。当许多人都不约束自己的时候，警察常常会无能为力”③。波斯纳说：“在社会中，存在着没有正式法律实施机制的契约和国家间认可其主权的非法律约束的契约④”。并认为，这种契约的约束效力有时比有法律效力的契约更有效。“当人们注重颁布法律或法令时，契约作为建立人类组织的过程经常受到忽略”⑤。事实上，通过契约界定财产的产权非常有价值和意义，奥斯特罗姆 、菲尼和皮特希在《制度分析与发展：重新思考选择的条件》一文中说：“一旦我们考察人类关系，懂得了人们是如何表明自己的意图，保证彼此间共同理解，并且相互允诺以某种方式行事，我们就开始理解了法定秩序关系是如何呈现的了”⑥。所以，产权或者财产既不是自然和技术的产物，也不仅仅是法律界定的结果，产权或者财产制度的真正基础是人们之间通过

① 约翰·F. A. 泰勒．市场的伦理基础．载奥斯特罗姆．制度分析与发展的反思．商务印书馆，1996：290.

② 奥斯特罗姆．制度分析与发展的反思．商务印书馆，1996：291.

③ 斯密德．财产、权力和公共选择．上海三联书店、上海人民出版社，1999：37.

④ 波斯纳．法律的经济分析．中国大百科全书出版社，1996：117.

⑤ 奥斯特罗姆．制度分析与发展的反思．商务印书馆，1996：345.

⑥ 奥斯特罗姆．制度分析与发展的反思．商务印书馆，1996：344.

互惠而形成的契约。

第二，契约促进非正式制度安排的形成。如果说产权制度常常被赋予法律的权威从而容易蒙蔽一些人的心灵。那么，非强制性的一系列习惯和惯例则明显地表现为契约的结果。在凡勃伦的分析视野里，制度实际上就是指那些约束人的行为的习俗。事实上，人的行为惯例通常被理解为一种典型的依常规而行的做法；而习惯是一种产生于该重复行为的一般规则。因此，可以有惯例而无习惯，但却不可以有习惯而无惯例。由契约而成惯例，市场交易尤为突出。一些习惯做法在同类契约中被交易双方反复采用，这些习惯渐渐地被“结晶化”（crystallized）。比如，在雇佣契约中，工会与雇主之间达成的协议通常也会适用于单个工人与雇主之间的契约，这就是采用了“结晶化的习惯”的契约类型。在许多场合，某种惯例一旦形成就很难改变，因为遵守惯例不仅是众人的选择，而且没有一个人能够从违背惯例中获益。如果两辆汽车相对行驶，在没有交通规则的条件下，A司机给B司机让路？或者B司机给A司机让路？这就需要A司机与B坐下来谈判，谈判的结果，不管是A给B让路还是B给A让路，每次谈判就是一个避免两车相撞的单独“契约”。类似于A与B谈判如果足够多，司机就会逐渐协商出效法先例的制度安排。例如，司机A与B靠右行驶，可能涉及在开车时是靠左行驶？还是靠右行驶？如果第一次两名司机的谈判结果是靠右行驶，如果其他两车相遇时，两名司机进行谈判时也会采取前两名司机的结果。这种结果还会在其他两车相遇时所采用。这样，靠右行驶或者靠左行驶就会得到更多的司机认可，从而成为习俗。为了节约谈判成本，越来越多的司机会认同这一做法，而不再进行谈判。一旦遵守靠左行驶或者靠右行驶习俗的司机达到一定的数量，对于不遵守这一习俗的司机就会进行惩罚。他们就会假定其他人也会遵守这一习俗，因此，当两车相遇时就不再停车或减速来核实其他司机是否愿意遵守这一习俗。正是从这种意义上，安东尼·德·雅赛才说：“契约是习俗之父”①。结果，遵守靠右行驶或者靠左行驶的习俗就成为所有司机的最佳选择，并自发演化为司机开车的惯例。在安东尼·德·雅赛看来，“对于像优先行驶权这样文明惯例产生的原因所进行的推论同样也适用于理解习惯法产生的基本原因……先例方便了谈判和协商，甚至干脆使谈判和协商成为多余的，习俗省却了契约”②。

第三，契约是道德、伦理规范的重要来源。在西方思想史上，认为道德规范来自契约和法律的大部分是由契约设定的观点占据着相当重要的地位。在契约促进交易主体合作过程中，契约关系交易主体之间的约束在相当程度上是一种自我约束。从伦理道德的视角看，这种契约主体之间的自我约束活动也是一种道德实

① 安东尼·德·雅赛. 重申自由主义. 中国社会科学出版社，1997：105.

② 安东尼·德·雅赛. 重申自由主义. 中国社会科学出版社，1997：105－106.

践活动。在完全竞争市场中，个人的效用获得了最大的实现，并且这样的实现是建立在互利的基础之上的，其中个人是完全自由的，不存在对个人行为进行道德约束的空间，这是一个“道德自由区”。在这里，契约是完备的，交易主体之间的约束是充分的，道德是多余的。所以，如果契约是完备的，契约就不可能成为道德的来源。但在现实经济运行中，由于竞争是不完全的，一个人的效用目标往往与另一个人的相冲突，如果每个人都不对自己的行为进行约束，就会陷入无休止的争斗的“霍布斯丛林”中。前面的分析已经说明，交易是互利的，但冲突、争斗是对交易的破坏，是对互惠的破坏。“那些凭借武力获得成功的人违反了社会关系的契约性，并因此经常发现他们是自己创造的新极权主义国家的牺牲品”①。人类的理性会帮助人们发现与他人交易、合作所带来的利益，为了避免无休止的争斗，又能获得与他人交易和合作所带来的利益，人们选择以交易代替掠夺，以契约替代战争。在契约实践活动过程中，从长期来看，人们认识到对自身行为的适当约束不仅有利于对方目标的实现，而且也有利于自己效用目标的实现。这样，交易双方或者合作双方都对自己的行为进行一定程度的约束，这种约束很大程度上就是对自身最大化行为施以道德约束。这个过程就是一个契约实践的过程。人类的理性是有限的，但契约实践有助于人们认清人们之间利益上的相互依赖性，这是道德观念得以生成的重要渠道②。

第二节　契约选择

1937 年科斯发表的《企业的性质》一文可以说开启了经济学对契约选择问题的研究，在科斯教授之后，威廉姆森等对契约选择理论进行了研究。在这里，我们对经济学领域契约选择理论进行梳理。

一、市场契约与企业契约选择理论

在科斯的分析框架中，企业是一种契约，市场是另一种契约。对市场上人们购买物品或者对资源进行配置而言，市场契约是一种短期契约，而企业契约是一种长期契约。不管是市场契约还是企业契约，其契约的签订、履约都是要花费成本的，市场契约要花交易成本，而企业契约则要花组织成本。因此，对于资源配置而言，人们是选择市场这种契约还是企业这种契约，主要是看市场契约运行与

① 奥斯特罗姆．制度分析与发展的反思．商务印书馆，1996：346.

② 陈国富．契约的演进与制度变迁．经济科学出版社，2002：114 – 115.

企业契约运行边际成本的比较，契约选择的均衡点位于市场交易的边际成本恰好等于企业运行的边际组织成本。

关于这一点，可以通过资源的配置来进行说明，对于资源配置而言，既可以通过市场契约来配置，又可以通过企业契约来配置，那么，这种资源是通过市场契约配置呢？还是通过企业契约来进行配置更好？例如，现有某种资源I，假设通过市场进行配置时，其市场交易成本为 C_i^m；如果该资源通过企业进行配置，企业组织的运行成本 C_i^f，则对于资源I人们是选择市场契约进行配置，还是选择企业契约进行配置，就看 dc_i^m 与 dc_i^f 的大小，如果 $dc_i^m > dc_i^f$，则选择企业契约；反之，当 $dc_i^m < dc_i^f$ 时，则选择市场契约；当 $dc_i^m = dc_i^f$，达到契约选择的均衡点，即资源配置既可以通过市场契约来进行，又可以通过企业契约来进行。

二、定额契约、工资契约与分成契约选择理论

在社会经济生活中，契约是多种多样的。对此，张五常指出：“在同样的竞争约束条件之下存在着各种合约安排，提出了人们是如何选择这些合约的问题”①。这说明，选择契约确实是一件十分重要的社会经济行为。人们之所以会对契约进行选择，其前提在于存在多种不同的契约。那么，为什么会存在不同的契约呢？张五常认为，之所以存在多种契约安排，主要有以下两个方面：首先，存在自然风险，自然风险是指自然或现实世界的状况对产品价值的方差（或标准差）所起的作用。对于农业生产而言，这意味着只要存在自然风险，农业生产的产出或者契约当事人的收入就一定存在一个不为零的方差，这样，不同的契约安排便允许在不同的契约当事人之间有不同的收入方差分布。假设人们是风险厌恶者，在允许契约选择的条件下，人们会选择风险较小的契约而放弃风险较大的契约。如果人们规避风险的成本低于从所规避的风险中获得的收益，那么当事人就会进行风险规避。规避风险的办法有多种：搜集有关未来的信息、进行投资时选择风险较少的期权交易、在不同契约安排之间进行选择。这样，契约选择者就会选择风险较低的契约。其次，存在交易成本不为零。每一种契约都有交易成本，而且不同契约的交易成本不一样。交易成本之所以不同，是因为“投入与产出的物理属性不同、制度安排不同、不同的合约条款要求在合约的执行与合约的谈判中付出不同的努力”②。

那么，在不同契约安排条件下，人们是如何选择契约的呢？人们选择不同契约安排背后的经济逻辑又是什么？张五常的假设是“人们选择不同的合约安排，

① 张五常．经济解释．商务印书馆，2000：54.
② 张五常．经济解释．商务印书馆，2000：55.

是为了在交易成本的约束条件下，从分散风险中获得最大收益”[①]。在《经济解释》这一著作中，张五常分析了农业中的三种主要契约，即定额地租契约（用现金或谷物规定每英亩土地的地租）、分成契约和工资契约。张五常不仅沿着科斯的分析路径对契约选择进行分析，而且认为在分析选择契约时，仅从交易成本这一视角进行研究是不够的，还应该加入风险这一因素。在以上三种契约安排中，交易成本不仅包括谈判成本，而且还包括实施契约的成本。由于分成契约的谈判与实施比定额契约或工资契约要复杂得多，其交易成本也要高得多。如果仅从交易成本这一视角来对契约选择进行解释，那么人们决不会选择分成契约。但在实际契约选择过程中，人们还是选择了分成契约[②]。这意味着，科斯的解释可能是不全面的，人们在选择契约时，除交易成本之外，可能还有其他因素也影响契约选择。

在张五常的分析框架中，契约选择除考虑科斯所讲的交易成本因素外，自然风险也是人们在进行契约选择时要考虑的重要因素。从本质上讲，农业是人类利用生物机体的生命力，把外界环境中的物质和能量转化为生物产品，以满足社会需要的一种生产经济活动[③]。这说明，农业生产不仅是一个经济生产过程，更为重要的还是一个自然生产过程。在农业生产过程中，农作物不仅以土地为基础，而且降雨的时空分布、是否具有水旱灾害、是否会发生病虫害等对农业的产出均有较大影响，而且都是一些难以预测的因素，就是说农业生产存在较大的自然风险。在定额契约的情况下，佃农要承担这种风险的大部分；在工资契约的情况下，土地所有者要承担这种风险的大部分。在分成契约情况下，佃农与地主共同承担风险，即分成契约是一种分担风险的合约机制。也就是说，产出的变化可以在契约当事人之间进行分配。如果仅从规避风险的视角来对农业中的契约选择进行分析，地主与佃农均愿意选择分成契约。但问题在于，任何租佃制中都不同程度地存在着风险。那么，人们为什么会选择定额契约和工资契约呢[④]？在张五常看来，仅从交易成本或者仅从自然风险的角度均不能解释经济生活中的契约选择问题，要能够有效地解释农业生产中的契约选择，应该将交易成本与自然风险两个因素结合起来。图 2-1 构建了一个从交易成本和自然风险两个维度解释契约选择的理论模型。对于契约 II 和契约 III 而言，契约 I 的交易成本较高，而自然风险低，契约 I 类似于张五常所讲的分成契约；相反，对于契约 I 而言，契约 II 和契约 III 的自然风险较高，但其交易成本较低，契约 II 和契约 III 类似于张五常

① 张五常．经济解释．商务印书馆，2000：55.

② 例如，在东南亚，分成契约比定额租约更为普遍；在 20 世纪 30 年代的中国，定额租约比分成契约更为普遍；在日本，定额租约占支配地位；一般说来，工资契约（农场雇用工人）很少见，只占各地农户所采用契约的 1% ~5%（张五常，2000）。

③ 朱道华．农业经济学．中国农业出版社，2001：1.

④ 张五常．经济解释．商务印书馆，2000：58.

所讲的定额契约或者工资契约。三种契约之间没有谁优谁劣的问题，每一种契约都有自己的优势，同时，也都有自己的不足。在经济生活中，我们是选择哪一种契约，不仅要对每一种契约的交易成本、自然风险进行比较，而且还取决于我们的偏好，尤其是对风险的厌恶程度。

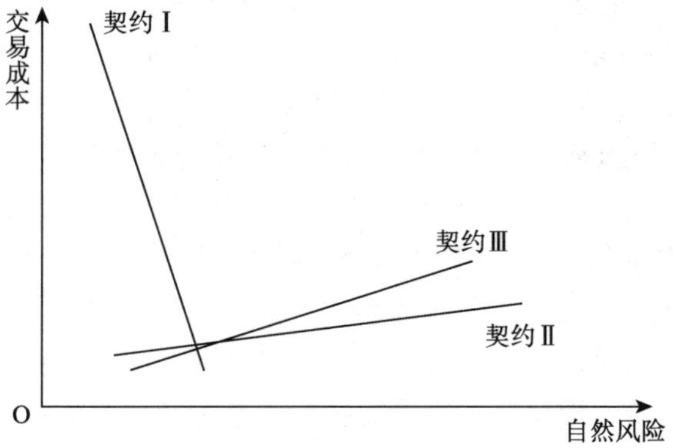

图2－1　基于交易成本与自然风险的契约选择

三、古典契约、新古典契约和关系契约选择理论

诺贝尔经济奖得主威廉姆森沿着康芒斯的理论传统和科斯的理论逻辑，对交易这一概念进行了重新界定，并从多个维度分析了交易的特性，使交易的经济分析更具可操作性。在对交易进行深入分析和研究的基础上，威廉姆森提出了自己的契约选择理论。

（一）交易刻画：资产专用性、不确定性与交易频率

威廉姆森认为，交易和契约选择是由它的维度来限定的，这些维度主要有资产专用性、不确定性和交易频率，其中资产专用性是最为重要的，他说："交易之所以称为交易，最关键的条件就在于资产具有专用性"①。资产专用性是指"为支撑某种具体交易而进行的耐久性投资；一旦最初达成的交易没有到期就提前结束，这种资产改用于其他最佳用途或由其他人使用，那么发生在这种投资上的投机成本要低得多"②。威廉姆森的意思是资产专用性意味着一项资产可调配用于其他用途的程度，或由其他人使用而不损失生产价值的程度。一旦存在资产专用性，那么选择适合的交易契约来对交易进行治理就是非常关键的。在《资本

① 威廉姆森．资本主义经济制度．商务印书馆，2002：48.
② 威廉姆森．资本主义经济制度．商务印书馆，2002：83.

主义经济制度》这一著作中威廉姆森将资产专用性分为：一是地点的专用性，二是专用实物资产，三是专用人力资产，四是特定用途的资产。

交易的不确定性与有限理性密不可分，交易过程的人们之间不是完全理性的，而只能表明为有限理性，其中一个重要原因就在于不确定性。这里的不确定性是广义的，包括能够预料到的偶然事件的不确定性，但预测它们或在签订契约时通过一定的契约条款解决不确定性的代价很高。交易不确定性还包括事前只能大致（甚至不能）推测的偶然事件的不确定性和一方拥有另一方缺少的信息这样的不确定性。

库普曼认为经济组织要解决的核心问题是不确定性，并将不确定性分为原发的和继发的（primary and secondary）。原发的不确定性就是那种随机发生的问题，是由自然无序行为和无法预测的消费者偏好的变化造成的，而继发的不确定性则产生于缺乏信息沟通，也就是说，一个人作出决策时，无从了解其他人同时也在作什么样的决策和计划。威廉姆森认为，对不确定性进行这样划分是存在不足的，其缺陷在于忽略了信息的策略性保密、隐瞒和扭曲。基于此，威廉姆森补充第三种不确定性，即行为不确定性。一般地，人们认为行为不确定性类似于路德维希·冯·米塞斯所说的案件概率，案件概率是解决人类行为问题所独有的一个特点。但威廉姆森认为，这种认识是有问题的，行为不确定性之所以存在，根本原因在于当事人的投机行为。对此，他说："甚至明知你正在与某一投机分子、而不是其他投机分子打交道，因此可能一眼就看出其庐山真面目，你还是说不清楚这种交易中到底包含哪些不确定性"①，因此，"关于概率的任何提法都是不合适的"②，行为不确定性与不完全合约、资产专用性联系在一起③。

交易的频率虽然不影响交易成本的绝对值，但它影响进行交易的各种方式的相对成本。当双方间的交易经常发生时，他们可为交易构造一个专门的治理结构（即使成本很高），因为后者的成本可分摊于许多交易。但是，如果交易是一次性的或不经常发生时，为这种特殊交易建立专门治理机构的成本就非常高，而使用"一般用途"的治理结构成本相对较低④。

（二）古典契约、新古典契约和关系契约

在现代市场交易过程中，存在多种多样的契约，而契约的"多样性是造成诸

---

① 威廉姆森．资本主义经济制度．商务印书馆，2002：87.

② 威廉姆森．资本主义经济制度．商务印书馆，2002：86.

③ 费方域．契约人假定和交易成本的决定因素——威康姆森交易成本经济学述评之一．外国经济与管理，1996：5.

④ 费方域．契约人假定和交易成本的决定因素——威康姆森交易成本经济学述评之一．外国经济与管理，1996：5.

多困惑的根源，而要研究资本主义经济制度，就需要对这些困惑作出回答”①。威廉姆森认为，在市场经济中，任何交易都是通过契约关系进行和完成的，这些契约或者合同可以是书面的，也可以是口头的，还可以是默契的②。不同的契约适用于不同的交易，不同的交易需要不同的契约。威廉姆森在其《资本主义经济制度》这一经典著作中，首先在对麦克尼尔的契约进行介绍的基础上，从交易成本经济学的视角对三种契约进行了解释。这三种契约是古典契约、新古典契约和关系契约。

在交易过程中，在对人们选择一种契约而放弃其他契约解释时，首先要对交易进行深入分析。在威廉姆森看来，资产专用性、不确定性和交易频率是刻画交易的三个主要尺度。为便于研究，威廉姆森首先假定不确定性的程度已知，并要求交易者作出一系列适当而又连贯的决策。这样，他就可以集中分析资产的专用性和交易频率对交易的影响。按不同的交易频率，他把交易分为一次性交易契约、偶尔进行的交易契约和经常性（重复发生）的交易契约。同时，从资产专用性的角度将交易分为非专用的、混合式的（即中等专用性）和特定的（即高度专用性）三种类型。同时，他进一步假设：一是供货商和购买者都有长久合作的意愿，二是能满足一定条件的潜在供货商有无数家，即假设不存在专用性资源产权的事前垄断，三是严格按照市场中买方的行为计算交易频率；四是根据供应方的投资特点来计算投资程度。

威廉姆森根据两种交易频率类型和三种资产专用性程度，提出了六种交易（详见表2－2），即偶然进行的非专用性交易、经常进行的非专用性交易、偶然进行的混合性交易、经常进行的混合性交易、偶然进行的特定交易和经常进行的特定交易。在威廉姆森的分析逻辑中，提出这六种交易并不是最终目标，而只是研究问题的起点。问题的关键在于每一种交易“都需要配以相应的治理结构”，即每一种交易都需要相应的契约进行治理，从而使交易成本最小化。

表2－2　威廉姆森对交易的解释

		投资特点		
		非专用	混合式	独特
交易频率	偶然	购买标准设备	购买定做设备	建厂
	经常	购买标准原材料	购买定做原材料	中间产品是要经过各不相同的车间

资料来源：威廉姆森．资本主义经济制度，商务印书馆，2002：105.

① 威廉姆森．资本主义经济制度．商务印书馆，2002：99.

② 费方域．交易、合同关系的治理和企业——威廉姆森交易成本经济学述评之二．外国经济与管理，1996：6.

在对交易进行以上分析之后，威廉姆森认为，第一，对于非常标准化的交易，不需要专门的治理结构；第二，只有经常（重复）进行的交易才需要采用专用性的治理结构；第三，虽然那种非标准化的、偶然进行的交易不需要一个交易专用性治理结构，但需要对这种交易给予特别的关注。就麦克尼尔的分类而言，古典契约适用于所有的标准化交易（无论交易频率高低），关系合同适用于经常进行的、非标准化的交易，而新古典契约则适用于偶然进行的、非标准化的交易。换个角度讲，古典契约宜采用市场治理，新古典契约涉及三边治理，关系契约则适用于双边或一体化的治理结构①。图 2 – 2 对交易频率、资产专用性、契约安排及相应的治理结构的关系进行了刻画，纵轴表示交易频率，横轴表示资产专用性，OA 范围为通用性资产或者非专用性资产，AB 之间的资产为混合性资产，B 向右的资产为专用性资产。

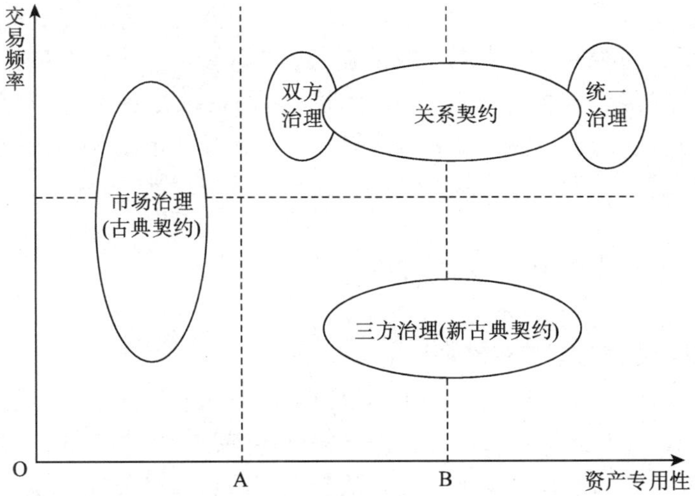

图 2 – 2　交易频率、资产专用性与契约选择

在威廉姆森看来，现实市场运行中的交易，不可能在新古典经济学所假设的完全竞争环境中进行，资产专用性、不确定性及交易频率三个影响交易及交易契约的因素，会独立地或组合地影响交易行为及契约选择。为使交易成本最小化，在不同的交易背景下，应选择不同的交易契约及治理结构。从图 2 – 2 来看，如果资产的专用性程度较低，即如果是通用性资产，无论交易频率的高低，我们应选择古典契约，最适宜的治理结构应为市场治理。正如他本人所说："对于非专

① 威廉姆森. 资本主义经济制度. 商务印书馆，2002：113.

用的交易，包括偶然的合同与经常性的合同，主要应使用市场治理结构”①。如果交易频率低，资产是混合性或是专用性的，这时应选择新古典契约，适宜的治理方式应为三方治理。在这种交易背景下，市场治理不能令人满意，而建立一个交易专用的治理结构成本过高，并且其成果不可能通过偶尔进行的交易得到补偿。这样，一方面由于选择古典契约来维持这种交易有其局限性，另一方面又由于专用性资产交易（双边）治理的成本极高，所以需要有一种中间的制度安排。新古典契约符合这种要求，它不是直接求助于法律诉讼，而是在解决冲突和评价绩效上采用第三者“帮助”（仲裁）。利用建筑师作为一个相当独立的专家确定建筑契约的内容就是一个例子②。如果交易频率较高，交易经常、重复发生，并且资产专用性强，即资产是非通用性时，应选择关系契约；在关系契约安排下，治理方式有两种：一是双边治理，这适宜于资产专用程度中间状态，即资产为混合性资产，之所以需要双边治理，其原因在于“为了实现规模经济，就要从企业外部购入这些要素”。二是一体化治理，即纵向一体化，这适宜于资产专用性程度较高的情形，因为在资产专用性非常强时，“即使在企业内部进行交易，也得不到明显的规模经济效果”③。高度专用性交易的特征是交易者不变，而价格与数量上则具有广泛的适应性。随着资产专用性的提高，市场契约让位于双边签订的契约，双边签约又为一体化签约（内部组织）所取代④。

四、契约选择理论：巴泽尔的注释

（一）契约是产权研究的核心

在现代产权经济学家中，巴泽尔不仅以自己对产权的深邃洞见而开创自己独特的产权理论，而且还沿着新制度经济学的分析路径，将产权分析与契约分析结合起来，研究了契约选择与实施。并且认为，契约是产权理论的核心。正如他自己所说：“对合同的研究是产权研究的核心。合同无论是正式的还是非正式的，都是签约方之间的权利的重新分配；佃农与地主之间的租佃合同——即劳动力所有者与地主之间的租佃合同——相对简单一些，所以把它作为合同研究的开始是合适的”⑤。

---

① 威廉姆森．资本主义经济制度．商务印书馆，2002：106.

② 威廉姆森．资本主义经济制度．商务印书馆，2002：107－108.

③ 威廉姆森．资本主义经济制度．商务印书馆，2002：107－109.

④ 费方域．交易、合同关系的治理和企业——威廉姆森交易成本经济学述评之二．外国经济与管理，1996：6.

⑤ 巴泽尔．产权的经济分析．上海三联书店、上海人民出版社，1997：38.

（二）独占契约、固定工资契约、固定租金契约与分成契约

巴泽尔在《产权的经济分析》这一著作中，以土地所有者与佃农两者之间的关系为例，分析了四类契约。即独占产权契约、分成契约、固定工资契约、固定租金契约。面对四类契约我们如何选择？巴泽尔沿着科斯等人的交易成本分析路径，并同时结合土地、劳动属性，对不同契约的优劣进行了分析。

独占产权契约是一种比较特殊的契约，是指土地所有者与劳动者均为同一主体的契约，不存在土地和劳动属于不同个人所有时产生如监督成本、土地属性不同、租赁期限不同时土地所有者或者劳动者的策略性问题。因此，这种契约不是巴泽尔研究的重点，巴泽尔将研究的重点放在后三类契约。

在巴泽尔看来，交易成本如监督成本仍然是影响契约选择的重要因素。在三种契约中，工资契约的监督成本是最高的，分成契约次之，租佃契约是最低的。在工资契约安排下，由于工人可以通过偷懒而获取契约之外的收益。因此，对工人的监督以减少偷懒就成为地主应有策略。但是对工人进行监督是有成本的，地主不可能对工人劳动的所有环节、过程、质量及努力程度进行符合契约约定的程度。对此，巴泽说："工资合同需要成本很高的监督，而且劳动的使用率也低于工人自我雇用时的水平"①，这样，在监督成本较高又要节约成本的条件下，工人偷懒就不可能得到充分的惩罚，偷懒就是工人的理性选择。在分成契约的场合，虽然工人的"偷懒激励不如在工资合同下强烈，但仍然也会由相同的因素引发"②。而在固定租金契约的场合，由于土地是不变的，佃农是除付给地主租金后的剩余索取者，因此，佃农的收益或者报酬只能是"他们自身努力的函数"③。在这里，由于佃农的报酬随自己努力程度的变化而变化，不需要地主监督也会努力劳动。所有租佃契约的监督成本是最低的。

以上契约选择均是以土地和劳动是同质为前提的，但是，"土地和劳动都不会是均质的"，这样三种契约都存在效率问题。要分析不同契约的效率，就必须深入分析土地和劳动的属性。在这里，我们以土地属性进行分析。巴泽尔认为，分析土地的属性和变化对契约的影响是非常有益的。土地属性是多样的，具体到一块土地，即使与它相邻的土地，其属性也不一样。例如，土地里石块的多少、坡度的大小、土壤的侵蚀程度、土壤有机质的含量、土壤中N、K、P的含量以及风吹日晒的程度、土地的排灌系统、土地的区位及道路情况等，即使这些要素相同，但不同要素的可利用程度、利用难度也可能不一样。对于农业生产而言，土壤的这些属性对于产出有较大影响。对于地主和佃农而言，如果要使自己在交易中不吃亏，就必须以搞清楚这些属性为前提。但对这些属性进行观察、测量不

①②③　巴泽尔．产权的经济分析．上海三联书店、上海人民出版社，1997：44.

仅是困难的，而且成本非常高。对此，巴泽尔指出："准确而全面的度量成本是高得令人却步的，因此，度量既不能准确也不能全面。实际上，有些特征根本就无法度量"①。在巴泽尔看来，这些不能度量属性，不仅能计价，而且被置于公共领域。对于土地属性，如果佃农能够改变它而地主又不能收费，这些属性就为成为佃农的属性而被过度利用。同理，如果土地属性被地主控制而地主又不进行投资，佃农就不会投资而导致供给不足。

当引入土地属性之后，我们看到契约是一个非常复杂的问题。那么，作为土地契约又如何控制每一种属性呢？一般地，多数土地固定契约可能只是简单地规定契约期限和租金，即使租赁双方愿意，对土地属性订立更为详细。但是并不是所有属性都能够写入契约并加以监督。这样，没有规定、变化的属性就成为无偿属性进入公共领域。对于地主来讲，这些没有写入契约的土地属性可能被过度利用，即使有办法对佃农的过度利用进行抑制，但也不能完全消除。此时，是否需要利用另一种契约来替代固定租金契约呢？巴泽尔认为，"任何合同都存在非最佳利用问题，因此没有一个单独的合同在所有的情况下都会是最佳的"②，那么，如何进行契约选择呢？巴泽尔认为，总的原则是计算不同契约的收益和成本，比较不同契约的净收益或者边际收益。但经济学家不具备直接比较不同契约的条件，但能够说明在什么条件下可能发生一种契约向另一种契约的转变。基于此，巴泽尔给出了不同契约的损失（详见表2－3）。换言之，在不同条件下，我们应选择不同契约安排，以实现监督成本的最小化。

表2－3　　不同契约的损失来源

	监督劳动	监督土地	监督产出	专业化程度低
高损失	FW	FR	SC	SO
中等损失	SC	SC	FW，FR	SC
低损失或者无损失	FR，SO	FW，SO	SO	FW，FR

注：SO表示土地和劳动的独占契约，SC表示分成契约，FW表示固定工资契约，FR表示固定租金契约。

资料来源：巴泽尔．产权的经济分析，上海三联书店、上海人民出版社，1997：49.

① 巴泽尔．产权的经济分析．上海三联书店、上海人民出版社，1997：46.

② 巴泽尔．产权的经济分析．上海三联书店、上海人民出版社，1997：56.

第三章　契约履约机制

对于我们的经济生活来讲，选择契约仅仅是开始而非结束。签订契约之后，关键就是将契约付诸实施，从而促进交易主体或者当事人之间的合作。在新制度经济学家诺斯看来，离开了实施机制，任何制度尤其是正式规则就形同虚设。“有法不依”比“无法可依”更坏。例如，一些国家之所在历史发展进程中落伍，其中一个重要的原因就在于制度实施机制的不完善。正因为这样，契约是如何履约的？契约履约有什么样的规律就成为契约理论研究的核心命题。如果从契约主体的视角来对履约机制进行分类，契约履约机制可以分为自我履约机制和第三方参与的履约机制。

第一节　契约履约机制的选择

对于已签订的契约来讲，在付诸实施时，是通过自我履约来实施？还是通过第三方参与下的履约来实施？这不仅是经济学研究一个重大课题，而且也是契约当事人必须面对的一个现实课题。

一、至关重要的履约机制

在新制度经济学的分析中，制度是至关重要的。正如诺斯所言：“制度构造了人们在政治、社会或者经济方面发生交换的激励结构……它是理解历史变迁的关键”[①]。不管是通过相关主体相互协商的制度或者是第三方人为设定的制度，除了制度规则之外，更为重要还在于这种制度要能够得到有效实施，因为“在一个制度能很好地发挥作用的社会里，个人会进行一些复杂而且期限较长的交

① 诺斯．制度、制度变迁与经济绩效．上海三联书店、上海人民出版社，1994：1.

易"[①]。但在多数制度经济学文献或者交易成本经济学文献中，制度实施被作为一种前提而存在，因此，多数文献均将研究重点放在制度起源、制度演化及制度设计等方面，而忽视了对制度实施的探讨。对此，诺斯曾一针见血地指出："关于交易费用的大量文献都视实施为给定的，它们或者假定它为完全的，或者为永远不完全的。事实上，实施很少如此"[②]。或许因为这样，诺斯在对制度进行研究时，除了将制度分为正式制度与非正式制度之外，还将制度实施纳入其分析视野。在诺斯看来，实施机制是制度的第三个构成部分，一个国家或者地区的制度是否有效，除看这个国家或者地区的正式规则和非正式规则是否完善之外，更主要的是看这个国家或者地区的制度实施机制是否健全。对此，诺斯写道："实施方式确实是历史上的停滞和当代第三世界的发展不足的主要原因"[③]。在新制度经济学看来，离开了实施机制，任何制度尤其是正式规则就形同虚设。"有法不依"比"无法可依"更坏。例如，一些国家之所以在历史发展中落伍，其中一个重要的原因就在于制度实施机制的不完善。因此，制度实施或者契约的履约"已经成为研究交易成功或失败问题"的核心，但遗憾的是，较少有文献对那些使社会在制度实施或者契约履约时"成功或者失败的原因进行比较"和深入研究，不同国家和地区在制度执行程序时存在正式或者非正式的重要差异，当对有相同的"正式制度的国家进行比较时，这些差异甚至更令人惊讶"[④]。在拉丁美洲，虽然某些国家正式的法律制度和政治制度都是从西欧和美国引进的，但在不同国家，其制度的运行是完全不同于原产地的，其效果也完全不一样。世界银行发布的《2011 年世界发展报告》基于制度经济学对制度实施、契约履约重要性的认识，将制度脆弱、制度能力、制度实现能力等提到了相应的高度，认为制度要能够发挥作用，必须提高制度实现能力。如果"制度实现能力不高，进一步降低了人们的信任程度"[⑤]，对现有制度改革的诉求会进一步上升，使现有制度更加不稳定。

在前面的分析中，我们已经说明，契约是一种重要的制度安排，契约或者契约订立过程"是当代制度经济学的一个研究核心"[⑥]，在制度经济学看来，契约之所以重要，是"因为产权通过合同进行让渡，交易允许权利'束'的交换，权利束的获得者有权处置购买到的动产或不动产。这里，合同至关重要，因为它

---

① 克拉夫，基伏等．制度与经济绩效：产权与契约的执行．载克里斯托夫·克拉格．制度与经济发展，法律出版社，2006：83.

② 诺斯．制度、制度变迁与经济绩效．上海三联书店、上海人民出版社，1994：74.

③ 诺斯．制度、制度变迁与经济绩效．上海三联书店、上海人民出版社，1994：75.

④ 科斯，诺斯，威廉姆森等．制度、契约与组织．经济科学出版社，2003：296.

⑤ 世界银行．2011 个世界发展报告．清华大学出版社，2012：100.

⑥ 菲吕博顿，瑞切夫．制度经济学．上海财经大学出版社，1998：16.

是交换权利束的有效方式”[①]。不管是进行商品或者服务交易，还是其他的社会经济活动，有关主体签订契约、选择契约只是开始，契约签订之后，“执行成为一个关键的问题”。要通过契约促进合作，其履约是关键。因此，履约机制就成为契约经济学研究的一个非常复杂的课题，正如乔斯·艾伯托·卡里巴尔迪——弗尔南德兹所说：“契约的制度嵌入（the institutional embeddedness of contracts）成为中心问题”[②]。契约履约机制的建立之所以重要，其原因在于：一是交易的复杂性，交易越复杂，履约机制的建立越重要；二是人的有限理性以及机会主义行为动机；三是交易或者合作双方的信息不对称，容易导致对契约的偏离。判断一个国家契约实施机制是否有效的主要标准是违约成本的高低，强有力的契约履约机制将使违约成本极高，从而使违约人发现违约的成本高于违约的收益，进而保证有关契约的顺利实施[③]。

二、履约机制的选择：一个诺斯的注释

在新制度经济学家看来，对于已经达成的契约而言，履行契约的方式不是单一的，而是多样的。签约双方或者多方当事人可以选择自我履约，这是一种成本最低的履约方式。但由于机会主义行为的存在，可能有当事人不履约或者没有完全按照达成的约定履约，只是部分履约。这时就可能存在第三参与下的履约问题，这时第三方参与下的履约就成为促进经济社会顺利运行的关键机制。

契约一经达成之后，契约是自我履约还是在第三方参与下履约？换言之，在什么情况下契约是自我履约的？在什么情况下契约会采取第三方参与时才会履约？诺斯认为，契约在以下情况下更倾向于采取自我履约。第一，在一个财富最大化的世界中，当契约双方的支付额与应付额相等时，契约双方当事将会自我履约。也就是说，在衡量与实施合约没有成本时，从契约履行中获得的收益将大于成本。第二，交易双方信息对称并且为重复交易时，契约是自我实施的。正如诺斯所说：“在交换双方相互具有关于对方的大量知识以及交易中包含重复交易时，合约是自我实施的”[④]。在人格化的世界中，由于交易的自然空间受到一定限制，并且人与人之间存在非常紧密的关系，欺骗、偷懒、机会主义相对较少，自我履约的可能性比较大。第三，抵押品的交换，交易时由于抵押的存在，增加了不履约的成本。第四，对违约商人的排斥，威胁着违约者未来持续收益，提供了双方

① 菲吕博顿，瑞切夫．制度经济学．上海财经大学出版社，1998：17.

② 乔斯·艾伯托·卡里巴尔迪．透视之镜：观念对制度执行的影响．载科斯，诺斯，威廉姆森等．制度、契约与组织．经济科学出版社，2003：298.

③ 洪名勇．制度经济学．中国经济出版社，2012：102.

④ 诺斯．制度、制度变迁与经济绩效．上海三联书店、上海人民出版社，1994：75.

按合约行事的激励。第五，亲缘联结，各种忠诚形式，靠共同信仰组织起来的小团体，提供了一个按合约行事是值得的框架。第六，在不同时期和不同地方由意识形态赋予的团结和诚实也促进了契约的自我履约。如果达成交易契约的双方或当事人不自我履约，那么契约的履约或者实施就只有借助于第三方的参与。尤其是在法律制度的保障下，由“政治团体来充当第三方并使用强制办法来实施合约，这在监察与实施合约时会具有巨大的规模经济”①。

三、履约机制选择：巴泽尔的分析

在《国家理论》这一名著中，巴泽尔对契约履约机制的选择进行了研究，并将契约履约机制分为自我履约机制与第三方参与的履约机制。在巴泽尔看来，有多种因素影响人们对契约履约机制的选择，这些因素是：一是契约带给各方的收益时间路径，二是执行和实施契约所需要的信息，三是维系长期关系的能力，另外惩罚成本对契约履约机制的选择也有影响。

第一，收益的时间路径。就两种契约收益的时间路径而言，自我履约机制只支持那些在契约整个存续期中各净值为正的协议。如果在契约生命期的某一个时点上有一方认为契约不再有利于自己时，就可能选择不执行契约而是选择退出契约。就第三方履行契约而言，其充分条件就是契约制定时各方在项目中的份额的净收益为正数。图 3－1 对收益的时间路径与契约履约的选择进行了刻画，对于自我履约机制而言，按照巴泽尔的观点，其收益一直为正，即自我履约收益流曲线总是位于横轴上方；但对于第三方参与的履约来讲，其契约的收益流曲线在不同时间点可能不一样，有时可能是正的，有时可能是负的。

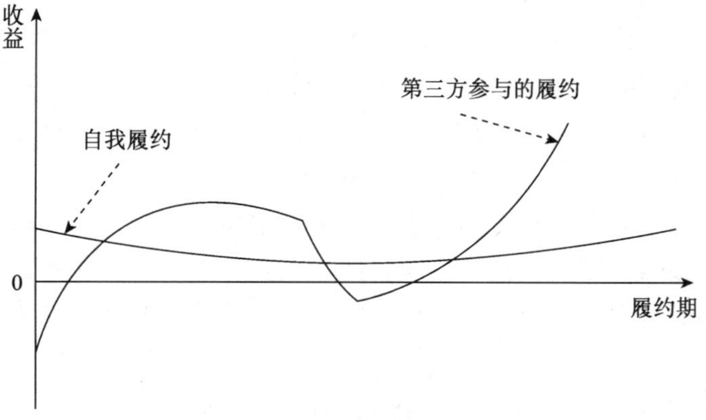

图 3－1　收益的时间路径与履约机制选择

① 诺斯．制度、制度变迁与经济绩效．上海三联书店、上海人民出版社，1994：79.

第二，信息条件。信息是影响契约选择的一个重要因素，信息影响契约选择时包括信息量的多少和了解对方行动而必须承担的成本两个方面。对此，巴泽尔指出，在自我履约和第三方参与的履约进行选择时，“主要的决定因素与协议方对其他人的信息数量有关，信息量是其他参与者数量的函数”①。如果契约仅涉及两个参与者，参与者获取信息的途径是作为不可缺少的条款写入契约的，每一方都知道自己要拿出什么东西，都知道自己的生活函数，每一方都知道对方做什么，例如，在契约双方的相互作用过程中，另一方是否伤害了自己。这样，每一方都可以以较低的成本获取自己所需要的信息。但这里存在的另一个问题是，受伤害者不能向第三方证明这种伤害，或者不能以较低的成本来证明这种伤害是谁造成的。对此，巴泽尔举例说，一个人知道自己丢了一件没有标志的工具，没过几天他看自己的邻居开始使用这件工具。如果他想通过正式渠道如通过第三方要回自己的工具，就必须向第三方证明这件工具是自己的。但这种证明不仅是困难的，而且成本可能非常高。另一个例子就是家庭暴力，受害者不能轻易证明发生过暴力，尤其是在冷暴力的情况下更是如此。在这种情况下，如何解决有关问题，我们常常选择自我履约而不是第三方参与的履约。

第三，长期关系的寿命。自我履约机制要求重复的相互作用，这种相互作用是以对合作双方都有利为前提的，如果相互作用的条件不再有利时，第三方参与的履约机制就可能会替代自我履约机制。在现实生活中夫妻之间的契约也是一种非常重要的契约，长期以来，夫妻之间的契约主要是自我履约的。图 3－2 是中国家庭离婚率变化，1978 年以来，离婚率不断上升说明，由 1978 年的 0.35‰上升为 2011 年的 2.13‰，增加 1.78‰，增长 5.09 倍，自我履约的婚姻契约越来越缺乏效率；这样，不少家庭走近法院，自我履约的婚姻契约越来越多地被第三方参与履约机制所替代。

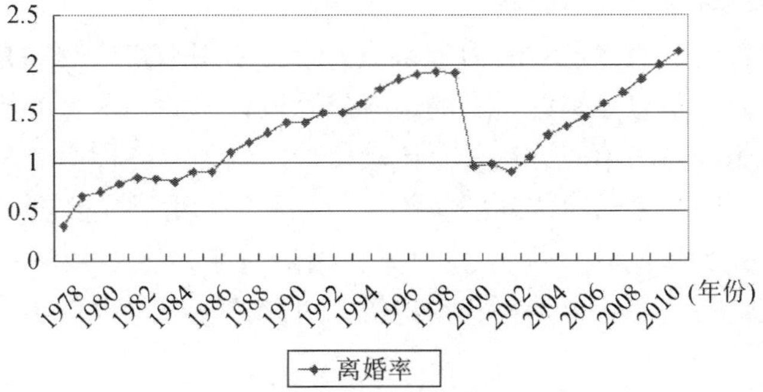

图 3－2　1978 年以来中国离婚率变化

资料来源：中国经济与社会发展统计数据库。

① 巴泽尔．国家理论——经济权利、法律权利与国家范围．商务印书馆，2006：87.

第二节　自我履约机制

在新制度经济学家诺斯等看来，就多数的制度安排而言，其实施主要是自我实施的。就契约而言，多数契约是自我履约的，这一点不仅在过去传统社会中是这样，即使是在发达的市场经济中也是如此。因此，研究契约的自我履约机制是非常重要的。

一、契约的自我履约及重要性

在制度经济学的分析中，契约的自我履约相当于制度的自我实施。“自我实施”概念是对市场制度运行特征的总结。最初提出“自我实施”这一概念的是特尔泽。根据他的严格定义，在一个“自我实施”的契约中，是由契约相关各方来判断契约是否被违背，而承诺则是通过终止契约的威胁来实现的。一方对另一方违反契约条款的唯一办法是终止契约①。克莱因在《不完全契约在自我执行交易中的作用》一文中指，契约经济学家在认识到契约不完全之后，沿着两条主线对契约进行研究，其中一条主线强调，自我履约对于契约履约的重要性，在这方面，斯图亚特·麦卡里（Stuart Macaulay）对此进行了开拓性研究，他的文献说明，在绝大多数业务关系中，契约的履约是依靠终止业务关系的制裁而并不是依靠法院的强制力的威慑得以进行的，在此基础上，该分支对一些自我执行的模型进行了进一步发展，使终止契约的制裁措施足以使当事人履行义务②。自我履约是无限重复博弈下无名氏定理的体现，这里没有第三方的参与，不需要政府的干预，即市场机制是自动运行的。

在巴泽尔看来，虽然通过暴力威胁或者暴力使用来实施契约是国家的一个基本特征，但暴力并不总是契约实施的最有效手段，因此，国家并不是唯一的契约实施者。使用非暴力的第三方也具有比较优势，例如，各种服务和知识产权提供的契约，以及不同国家居民之间的契约。“当第三方用以实施合约的信息具有主观色彩时，自我实施就具有优势了”③。在诺斯看来，社会经济中的多数制度安排不仅是非正式的，而且也是自我实施的。对此，巴泽尔也持类似观点，巴泽尔

① Telser，L，A Theory of Self - Enforcing Agreements，Journal of Business，53，pp. 27 - 44.

② 本杰明·克莱因．不完全契约在自我执行交易中的作用．载埃里克·布鲁索．契约经济学．中国人民大学出版社，2011：48 - 57.

③ 巴泽尔．国家理论——经济权利、法律权利与国家范围．商务印书馆，2006：5.

写道："在人类之间的相互作用开始时的早期社会，所有的协议肯定都是自我实施的，因为不存在外部组织以提供第三方实施。当然，任何形式的协议最终都必须是自我实施。第三方实施（包括国家实施），都在自我实施的协议之中"①。在巴泽尔看来，第三方参与的契约履约需要契约引导，即委托人和想要成为第三方的实施者之间的契约。这些契约必须被自我履约，在他们的相互关系中，第三方和委托人必须分别或者共同察觉到：继续保持它们的关系比现在违背契约更为有利。

综合起来看，自我履约机制是一种十分重要的履约机制。在制度经济学家诺斯、巴泽尔及克莱因等看来，在现实经济生活中，大多数契约都是自我履约的，只有少数契约是依靠法院等第三方参与下来强制履约的。例如，克莱因就写道："大多数现实世界的商业关系大部分是依赖这种私人的履约而不是法院的强制执行"②。以巴泽尔看来，在契约的两种履约机制中，虽然第三方参与的履约机制是重要的，但由于"第三方实施的成本很高，因此，不能适于所有情况"③，契约的自我履约就非常必要。其实，在经济社会运行中，就契约的履约而言，自我履约多于第三方参与下的履约。在现实经济生活中，由第三方参与履约是需要支付成本的。撇开法院等政府部门参与的高成本履约不谈，即使非政府机构参与的第三方履约也是有代价的。例如，我们到贵州锦屏县华寨村调研时发现，村里有一个"劝和组"，专门化解村里的矛盾纠纷，从 2004 年"劝和组"产生以来，村庄秩序良好运行。村里的这些矛盾纠纷，从契约经济学的分析看，就是双方之间的契约没有自我履约产生的。但"劝和组"的运行也是有成本的，例如，如果是夫妻双方没有履行相应契约，"劝和组"就会发生功能，使夫妻履行契约有关内容，但"劝和组"的运行是有成本的。"劝和组"劝和时得吃"劝和饭"、喝"劝和酒"，这些成本由没有履约的夫妻或者有关农户支付。这种支付对于收入水平较高的居民来讲负担不是很重，但对于作为国家级贫困县的锦屏县农户来讲成本还是比较高的。这可能就是从村庄有"劝和组"之后，村庄里的人能够自我履约，从而维持村庄良好秩序的原因。正因为如此，新制度经济学才强调自我履约机制的重要性。

二、资产专用性、"敲竹杠"与契约自我履约范围

（一）资产专用性

资产专用性这一概念的提出者威廉姆森认为，如果资产没有专用性，交易成

① 巴泽尔．国家理论——经济权利、法律权利与国家范围．商务印书馆，2006：51.

② 本杰明·克莱因．契约与激励：契约条款在确保履约中的作用．载科斯，哈特等．契约经济学．经济科学出版社，1999：199.

③ 洪名勇．制度经济学．中国经济出版社，2012：102.

本经济学就没有了说服力。因此，资产专用性在制度经济学中具有非常重要的地位。资产专用性的思想可追溯至李斯特，他认为人的经验、习惯和技术，在失去了本业以后，大部分不复存在，这说明个人在生活中积累起来的人力资本具有专用性。后来，马歇尔以房租和水力轧钢厂为例进行分析，说明如果水力和土地的产权主体不同，不同主体对组合准租金的分割是十分困难的，甚至终止项目。这说明，马歇尔的研究实质是以专用性投资为基础的。在威廉姆森看来，资产专用性是在维持投资生产价值的条件下，由于资产可用于不同用途，资产在不同用途和由不同使用者利用的程度。资产专用性是在为支撑某种特定用途或交易而进行了耐久性投资后形成的，目的是降低经营成本而获得超额利润。

（二）资产专用性与“敲竹杠”

资产专用性与沉没成本有关，一旦投资于某一领域，就会产生一种锁定效应，如果转换用途，不仅比较困难，而且还会贬值[①]。这意味着专用性投资使交易双方都被对方所“锁定”，即如果交易双方进行投资或者交易的资产具有专用性，不仅自己“锁定”了对方，而且自己也被对方所“锁定”，即资产专用性给交易双方实施“锁定”，具有锁定效应。如果交易具有锁定效应，则任何一方的退出都会对对方形成一种“威胁”。同时，锁定效应随着资产专用性程度的增加而增强，退出“威胁”给对方带来的潜在损失也就增加。交易双方在交易之前对契约的理解并明确规定有关违约条款的成本非常高，如果对方违约之后将之诉讼至法院，使之履约、保护自己的权益不仅成本高，而且困难重重。所以，如果交易中存在专用性投资，由于契约的不完全，交易一方可以在事后对另一方的收益进行掠夺，使敲竹杠行为得以发生。

资产专用性使“敲竹杠”成为可能，而契约可能是化解“敲竹杠”的制度安排。正是从这种意义上，本杰明·克莱因对契约进行了自己的解读，他认为，契约通常被主观解释为通过允许合作双方从事可信赖的联合生产的努力，以减少在一个长期的商业关系中出现的行为风险或者“敲竹杠”风险的设计装置。“敲竹杠”风险来自于这样一种可能性，交易者通过从交易合伙人所进行的专用投资中寻找准租金，可能会违背他们的契约规定[②]。敲竹杠行为是指“一方利用交易伙伴已经作出了专用性投资并且治理交易关系的契约是不完全的这一事实，来侵

① 刘凤芹，王姚瑶．资产专用性、敲竹杠及其治理安排：一个前沿综述．产业组织评论，2012：4.

② 本杰明·克莱因．契约与激励：契约条款在确保履约中的作用．载科斯，哈特等．契约经济学．经济科学出版社，1999：184－211.

占与专用性投资有关的准租金”①。但是，由于契约的不完全，任何契约都隐藏“敲竹杠”的可能。在契约经济学的分析框架中，敲竹杠是不完全契约理论的核心内容之一。

（三）声誉机制与契约的自我履约

在现实经济生活中，随着经济组织的不断演化和发展，不仅专用投资不断增多，而且与资产专用性有关的契约也大量增加，敲竹杠不仅成为我们司空见惯的经济行为，而且也越来越受到学术界的关注。如何治理敲竹杠成为契约经济研究的一个重要课题。在对敲竹杠的治理理论中，声誉机制、担保机制、激励机制、参照点合约等引起了学术界的研究与探索，其中声誉机制无论在提出时间、还是文献数量上都占有重要地位，被认为是关系性合约自我履行的基础。

Klein 在其自我履约或者自我实施的分析模型中，将违约者损失的预期收益贴现值②这一私人惩罚称为交易者的声誉资本。由此，将声誉机制引入到契约履约的分析模型之中。

在一份具有资产专用性的契约中，契约当事人 A 从违约中可获得的短期收益为 E_a，但违约也可能使自己失去合作伙伴和继续合作取得相应的收益，因违约而失去的未来收益流贴现值为 PV。PV 称为缔约者的私人履约成本，即对违约者进行私人惩罚的基础。它由两部分具体损失构成，一是与交易终止有关的直接未来损失，二是交易者市场声誉贬值所带来的声誉损失。

第一，直接损失。这种损失来源于两个方面：一是资产专用性套牢机制所导致的沉没成本，资产专用性导致的沉没成本等于已经投入专用性资产的贴现值 PV_1。

$$PV_1 = \sum_{i=1}^{n} \frac{PV_i}{(1+r)^i} \tag{3.1}$$

在式（3.1）中，PV_1为契约不再履约后违约者未来专用资产价值损失，r 为贴现率，n 为契约继续履约存在的履约期数。二是在关系契约安排下，契约双方关系不仅是一种法律上的契约关系，而且还会嵌入社会关系，是不履约方付出的资本代价。在关系契约中，由于专用性投资巨大，交易环境复杂，合约方通常会搁置部分未详细说明的条款而依靠大量的非正式规则。为了达到对对方的控制，加强彼此间关系和权利的相互渗透，交易者除要对固定的专用资产进行投资外，还要对特许的购销渠道、双方建立的人际关系维护进行必要的投入，此外还有大

---

① Klein Benjamin. Fisher – General Motors and the Nature of the Firm［J］. Journal of Law and Economics, 2000, 43（1）: 105 – 141.

② 它具体表现为对不履约的交易者实施终止合约关系的制裁时，该交易者所可能失去的预期未来利润。

量具体明确的保护性措施，如抵押、保证金等。当交易一方发生违约时，他不仅要付出专用性资产投资的沉没成本，还要考虑各种默认性措施强加其上的代价。与专用资产类似，用 PV_2 来表示默认性保护措施引起的价值损失的贴现值。

$$PV_2 = \sum_{t=0}^{n} \frac{p_{1t}}{(1+r)^t} + \sum_{t=0}^{n} \frac{p_{2t}}{(1+r)^t} + \sum_{t=0}^{n} \frac{p_{3t}}{(1+r)^t} + \cdots + \sum_{t=0}^{n} \frac{p_{it}}{(1+r)^t} \quad (3.2)$$

在式（3.2）中，p_{it} 为不同措施带来的未来各期预期价值损失，有多少种默认措施就会产生多少种贴现价值的流失。

第二，声誉损失。一个被施加过私人惩罚的交易者在未来交易市场中处理合约关系时会被考虑曾经有过的违约“前科”，使其潜在和正在进行的交易伙伴在将来不愿意依赖该交易者的口头承诺，而要求更为有利或更为明确的契约条款，从而导致其在未来交易中的成本增加。

$$RC = \sum_{t=0}^{n} \frac{\pi_t}{(1+r)^t} \quad (3.3)$$

在式（3.3）中，RC 表示声誉贬值损失的贴现额，对式（3.1）、式（3.2）和式（3.3）进行分析发现，由合约关系终止所引起的未来价值损失可完整表示为：

$$\begin{aligned} PV &= PV_1 + PV_2 + RC \\ &= \sum_{t=0}^{n} \frac{k_t}{(1+r)^r} + \sum_{t=0}^{n} \frac{p_{1t}}{(1+r)^t} + \sum_{t=0}^{n} \frac{p_{2t}}{(1+r)^t} + \cdots + \sum_{t=0}^{n} \frac{p_{it}}{(1+r)^t} + \sum_{t=0}^{n} \frac{\pi_i}{(1+r)^t} \end{aligned} \quad (3.4)$$

对应于声誉成本,$PV_1 + PV_2$ 称为物质成本,这样交易者的私人履约成本包括声誉成本和物质成本两个部分。为使交易双方顺利履约,需要保证 $E_a < PV$,想要实现这一条件,可以从两方面入手:

第一种方法是减少 PV。将契约条款写得更加明晰,通过契约减少敲竹杠的概率。在契约中尽量规定清楚产品数量、交易价格等第三方可强制执行的契约条款,以第三方参与的强制约束控制减少交易对方可以从自己这里获取的准租金,减少被他人敲竹杠的可能性。契约中需要明确说明的条款以反向的关系影响着私人的履约成本,如果契约内容非常具体、条款多,履约成本较低;如果契约内容比较粗、条款较少,例如口头契约,这时履约成本就非常高。此种契约条款不再只是机制设计理论中作为代理人创造最优激励的一种装置,而是作为默认措施的一部分,对自我执行机制进行补充,减少可被挤占的准租数量,促进契约履约。

第二种方法是增加 PV。即扩大自我履约范围,通过转移未来租金的方式改变缔约者的私人履约成本。具体来说,就是通过规定一个与未来履约有关的奖赏或惩罚,以实现私人履约成本在不平衡缔约主体之间进行转移。契约一方可以通过设置奖惩措施促使另一方自我履约。如果对方采取了自我履约的行为，将一部分租金转移给他；如果对方没有自我履约，则终止这种租金转移，从而使违约方的违约成本增加。

由于声誉机制的作用，契约的自我履约，会减少违约的短期收益 E_a，增加私人的履约成本 PV，使契约处于自我履约的范围内。在这一范围内，交易契约是任何一方敲竹杠的潜在收益违约成本，从降低了潜在违约者选择机会主义行为的动机。默认契约和声誉机制都可以预防敲竹杠行为的发生，促进契约的顺利履约①。同时，声誉机制仅能通过增加私人成本 PV 来扩大自我履约范围，而默认契约可以通过增加 PV 和明晰契约条款减少 E_a 两方面发挥作用，声誉机制与默认契约的共同作用，减少了敲竹杠行为，提升了契约自我履约的概率。

前面对契约自我履约的分析模型可以说是一个有用的分析框架，在这个分析框架中，通过法院强制履约的契约条款是“自我履约范围”的私人履约的一种补充。这可以用图 3－3 来进行说明，图 3－3 提供了交易者 A 和交易者 B 潜在的“敲竹杠”的概率分布，而“敲竹杠”的潜在可能性是由交易者“敲竹杠”的概率分布的区域来描述的，这种分布大于私人履约成本的分布。在图 3－3 的左边，在交易者 B 进行了专用性投资之后，交易者 A“敲诈”交易者 B 的潜在区域就产生了，交易者 B 将试图使预期的“敲竹杠”的概率的价值最小化，或者在大于每一个交易者个人可履约成本以外的“敲竹杠”可能发生的部分中，使二者“敲竹杠”的概率分布的尾部阴影部分的面积最小化。为使阴影部分面积最小化，有两种方式：一是直接运用契约条款减少“敲竹杠”的概率。通过在契约中明确界定法院可以强制执行的契约条款，例如交易的产品数量、质量和价格等，在图 3－3 的右边，阴影部分的面积明显减少。二是改变交易者之间的私人履约成本，即交易者利用契约条款改变自我履约区域的位置，使“敲竹杠”不会发生。在这方面，一个有用的案例就是特许经营。在特许经营契约下，代理人存在搭委托人声誉便车的可能，为阻止这种行为发生，委托人可以划定一个区域，执行一个最小的再转让售价，作为代理人可能欺骗委托人的代价。

假设从一个交易者到另一个交易者的私人可履约成本的转变是“以牙还牙”，那么，每一个交易者将试图使两个交易者“敲竹杠”总的潜在预期价值最小化。如果用 c 表示改变私人可履约成本，则特许经营意味着与两者阴影部分的概率分布有关的预期 “敲竹杠”价值是最小的，即：

$$H_a \cdot f_a(PV_a + x) - H_b \cdot f_b(PV_b - x)\text{，或者：} H_a \cdot f_a(PV_a + x) = H_b \cdot f_b(PV_b - x) \tag{3.5}$$

① 刘凤芹，王姚瑶．声誉机制与默认合约：一个“敲竹杠”治理方案的实证比较．社会科学战线，2013：11.

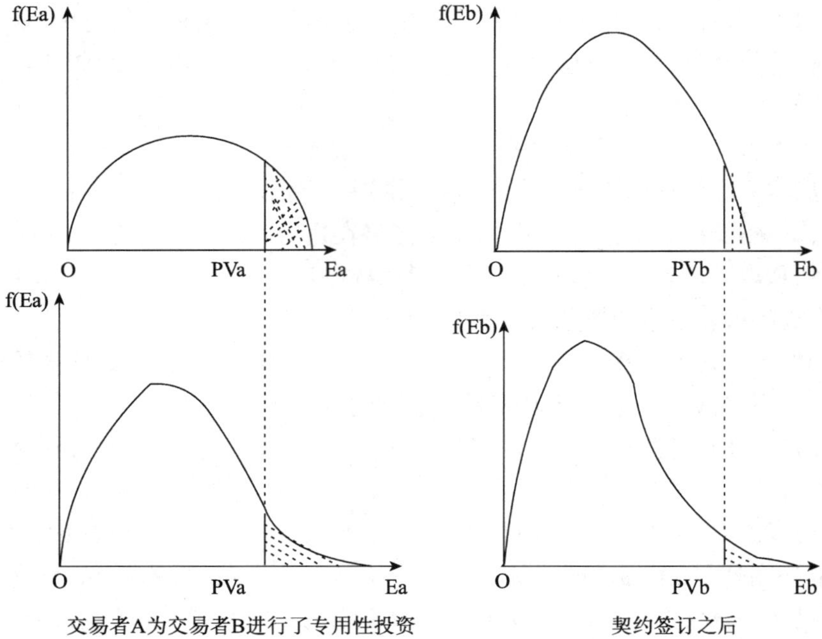

图 3－3　契约关系减少"敲竹杠"的可能性

在图 3－4 中，最优的契约均衡将出现在对两个交易者都完全一样的预期"敲竹杠"分布的较高的区域。

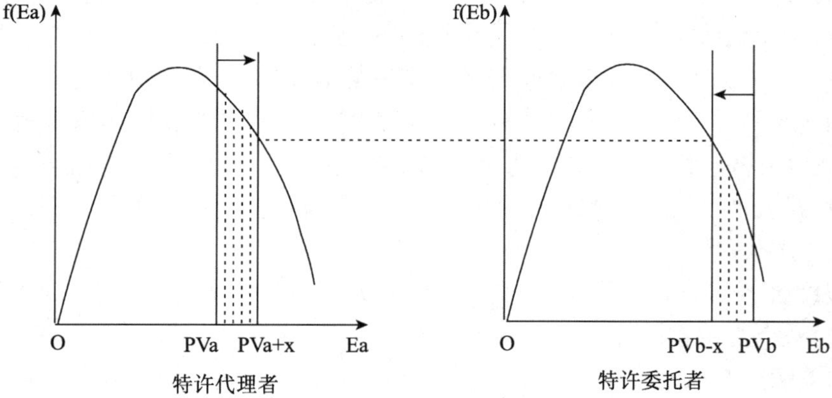

图 3－4　契约改变私人可履约成本的契约变动

三、自约履约机制：基于委托代理视角的分析

对于已经签订的契约来讲，在什么样的条件下，这一契约将不需要第三方参

与而自我履约呢？诺斯认为，在一个财富最大化的世界，当契约“双方的支付额与应付额相等时”①，签订契约的双方将针对自我履约，即契约将是自我实施性的。也就是说，在衡量与实施契约没有成本时，自我履约获得的收益将超过成本。迪克西特在《法律缺失与经济学：可供选择的经济治理方式》这一著作中，建立了契约自我履约的计量模型②。

如果代理人在委托契约之外的效用U表示，代理人的行动带给委托人的结果为y，y的含义是行动的边际产量，代理行为的绩效为x，x的含义是代理行为对绩效的边际产量，代理人的收益由三部分构成。

一是工资s，由委托人无条件支付，必要时可借助法律手段执行。二是如果x=1，客观上由委托人支付的红利ξ，必要时也能借助法律来执行。三是如果y=1，根据委托人主观评价支付的红利η，这在委托人和代理人之间的重复博弈中是自我实施的，在重复博弈中的贴现率为r。如果把x和y视为n维欧氏空间里的单位向量，则K是它们之间角的余值。

代理人的最大化效用为 $U=s+\frac{1}{2}(\xi^2+2K\xi\eta+\mu^2)$ （3.6）

委托人的预期收益为 $\amalg(\xi,\eta)=(K\xi+\eta)-\frac{1}{2}(\xi^2+2K\xi\eta+\eta^2)$ （3.7）

在最优时，委托人欺骗的直接收益是1，随后每期的利益损失见3.8式：

$$\left(\frac{1}{2}-\mu_0\right)-\left(\frac{1}{2}K^2-\mu_0\right)=\frac{1}{2}(1-K^2) \qquad (3.8)$$

因此，委托人遵守关系契约的条件是，1要小于这些随后损失的资本价值，即 $1\leqslant(1-K^2)/2r$，或者 $(1-K^2)\geqslant 2r$。

图3-5中横轴是贴现率r，纵轴是 $1-K^2$，它度量了外部评价x的弹性的不准确性。在图中，纵轴变数的上限为 $1-2\mu_0$，反映了外部契约比合作破裂更好的假设。OF线的斜率为2，位于这条线西北方向即FB区域中的所有点上时，最优情况都能够自我实施，在这一区域，K^2（绩效外部评价准确性）不断增加，虚线垂直向下移动，最终导致最优情况不可能达到。这是因为委托人转向正式契约的收益在不断增加，而放弃关系契约的动机不断增强。

如果我们对（ξ，η）进行全面分析，委托人从违背关系契约的红利支付承诺中获得的收益是η，未来每一期的损失是 $\Pi(\xi,\eta)-\Pi^{Ext}$，因此，不欺骗的条件为：$\eta\leqslant[\Pi(\xi,\eta)-\Pi^{Ext}]/r$，或者 $\Pi(\xi,\eta)-r\eta-\Pi^{Ext}\geqslant 0$，委托人选择（ξ，η）便得Π（ξ，η）在这一约束条件下达到最优化，这就产生了有关代理行为的次优的关系契约。在图3-6的FB区域，$(1-K^2)/r$ 的比率大于

① 诺斯．制度、制度变迁与经济绩效．上海三联书店、上海人民出版社，1994：49.

② 迪克西特．法律缺失与经济学：可供选择的经济治理方式．中国人民大学出版社，2007：35-42.

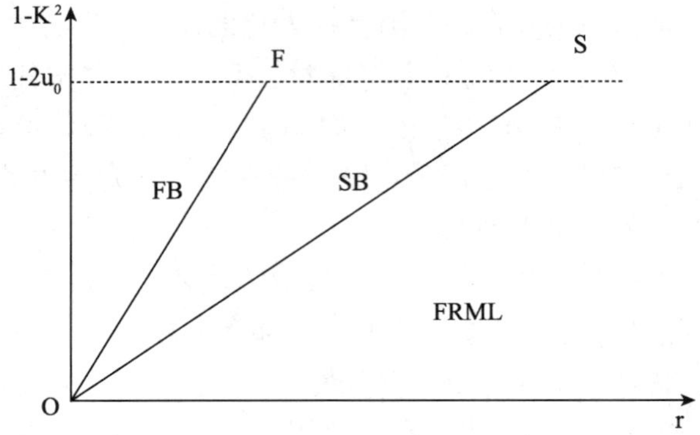

图3－5 外部绩效评价的准确性和关系契约的成功

2，外部评价相对不准确，未来相对重要（贴现率相对低），在一个以准确的绩效内部评价的纯关系契约中，这一纯关系契约能够得到自我实施，并且使自我实施达到最优，这时社会的剩余为1/2。在SB区域，$(1-K^2)/r$的比率在1至2之间，在线OF和OS之间，在这一区域，最可行的关系契约是一个次优选择，采取正式契约与支付红利的关系契约的混合形式，绩效的外部评价的准确性增强对委托人不欺骗的约束，减少了对内部评价的依赖，总剩余下降。在FRML区域，$(1-K^2)/r$的比率小于1，这是OS线与横轴之间的区域，这里贴现率比较高，外部评价较强，这些增强对委托人的激励约束，使得支付红利的关系契约不再被采用，仅仅采取外部契约，社会的剩余是$K^2/2$，它随着外部评价准确性增加而增加，离横轴越近，K^2越接近于1，结果越是优化。进一步讲，当交易双方高度重视未来，并且在外部绩效评价质量比较低时，关系契约是最有效的契约，当激励约束很强时，关系契约产生一个次优契约，对外部评价的改进将会恶化关系契约的结果。

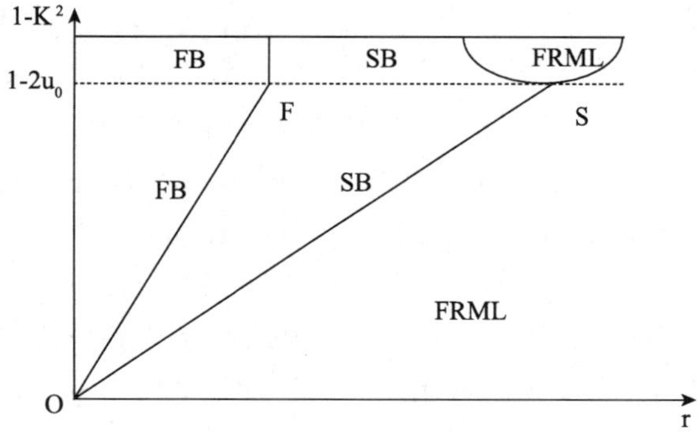

图3－6 最优正式契约和关系契约

最可能的和确实的实证观察表明，在交换双方相互具有关于对方的大量知识以及交易中包含重复交易时，契约是自我实施的。诺斯认为，在原始部落、原始社会以及一个小区里，由于一个紧密的社会相互作用系统，交易的度量成本非常低。欺骗、偷懒、机会主义所有这些现代市场经济中存在的诸如机会主义等问题，都是非常有限或者不存在的，基本上不存在由第三方参与或者由一套正规的规范来推进契约的履约问题。

四、基于市场的契约自我实施机制

在克莱因和莱弗勒看来，虽然第三方参与的契约实施机制是重要的，但在市场经济中，在没有第三方参与的条件下，契约不需要政府或者其他第三方参与，“交易者唯依靠通过中断商业关系的威胁来执行契约性承诺”。这种机制对于契约的自我实施来说不仅有价值，而且是一种极为重要的契约实施方式。

在市场经济中，企业供给一定质量的商品，而消费者按照一定价格支付给企业。对于每一次商品交易而言，假设交易是一次完成的，即消费者支付一定货币后获得一定数量和质量的商品所有权。在这一场合，商品供给者与消费可以签订书面契约，也可以仅仅是口头契约。不管是什么样的契约，在这契约安排中，对于商品数量，进行计量是比较简单的，这里的核心问题是在于商品质量，在购买时消费者不仅不能准确观察和测度，而且测度成本也是非常高的。因此，如让企业按照商品说明书或者交易时契约的质量供给相应的商品就成为一个难题。假设消费者能无成本地知道所有市场价格和生产技术，但不知道商品质量。假设商品属性可以通过一个客观的质量标准进行考核，以 Q 表示，这里的质量是指包含在商品中的某属性合乎消费者需求的程度。例如衣服的不起皱或不褪色。假设消费者每一时期考虑在购买一种产品 X，这一时期的长短由产品 X 的寿命确定（再购买时期）；不同的消费之间可以无成本地相互交流质量信息。这样，如果企业把低于契约规定质量的商品卖给一消费者，那么下一期购买之前所有消费者知道相关信息。并且假设，企业按照契约要求低质量供给消费商品不会随时间的变化而变化。假定所有的企业采用一样的生产技术、生产工艺，这一假设意味着，生产相同产品的企业具有相同的总成本函数，$C = c(x, g) + F(q)$，这里 F 表示固定（相对于速率）成本。总成本随着质量和产量的变化而变化，$Fq > 0$，$Cq > 0$，$Cx > 0$，假设边际成本是质量的函数，即边际成本随着质量的提高而增加，$Cxq > 0$。假设固定成本为每一期开始时的明显支出，而不包括分摊在当期中的资本成本。这样，当期意义上的“固定”成本与“沉入”（非残值性）的资本成本是不一样的。因此，我们将明确区分在这里所采用的不变（相对于产出）的当期成本意义，如果所有不动产和金融资产如机器设备或者机器如当期租赁契约，可以通过无成本地再出售得到完全补偿，那么就不会有任何资本成本。只有任何长期承诺的不可偿部分才被视为当期沉入资本成本。

在图3－7中，纵轴不仅表明商品的价格或者成本，而且价格还用来衡量商品质量，例如，两种不同商品的质量 q_h 和 q_{min} 就是用价格 p_1 和 p_2 来度量的。假设购买前的检查只能说明其质量是否低于某一最低水平 q_{min}，而且购买前成本也阻止人们判定质量是否高于 q_{min}。只要消费者对已确定的高质量愿意支付的市场价格超过生产最低质量产生的成本，企业就可以通过生产最低质量商品，并以高质量商品出售来增加超过交易契约规定的利润。

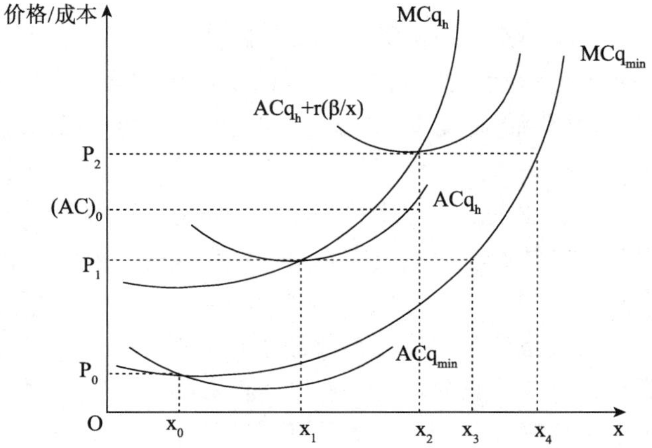

图3－7　不同质量水平下的定价和生产

在没有第三方参与实施契约的情况下，如果某一企业没有生产低质量商品而欺骗性地获得超过交易契约规定的利润，而是生产符合交易契约的商品，那么是否存在一种机制对企业进行正向激励呢？对于这类企业，如果一个消费者购买了其商品，那么相关信息将会在同类消费者之间进行传播，不仅自己下一期还会购买该企业商品，而且其他消费者也会购买商品。相反，不履行契约的企业，同一消费者不仅下一个购买期不再购买其商品，而且所有消费者都不会再购买“骗人”企业的商品。

在图3－7中，在高质量产出的完全竞争价格 P_1 时，价格等于高质量生产的平均成本，准租为零。如果企业准备欺骗性地生产最低质量产品，那么，作为价格接受者，它将把其生产扩大至 X_3，这时 $P_1 = MCq_{min}$，这样企业就可以获得一个时期的准租金，其现值等于：

$$SW_1 = \frac{1}{1+r}\left\{(P_1 - P_0)x_3 - \int_{x_0}^{x_3}[MCq_{min}(x) - P_0]dx\right\} \qquad (3.9)$$

当任何质量的完全竞争价格高于 q_{min} 时，企业将欺骗消费者，并供给质量为

q_{min}的商品。在这种情况下，消费者认识到，不管企业如何承诺，自己不可能得到交易契约规定质量的商品。这样，消费者将只愿意为他们在购买前可以检验其质量的最低质量产品支付（无成本信息）价格，即 P_0。由于理性消费者的这种预期，企业就不能欺骗消费者，但也不会供给满意的高质量产品。

但是，还可能存在高于高质量产品的完全竞争价格 P_1，如果 P_1是市场均衡价格，那么就可以，一是促进守信用的高质量产品的生产，二是不完全浪费掉来自高质量产品购买的消费者剩余。在图 3－7 中的价格 P_2，生产高质量商品的企业将把其生产扩至 x_2。把价格贴水 $\tilde{p}$ 定义为高于高质量产品生产最低平均成本的价格增加，它使企业能供给高质量产品并持续获得准租金收入，其现值（假定成本和需求条件并不随时间而变化）等于：

$$SW_2 = \frac{1}{r}\left\{(\tilde{P}x_2 - \int_{x_1}^{x_2}[MC_h(x) - P_1]dx\right\} \tag{3.10}$$

价格贴水同时增加了不履行交易契约，即以高价格供给低质量产品的企业的收益。选择欺骗手段的企业现在将扩大其产出，图 3－7 中将生产规模扩大至 x_4，并获得额外的报酬，其获得准租金的资本价值是：

$$SW_3 = \frac{1}{1+r}\left\{[(\tilde{P} + (P_1 - P_0)]x_4 - \int_{x_0}^{x_4}[MCq_{min}(x) - P_0]dx\right\} \tag{3.11}$$

只要企业的非欺骗策略和欺骗策略的资本价值之差 $SW_2 - SW_3$大于零，企业就会自动实施质量契约。考虑不履行契约企业（欺骗企业）和履约企业（非欺骗企业）两者的准租金流量，即我们的表达式 3.10 和 3.11 中大括号内部分。QR_2等于 rW_2，QR_3等于（$1+r$）W_3，当且仅当$\frac{QR_3}{QR_2} \leqslant \frac{1+r}{r}$时，企业选择自动履约。因此，只要 $\lim\limits_{\tilde{P}\to\infty}(\frac{QR_3}{QR_2}) \leqslant \frac{1+r}{r}$，就会存在促使企业自动履约，即存在让企业生产高质量商品的价格贴水①。

假设质量保证价格是存在的。给定成本和需求的条件，质量保证的最低价格将取决于所考虑的质量水平，用 $P^* = P^*(q, q_{min}, r)$表示。如果质量提高、最低质量下降和利率增加时，质量保证价格将上升。这些条件与这样一种相类似的认识一致：给定某一质量水平，质量欺骗就会减轻，在购买前可查明的质量水平会更高，再购买期限则更短。这意味着价格贴水是诱导高质量供给所必需的。这样，如果价格能保证质量，那么生产质量高于 q_{min}的企业似乎可以赚得正的经济利润。当价格高到足以保证某一高质量水平时，在利益机制的引导下就会有更多的企业进入这一行业，导致生产过剩和价格下降。所有供给某种允诺的质量 g 高

① 本杰明·克莱因，基思·莱弗勒．市场力量在确保契约绩效中的作用．载陈郁．企业制度与市场组织——交易费用经济学文选．上海三联书店、上海人民出版社，1996：169－205.

于最低水平的价格接受企业在 $P^*=P^*(q)$ 时都面临一条水平的需求曲线，这一情况具有非同寻常的性质，即价格高于或低于 P^* 时就导致零销售。这样，消费者不会以低于 P^* 的价格购买作出承诺这一质量的商品。

企业之间的竞争，使企业专用性资本投资采取资产的形式，专用性投资代表了品牌（或者销售）的资本投资，从而塑造了企业或者商品品牌。这样，专用性投资向消费者提供最大价值的直接服务，使消费者购买质量保证的物品的“有效”价格最小化。在图 3－7 中，用以抵押以阻止欺骗的零利润的专用性资本或者品牌资本（资产）为：

$$\beta=\frac{[p_2-(AC)_0]x_2}{r} \tag{3.12}$$

在这里，$P^*(q_h)=P_2$，即企业的品牌投资的市场价值等于企业的专用性投资的总值，而企业的专用性投资又来自高质量产出的预期贴水流量的现值。假设生产没有资本（从而没有“沉入”）成本，在图 3－7 中，平均“总”成本等于价格 P_2，即

$$P_2=ACq_h+r(\beta/x) \tag{3.13}$$

式（3.13）中，ACq_h 表示平均生产成本，$r(\beta/x)$ 表示平均品牌成本。

式（3.12）和式（3.13）意味着，企业的专用性投资或者品牌投资只有通过未来销售的预期准租金进行回报，那么，如果企业供给低于预期质量的产品，它就失去这些担保品，并且在市场均衡时，价格贴水流量仅对相当于抵押担保品的专用性投资提供正常的收益率，从而促使企业履行契约，向消费者提供相应质量的商品。

五、声誉、信任与自我履约机制

如果从契约经济学的分析方法来对契约的自我履约机制进行研究，契约之所以能够自我履约，其内在机制有：一是声誉机制，二是信任机制。

20 世纪 80 年代，Kreps、Roberts 和 Wilson 等将声誉纳入经济学模型，学者们才正式开始研究声誉对经济主体行为决策的影响问题①。Kreps、Milgrom、Roberts 和 Wiison 将不对称信息引入重复博弈，研究了在不完全信息重复博弈中经济主体之间履约行为的可信性问题，即不完全信息条件下有限次重复博弈中的合作均衡生成机制问题，这就是在信息经济学、博弈论等领域非常有影响的“KM-

① 洪名勇，钱龙．信任、声誉及其内在逻辑．贵州大学学报，2014：1.

RW 声誉模型”①。从经济学的视角看，对于处于市场经济运行中的主体来讲，声誉是一种非常重要的资产，这种资产不仅是有价值的，而且声誉资产的建立是花费成本的。如果自己不履行契约，就会丧失声誉资产或者声誉使自己的声誉资产的价值大大下降，而且要恢复或者重建自己的声誉资产所花的时间可能是比较长的、成本也是非常高的。所以，声誉机制促使契约得以自我履约。

对于契约的自我履行来讲，除了声誉机制之外，另一种重要的因素在于人们之间的相互信任和信任机制的运行。信任与信任机制是经济学、社会学和管理学研究的一个前沿领域。根据 Zucker 的分类，信任建立机制有三类，即基于过程、基于特征和基于制度②。也就是说，信任既可能来源于过程，也可能来源于特征，还可能来源于制度，当然也可能来源于三者的不同组合。在研究中，学者们基本上采用信任方与被信任方这类对偶关系作为研究对象，并将信任视为在特定制度框架下的双边关系的一种指标。由此便形成了三种典型的信任建立机制模型，即基于被信任方的感知可信度模型、基于信任方的信任倾向模型和基于制度规范的新制度模型。正是出于对交易对方的信任，在签订交易契约之后，自己才会自觉履行契约规定的义务。

第三节 第三方履约机制

对于契约的履约来讲，第三方参与的履约机制具有非常重要的作用，虽然“市场交换的经济范式隐含着一个假设，就是政府界定产权和实施契约，建立经济模型的法哲学传统的一个重要因素就是，如果没有某个第三方执行者制裁盗窃的违法行为，市场交换将是不可能的”③。这种认识可能存在某些偏颇，但说明第三方参与的履约机制在契约履行中的重要地位。而巴泽尔则认为，第三方参与的履约通常“可以实施得更好，因为第三方能向委托人提供一组激励措施，使其从中获得净收益超出他们在自我实施条件下所能获得的净收益”④。

---

① 洪名勇，钱龙．声誉机制、契约选择与农地流转口头契约自我履约研究．吉首大学学报，2015：1.

② 洪名勇，钱龙．多学科视角下的信任及信任机制研究．江西社会科学，2013：1.

③ 陈郁．企业制度与市场组织——交易费用经济学文选．上海三联书店、上海人民出版社，1996：170.

④ 巴泽尔．国家理论——经济权利、法律权利与国家范围．商务印书馆，2006：49.

一、从自我履约走向第三方履约

从契约履约演化的视角来看，契约履约的演化是从自我履约走向第三方履约，形成自我履约与第三方履约并存的格局。

（一）交换（交易）与契约履约机制

哈伊姆·奥菲克在《第二天性》这一著作给出了三种交换方式，第一种交换为共生交换。共生是资源和服务跨越物种的互惠和互利的转让，或称“交换”。有些经济学家认为，它最接近非人类行为者参与的正式交易。在农业领域，人类与经过自己驯化的植物和动物的关系即共生关系①。

非人类共生的最常见例证是动植物的关系（如无花果和黄蜂之间的关系）。动植物最佳地满足共生的两个条件为：一是各方不为同一资源而竞争，二是各方都有互相弥补缺陷的倾向。植物经常提供的是食物和庇护所，而得到的回报是授粉、散布、施肥和病虫害控制等。又如，动物与绿色植物通过在大气层内进行氧气和二氧化碳交换，这时动物与绿色植物之间的关系即为共生关系。

不管是人类与自然界之间的共生交换还是动物与绿色植物之间的共生交换，都不存在契约及履约问题。笔者这里要探讨的是人类内部不同人之间的交换，在人类社会的早期，整个经济是自然经济，没有分工、没有交换，不存在交易。从理论上讲，在这种条件下，应该没有交易契约。为协作生产，有可能存在生产领域的协作契约。虽然这种契约不可能是书面契约，但以口头契约或者心理契约的形式存在。

血缘和亲属间的交换是一种重要的交换形式。亲属间的交换具有三种功能。一是再分配。再分配可使以各种方式获得的资源得到更有效的利用。许多动物依靠与其他动物分享食物为生，这种情况明显见于食肉动物和食腐肉动物之间的关系，人类和大多数灵长动物都不例外。考古学的发现，前现代人可能定期为食物分享举行仪式。再晚一些，人类学更直接的观察进一步表明，食物分享仪式不仅是在一定的场合举行的仪式，而且还是人类活动中的核心组织原则。在以狩猎为生的部落社会，食物分享功能与依靠正规交易的社会中的金融市场的功能十分接近。对于除人类以外的其他某些物种，食物分享的重要性也许超越了正常谋生的界限。因此，对于吸血蝠来说，通过食物分享进行的再分配几乎就是保护生命的措施②。二是分工，分工通过功能的区分和专门化促进了获取资源和处理资源的

---

① 哈伊姆·奥菲克．第二天性——人类进化的经济起源．中国社会科学出版社，2004：12.

② 哈伊姆·奥菲克．第二天性——人类进化的经济起源．中国社会科学出版社，2004：15.

效率，根据性别和社会等级，劳动被分为生儿育女、保卫、觅食、食物运输和筑巢，这在照料自己晚辈的生物体中相当普通。群居动物更依赖分工，在它们更为精细的任务中，有领导、被领导、承担风险和转移风险的不同职责，这在裸滨鼠挖掘时形成的挖掘链就是一个明显的例证，它说明了任务（和团队）取向的分工。三是合作，合作意味着可以通过集体行动放大个体所做的努力。

在哈伊姆·奥菲克看来，交换是一种机制，“通过这种机制，在群体层面上获得的优越性可以被个体成员内化，因此，似乎有一种选择压力时常以不同的程度（在进化论意义上）建立适应性行为模式，这种模式适合再分配、分工，还有合作。这种模式非常明显地见于无脊椎动物中的社会性昆虫的行为，也见于脊椎动物中的某些哺乳动物（包括人类）的行为”①。非洲野狗群体成员中的食物分享制度非常类似于一种交换形式，这不仅是因为捐助者和接受者的角色频繁地转换，而且首先是因为它有利于一种易腐烂资源的高效运输和再分配的系统。在非洲野狗中，交换的特权延伸至有伙伴关系的群体成员：即它们的近亲和处在繁育阶段的、可以生产和照料幼息的个体。陌生者没有这种特权。这种亲缘之间的交换模式在其他的哺乳动物和鸟类（通常以较低的程度）中反复出现，而在昆虫和无脊椎动物中（则以高得多的程度）反复出现。

动物间交换的关键是生殖和亲属关系，是否进行交易完全取决于交易各方的身份，或取决于它们群居时相互作用的功能。有时，被交换的实体完全丧失了意义，交易变成了一种礼仪。例如，求偶暇食是一种交换形式，广泛地存在于求偶鸟类，但通常并不发生真正的食物传递。

血缘和亲属间的交换不仅存在于动物，而且人类也存在血缘和亲属间的交换。例如，送礼就是一个典型的血缘和亲属间的交换，送礼这种“物品交换不仅是一种机制性制度，而且是一种道德性交易，它在个体和群体之间产生并保持一种人性的关系（即它的含义超越了物品交换，就如同人们所期望的在重视亲属的环境中发生的情况一样）。显然，血缘内的交换（包括赠送礼品）不仅局限于与世隔绝的社会，而且也与市场社会中的正规交易一同进行”②。

从以上分析可以看出，血缘和亲属间的交换不仅存在动物之间，而且还存在于人类社会，是人类社会与动物界的共有行为。但人类不仅有血缘和亲属间的交换，而且还有更为复杂的交换，即商业交换。

商业交换是现代社会最为普遍的交换。1834 年 3 月 1 日，英国皇家军舰“比格尔”号在火地岛海岸抛锚厂，用达尔文的话说，就是：“停泊在一个美丽的小港湾，船尾腔离山地不足 100 码。”有一件趣事记录在他的日记中，这件事

---

① 哈伊姆·奥菲克．第二天性——人类进化的经济起源．中国社会科学出版社，2004：16.

② 哈伊姆·奥菲克．第二天性——人类进化的经济起源．中国社会科学出版社，2004：20.

发生在船员和当地居民之间："双方互相嘲笑，感到对方很奇怪，并感到了相互之间的差距；我们觉得他们可怜，因为他们给我们的是上好的鱼和蟹，而得到的却是一些碎布料之类的东西；而他们也觉得发现了一批愚蠢的人，用如此擦亮的装饰品换取一顿晚餐。有些火地岛人明确地表现出他们有易货贸易的清楚概念。我给了一个人一根大钉子（非常宝贵的扎品），没有作出任何索取回报的表示，但他立即把两条鱼插在鱼叉上，递了过来"（Darwin，1945：217；Keynes，1988：224）。

达尔文与火地岛渔民相遇是商业交换纯粹而又明白的例证。与亲属间交换不同，商业交换（或交易）完全取决于被交换商品的价值。与亲属间交换的专一模式不同，商业交换是包罗万象的。商业交换不受血缘网络和生育偶然性的限制，而是对同物种所有成员开放，对陌生者广为开放（就像达尔文在火地岛的见闻一样），甚至对匿名交易者开放。也许人类是从事这种类型交换的唯一生命形式，当然也是其成员以一种系统和完全自发的方式从事这种交换的唯一生命形式。"当代人类社会简直就是存也交换，亡也交换"①。

这些交换或者交易可能是实时完成的，也可能是需要一定期限才能完成的。在进行交换或者交易时可能以口头契约的形式进行，也可能是以书面契约的形式进行。不管是什么契约或者在什么时间完成的交易，只有两者之间不产生纠纷，那么，这种交易契约就是自我履约。如果一个社会的契约都是有自我履约的，那么这个社会从理论上讲是一个低成本运行的社会。例如，在原始社会的氏族社会就是这样一种社会制度。对此，恩格斯在对洛易洛魁人的氏族进行考察后写道：在这里"没有军队、宪兵和警察，没有贵族、国王、总督、地方官和法官，没有监狱，没有诉讼从而一切都是有条有理的。一切争端和纠纷，都由当事人的全体即氏族或部落来解决，或者由各个氏族相互解决，血族复仇仅仅当作一种极端的、很少应用的手段"②，正因为如此，恩格斯才赞叹道："这种十分单纯质朴的氏族制度是一种多么美妙的制度呵！"③

（二）从自我履约到第三方参与下的履约

从专业化与分工的演进来看，在氏族社会，分工已经产生，人们所从事的生产已经开始专业化，而将不同专业化、不同分工的人们进行合作的契约已经存在。这些契约是如何履约的，在恩格斯看来，"一切问题，都由当事人自己解决，

① 哈伊姆·奥菲克．第二天性——人类进化的经济起源．中国社会科学出版社，2004：24.
② 恩格斯．家庭、私有制和国家的起源．人民出版社，1954：94.
③ 恩格斯．家庭、私有制和国家的起源．马克思恩格斯选集，人民出版社，1995：95.

在大多数情况下，历来的习俗就把一切调整好了”①。换言之，在这里契约是自我履约，第三方履约是不存在的。用演化生物学的语言来讲，全部群体采用了自我履约策略，这个策略是一个稳定策略，而其中有一个体采取了不同策略，并且这个变异个体采取不同策略即违约后比群体采取自我履约获得的收益多，那么这个变异的策略就能侵入这个群体。如果一个策略不能被其他策略侵入，这个策略是集体稳定的。在进化生物学看来，只有集体稳定的策略才能在长期的均衡中使自己持续地作为大家都采取的策略。随着私有产权的产生，人们在私有财产的激励下，当有人不履约获益而损害对方权益时，即如果有一个“变异的”个体采取一种试错方式，采取损害他人利益的策略。那么，这个策略是否具有适应性？通过自己履约的合作是否会受到损害？对此，演化生物学为我们提供了理解这个问题的有用思路。在演化生物学的研究成果中，普瑞斯方程可以说明履约者与不履约者，即合作者与背叛者之间的适应性问题。一个定期分散的 n 个群体的动物种群，这个种群中一些个体拥有某种特征，该类个体在每个群体中的频数在开始时为 p_i，i 为初始规模为 q_i，个体之间的互动及其结果将影响其相对适应性并且体现在下一代。在这一过程中，群体的规模为 q'_i，基因频数变为 p'_i。如果该基因对群体有正面作用而对行为者个体有负面作用（利他的），那么 $q'_i > p_i$，并且 $p'_i < p_i$；所有的群体都会扩大规模，并且在所有的群体中，拥有该特征的个体的频数都会下降，但是它在整个种群中所占的比例可能会增加。为什么会出现这种情况呢？初始情况下总体基因 P 的频数等于每个群体 p 的平均频数加上一个反映较大的群体也会拥有较高的频数的协方差。如果每个群体频数的平均值为：$p = (\sum_{i=1}^{n} p_i)/n$，群体平均规模为：$q = (\sum_{i=1}^{n} q_i)/n$，$p_i$ 和 q_i 之间的协方差为：$cov(p_i, q_i) = \frac{1}{n}\sum_{i=1}^{n}(p_i - q)(q_i - q)$，那么整个种群的基因频数为：$p = p + cov(p_i, q_i)/q$，总体的基因频数等于各个群体的平均基因频数 p 加上群体规模和基因频数的协方差除以群体规模的平均值。如果群体规模和基因频数的协方差为 0，则初始的总体基因频数等于各种群体的平均基因频数 p。现在个体在群体内部开始互动，不同类型的个体进化适应性不同，这反映在它们的后代个数上，一代之后，新总体频数为：

$$p' = p' + cov(p'_i, q'_i)/q' \tag{3.14}$$

用 s_i 来度量群体的受益，那么成长因子为：$s_i = q'_i/q_i$，该基因在总体频数上的变化可以分解为两个式子，第一个式子反映了群体内部选择的影响，第二个式子反映了群体之间选择的影响。

---

① 恩格斯．家庭、私有制和国家的起源．人民出版社，1954：94.

$$\Delta p = p' - p = \sum_{i=1}^{n}(p'_i - p_i)(q'_i/\sum_{i=1}^{n} q'_i) + cov(s_i, p_i)/s \tag{3.15}$$

第一个表达式是群体内部基因频数的变化量($p'_i - p_i$)的加权平均值乘以变化过后的规模在总规模中所占的比例($q'_i/\sum q'_i$)。假设该特征是对群体有益而对个体行为者有害的情况下，这一项肯定是负数。第二个表达式反映了群体间的选择，可能是正的。在这项表达式里，表示群体平均增长系数，($q_i/\sum q_i$)反映了群体的初始规模。

$$s = \sum_{i=1}^{n} s_i(q_i/\sum_{i=1}^{n} q_i) \tag{3.16}$$

$Cov(s_i, p_i)$是建立在群体初始规模上的协方差。以上分解把群体内部选择（第一项）和群体间选择（第二项）清楚地分开。普瑞斯方程是对所有情况下进化的一个清楚、完全地描述。如果该基因是利他的，第一项为负数，因为在任何一个群体内，新的基因频数p'_i都不会超过起初的频数p_i，如果群体增长系数和群体内初始基因频数p_i的协方差足够大，那么尽管在每个群体中的频数都在下降，该基因在整体范围内的频数p仍然可能增加①。

我们假设，对于那些可以追溯到频数依赖选择的行为倾向，在每个群体内部都存在一个特定的θ，$0<\theta<1$，满足$p_i>\theta$，$p_i>p'_i$。这是对基因复制的动态描述，表明一旦在群体内部利他倾向的频数大于θ，这种行为倾向就不再是真正的利他的，而是频数依赖选择的结果，即使是在群体内部，具有这种特征的频数也会持续增长或者保持稳定。假设这样一种情况，总的种群数量很大，并且个体之间随机组成一对进行单次囚徒困境博弈，每个局中人的适应性博弈结果如表3-1所示。

表3-1 生物中合作与背叛博弈

		甲	
		履约	不履约
乙	履约	3，3	0，5
	不履约	5，0	1，1

考虑频数依赖选择地履约者和不履约者的影响，令p=履约的频数：

不履约者的适应性：$W_d = 1(1-p) + 5(p)$

履约者的适应性：$W_c = 0(1-p) + 3(p)$

① 亚历山大·J. 菲尔德. 利他主义倾向——行为科学、进化理论与互惠的起源. 长春出版社，2005：84-86.

履约者和不履约者的适应性都会随着履约者的频数增加而增加，但不履约者的适应性在任何频数下都比合作者大（见图3－8），结果，履约者没有立足之地，而不履约者将占优势。

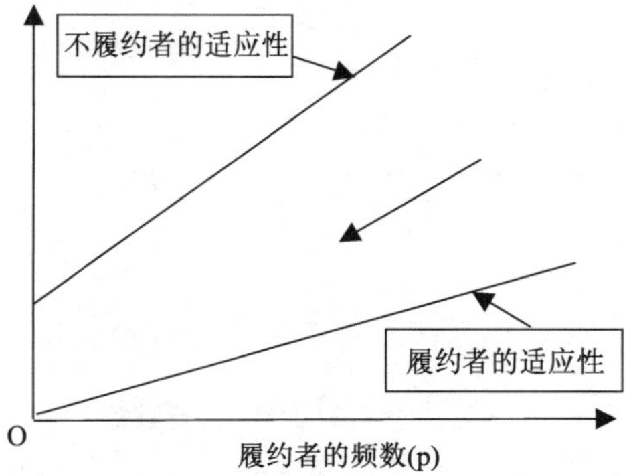

图3－8　履约者与不履约者的适应性Ⅰ

假设履约者执行一个与上述策略有轻微判别的策略，除了在任何的配对博弈中采取合作策略之外，他们还谋生并且惩罚任何被他们发现的不履约者和那些没有惩罚不履约者的合作者。惩罚方式之一就是给这些人一个小的烦恼（同时也给自己带来很低小的适应性减少），总体惩罚成本和效果随着履约者的频数增加而增加。以下方程假设被惩罚者所受的惩罚三倍于惩罚者付出的代价，令 p = 履约者的频数，代表不履约者的适应性，现在开始受到惩罚：

不履约者的适应性：$W_{d*} = 1\ (1-p)\ +5\ (p)\ -3p$

履约者的适应性：$W_{c*} = 0\ (1-p)\ +3\ (p)\ -1\ (1-p)$

履约者在频数很低而不履约者的频数很高的时候，惩罚将给履约者带来附加成本，同时仅仅给不履约者带来很小的烦恼，但过了 $W_{d*} = W_{c*}$ 这个转折点之后，履约者的适应性会超过不履约者，并且在任何超过 θ 的频数上，履约将会通过进化而固定下来，且对不履约者的入侵有抗性（详见图3－9）。低于 θ，个体选择会使得履约者逐渐绝迹，但如果群体选择使履约者的频数超过 θ，履约者的适应性将会提高①。

以上分析表明，在通过契约进行合作的双方之间以及社会经济生活中，履约者惩罚不履约者和那些没有惩罚不履约者的合作者是有成本的，这样，使履约者存在一定的适应性，有一定的生存空间；同时，不履约者也有一定的适应性，也存在一定的生存空间。此时，契约又如何履约？当对方违约并损害自己的利益

① 亚历山大·J. 菲尔德. 利他主义倾向——行为科学、进化理论与互惠的起源. 长春出版社，2005：95－97.

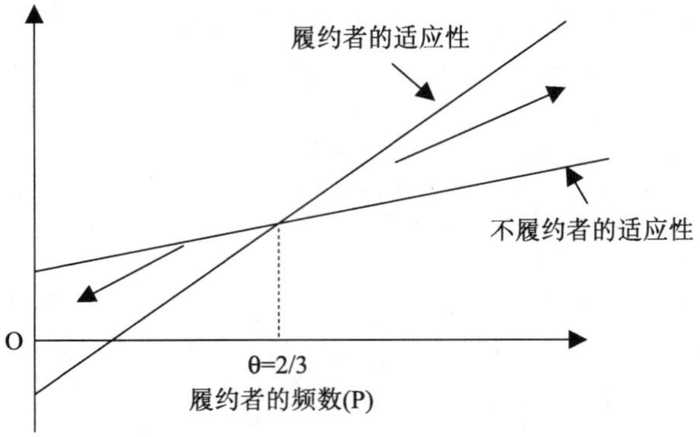

图3－9 履约者与不履约者的适应性Ⅱ

时，自己如何办？在对方又不能够有效维护自己的利益时，引入第三方参与，让违约方对自己补偿就成为受损者一种现实需求。从理论上讲，第三方参与的履约机制的运行虽然对受损者来说是需要的，但对整个社会来讲并不一定是经济的或者是有效率的。因第三方参与的履约是有成本的，如果履约成本高于履约收益，则这种契约机制是不可能自动产生或者有效运行的。问题在于，第三方参与下的履约已经成为社会经济运行中一种重要的履约机制。那么，这种履约机制是如何产生的呢？从演化经济学的视角看，只有当社会中存在大量的违约者，在第三方参与履约能够节约社会成本时，第三方参与下履约机制就产生了。

二、第三方参与下的履约机制

第三方参与下的履约之所以存在，除具有一定的成本优势之外，还在于第三方能够以一种不同的方式诱使各方履约：通过给当事人提供另外的交易方式，使他们可以比没有被迫履约时得到更多的财富①。在这方面，一个典型的例子是将自我雇佣转变为工资雇佣，尤其是一个专家的产出是另一个专家的投入时，这种情况就更为明显。如果两个专家独立操作，为使交易顺利进行，两个专家之间为对产品质量方面的测度而消耗大量资源，但如果两个专家被同一个企业家所雇佣，企业家给两个专家工资以回报。此时，企业家对于两个专家而言就成为第三方，专家之间的交易契约由于企业家的参与而转变了履约方式。在这里，中间产出质量的测量与要素的投入测量成本越高，第三方参与的契约履约即雇佣关系越有吸引力。

第三方有各种形式，例如有各种各样独立的个体如部落首领，也有各种组

① 约哈姆·巴泽尔．国家与第三强制实施者的多样性．科斯，诺思，威廉姆森，制度、契约与组织，经济科学出版社，2003：246－295.

织。这些组织包括国家、企业或者公司、医院、学校、教会、世界贸易组织、协会等。在促进契约履约时，不同的第三方组织都有自己的优势和适应性。一般地，一般组织与国家在促进契约履约时是有区别的。因国家是通过暴力来促进契约履约，而其他第三方不一定通过暴力来促进契约履约。使用暴力方法与其他方法促进契约履约至少有以下三个方面的区别：它更便宜、没收更有威胁力、在实施契约交易时更具有优势①。虽然不同第三方参与下的履约有所不同，但它们之间有共同之处，即第三方参与的履约具有强制性，实施者具有一定的惩罚能力。用巴泽尔的话来讲，"强制实施力的精髓在于惩罚能力"②，即施加成本的能力。一方可以通过干涉、调高音响的音量来施加成本，可以通过使用某种物质权力、拒绝与某人打交道、逐出教会、使他人名誉受损的方式。物质权力是强制实施方法之一，使用暴力的制度实施者主要通过物质权力来实施。在巴泽尔看来，第三方参与下的履约，除依靠物质权力进行强制履约之外，还可以依靠长期关系来实现。例如，部落里的长老作为第三方促进了契约的顺利履约，由于长老不是军事领袖，缺乏让他人强制履约的物质权力，其让部落成员履约的只能是他们具有使不履约者名誉受损的权利。一般地，部落成员依靠长老解决契约纠纷，同时送一定礼物给长老作为促进契约履约的回报。对于长老而言，作为第三方促进契约履约的成本是花时间对契约纠纷双方进行调解，让不履约者继续履约，或者调解不成，让不履约者的名誉或者声誉下降；其收益则是获得一定的礼物。对于部落成员而言，他们意识到，如果自己不遵守长老的决定，自己的声誉将会受损，使自己在未来一定时期内签订新契约的能力下降。在这种情况下，由于长老的参与，对于契约的履约起到积极有效的作用。从长老的视角来看，长老也可能存在一些问题，例如，长老可能接受贿赂、进行敲诈勒索。由于长老受贿或者敲诈并不是公开进行而是私下进行的交易，因此，这种私下交易并不是每一次都会被他人发现。虽然不是每一次都会被他人发现，但如果这种私下交易越多，其被发现的概率就越大。如果长老与存在契约纠纷一方的私下交易被他人发现，那么长老的声誉将大幅度下降，并最终失去自己的客户，并由此失去其从第三方强制实施契约中获得的预期收益。因此，从某种程度上讲，长老也会对自己的行为进行约束，从而促进契约的公正履约。

在巴泽尔看来，施加成本能力的大小限制了第三方强制履约的范围，在各方达成一项受制于第三方强制履约的契约后，只有在强制履约者能够并且看起来可

---

① 约哈姆·巴泽尔．国家理论——经济权利、法律权利与国家范围．上海财经大学出版社，2006：54.

② 约哈姆·巴泽尔．国家与第三强制实施者的多样性．载科斯，诺思，威廉姆森．制度、契约与组织．经济科学出版社，2003：246－295.

能施加某种与契约规定的转移同样大小的成本时，他们才会履约。第三方对不履约者的惩罚是有成本的，这些成本包括积累权力时的努力和对不履约者进行惩罚时所消耗的资源。在现实生活中，个人对第三方强制履约服务的需求，既依赖于有争议权利界定上的清晰性和非偏听偏信偏见特征，又依赖于对第三方决定的服从率。在第三方参与契约履约之后，如果第三方对契约权利的界定越清晰，预期未来的争议越少，市场对第三方参与契约履约的需求越大；相反，如果第三方对契约权利的界定越模糊，未来对契约的争议越大，那么，个人对第三方参与契约的需求就会越低。在这里，“偏见”反映了以资源为成本进行的转移，而且会被各方认为有负的影响，如果第三方对契约权利的界定越没有偏见，则市场对第三方参与的履约需求越大；相反，如果第三方对契约权利的界定偏见越大，人们对第三方参与的履约需求越低①。

---

① 约哈姆·巴泽尔．国家与第三强制实施者的多样性．载科斯，诺思，威廉姆森．制度、契约与组织．经济科学出版社，2003：246－295.

第四章　信任、声誉及内在逻辑

在制度或者契约实施中，新制度经济学家诺斯、威廉姆森等反复强调私人实施机制的重要性。例如，解决契约争端和不明确之处，不是诉诸法院，而是依靠私人解决达成一致。我们之所以签订书面或者口头契约，其目的在于促进交易双方之间的合作，而受法律鼓励的做法不一定有利于合作关系。在农地流转契约选择和履约中，促进农地流转双方的非正式制度运行机制有许多，其中信任、声誉是较为重要的机制，基于此，本章重点对信任与声誉机制进行梳理。

第一节　多学科视角下的信任及机制研究

信是儒家五常之一，在《论语》中出现过38次，在《孟子》中也有30次。《说文解字》解释到“信，诚也”，强调了“信”是一种诚实不欺，言行一致和表里如一。辞海界定“信”，从言从人，表示诚实守信，相信、信用、信奉等意思。“任”表示任用，任命，放任。“信”与“任”组合成“信任”可用来表达“感到放心”、“有把握”、“相信而敢于托付”，实际上从认知和行为两个层面对信任进行了解释①。牛津英语辞典将信任定义为“对某人或某物之质量或属性，或对某一陈述之真实性，持有信心或依赖的态度”。信任被视作一种态度，一种信心，并可细分为“人对人的信任”与“人对物的信任”。可见，信任作为一种复杂性的现象，人们的认知尚未达成一致。

随着信用经济的蓬勃发展，作为信用经济基础和社会交往媒介的信任受到了诸如心理学、社会学、生物学和经济学等多个学科的关注。“黑箱中”的信任正一点一点从不同视角被展示出来，本节力图较为全面的归纳出各个学科对信任研究的成果，为下一步研究铺成一个较为统一的理论平台②。

---

① 马本江. 经济学中信任、信用与信誉的概念界定与区分初探——兼论信任问题与信用问题的一致性. 生产力研究，2008：12.

② 洪名勇，钱龙. 多学科视野下的信任及信任机制研究. 江西社会科学，2013：1.

一、多学科视角下的信任内涵

（一）信任的心理学

美国社会心理学家 Deutsch 通过模拟实验、运用心理分析手段研究了“囚徒困境”中的人际信任，认为信任是个人对外界刺激作出的反应，是“个人预测事件发生并相应采取的行动”①。在其带动和影响下，众多心理学家对信任进行了研究。Rotter 指明“信任是个体或群体对另一个体或群体的口头或书面的承诺可靠性的概括性期望”②。Schlenker 等认为信任是“在不确定环境中，对他人行为结果的心理依赖”③。Wrightsman 偏重从授信者个人性质和信念来解释信任，指出“信任是个体所持有的对他人善意和诚实等构成其个人特质的一部分的信念”④。Sabel 定义信任为“双方都相信对方不会利用自己弱点的一种信心”，而这种信心会受社会环境和个人经历的影响。Hobbes 提出，“信任是预期对方采取有益行为的情感表达，这种情感能够减少对对方的疑虑”。另外一些心理学家则从行为层面对信任进行了界定。如 Good 认为合作行为不等于信任必然存在，团体成员的身份、资格和熟悉度对信任是否形成具有重要影响。Hosmer 将信任视为一种夹杂着非理性地将自己暴露给他人的选择性行为⑤。近年来研究表明，信任对人格因素、人际关系、社会支持、个体经验等影响⑥。

可见心理学侧重从微视角对信任进行解释，认同信任是个体对外界各种刺激所做出的心理和行为反应，是个人对未来的一种信念。从某种意义上来说，这种信任是专属个体“私人性”的信任。

（二）信任的社会学解释

齐美尔是较早对信任进行研究的社会学家，他最早在《货币哲学》中指出“信任是一种综合性的力量”。在他之后，布劳把信任描述为社会稳定的基本因

---

① Deutsch, M. Trust and suspicion. Journal of Conflict Resolution ［J］, 1958 (2): 265 – 279

② Rotter, J. B. A. New Scale for the Measurement of Interpersonal Trust. Journal of Personality ［J］. 1967 (35): 651 – 665

③ Schlenker, B. R., Helm, B., and Tedeschi, J. T. The Effects of Personnality and Situational Variables on Behavioral Trust. Journal of Personality and Social Psychology ［J］. 1973 (25): 419 – 427

④ Wrightsman, L. S. Interpersonal Trust and Attidudes toward Human Nature. In J. P. Robinson, RP Shaver and LS Wrightsman (Eds.), Measures of Personalty and Social Psychological Attitudes ［M］. San Diego: Academic Press, 1974

⑤ 张缨．信任、契约及其规制——转型期中国企业间信任关系及结构重组研究．中国社会科学院，博士论文，2001：17 – 18.

⑥ Khodyakov, D. “Trust as a process : a three_ dimensional approach”. Sociology, 2007, Vol. 41.

素，帕金斯在研究承诺问题中研究了信任与不信任问题，指出信任是一种约定结果。卢曼被认为是信任的社会学研究的集大成者。他承上启下，开启了社会学对信任的新一轮研究热潮。卢曼认为信任是人面对复杂社会的一种态度和信念。由于个人自身理性的局限和获取有效信息的困难，信任作为一种“简化机制”，可以弥补理性的缺陷，减少社会交往过程中的复杂性。同时，卢曼指出信任作为一种社会关系，在互动中产生，既受心理影响，也受社会系统影响①。

另外两个具有较大影响力的社会学理论是科尔曼的“社会资本”理论和格南诺维特的“嵌入性”理论。科尔曼从功利层面解释了信任，他认为信任在互动过程中建立，是一种社会资本，表现为一方自愿的甘冒风险的转出资源或权利的控制权。作为社会资本的信任存在于社会关系之中，其重要贡献在于能够开发信息潜能，帮助人们扩大交往范围②。格南诺维特认为经济行为都是嵌入在社会关系中的，作为经济生活中重要的信任关系，也要归因于社会关系而不是制度安排或者普遍道德③。

部分社会学家从信任来源角度定义了信任，如福山认为信任是一种文化积淀。他在《信任》一书中指出“信任以某一群体成员对共同文化、习俗和制度规范认同的共同基础上，是成员之间的对彼此常态、诚实、合作行为的期待”④。涂尔干则认为信任只可能来自家族血缘关系，否则稳固的信任无法形成。而吉登斯则独树一帜的提出，后现代社会人们之间信任不是预先给定的，而是建构起来的。这种建构意味着相互的自我开放，代表着人类高度道德自觉性⑤。

社会学上对信任的研究虽各有侧重，但从方法论上来说，都坚持了个体主义视角。强调了信任不仅仅取决于行动者个人的特性、决策及目标，而且受到了外在诸多客观环境的影响。至于这种客观环境是事先具有的还是后天建构的，抑或是二者的有机集合，目前并无定论。

（三）信任的生物学解释

人类文化是从生物进化而来，那么必然保持着与生物进化的相互缠绕。信任作为一种文化现象也离不开这个框架，在社会网络中，人们能够识别出那些有合作意愿的人。根据达尔文进化学说，人类通过适应性认知，逐渐认识到互惠性有

① 张缨．信任、契约及其规制——转型期中国企业间信任关系及结构重组研究．中国社会科学院，博士论文，2001：18.

② 张缨．信任、契约及其规制——转型期中国企业间信任关系及结构重组研究．中国社会科学院，博士论文，2001：21－22.

③ ［美］格兰诺维特．镶嵌：社会网与经济行动．社会科学文献出版社，2007：8－15.

④ ［美］福山．信任：社会道德和繁荣的创造．远方出版社出版，1998：45.

⑤ 董才生．论吉登斯的信任理论．学习与探索，2010：5.

利于个体的生存与发展。Ambrose 在《考古科学杂志》发表的《东非石器时代后期极其食物的编年史》中，给出了如下判断：“人类祖先之间的相互信任和交换礼物，从而形成了社会网络。这种早期的简单社会网络，却使得人类祖先比单独的群体更能适应高度不确定的环境，甚至成了人类走出非洲、迈向世界的关键因素”①。Mccabe 认为人类的大脑已经进化到一种令人着迷的方式，它有着特殊的本领，能够彼此信任并完成具有互惠性的交易。一旦互惠建立起来，信任就变得相对容易理解。生物学家认为，人与人之间的信任，虽然不能保证个人利益的最大化，却能对群体的繁衍和兴旺提供帮助，避免了霍布森描述的“人吃人”的极端状态。

近年来，神经生物学对人类信任产生的生理基础的研究十分值得关注。Zak 等在《信任的神经生物学基础》一文中，证实了催产素是影响陌生人之间的信任行为的生理基础之一。Brooks 等运用 FMRI 技术对大脑中背纹状体中的神经反应的监测，发现信任水平的高低导致了脑中尾状核的启动的差异，而信任水平的高度取决于内侧前额叶皮质对于互惠性水平的判断②。Bos 等进一步指出大脑中的前扣带皮层和右侧前额皮质起到了调节受托人在互惠性信任中的风险认知的作用③。Anne - Kathrin 等研究了神经错乱患者与正常人信任的区别，发现患有此类病症的人由于不能够修正自己的信任行为，以及不能对外界的刺激做出适当的反应，其信任水平比一般人要低④。

生物学方面的研究使得我们认识到，信任作为一种心理认知，进而发展成为行为选择有着坚实的生理学的基础。虽然具体机制目前尚不确定，但随着科学技术手段的进一步提升，必将更加准确地揭示出信任的生理基础。

（四）信任的经济学解释

古典经济学建立在信息完美的前提之上，而在信息完全的情形下，信任是否存在是无关紧要的。20 世纪随着新制度主义等学派的崛起，传统经济学的假设前提受到严重质疑，不完全信息和不对称信息论的快速发展，使得信任迅速进入了经济学家的视野。经济学家从经济人自私理性的假设前提出发，指出了信任是个人理性选择下的产物，是一方对另一方的履约意向及能力所持的认可的态度及预期。Arrow 指出信任是经济交换的润滑剂；Hirsch 指明，信任是市场经济的公

---

① 汪丁丁．信誉：在从猿到人转变过程中的意义．浙江大学学报（人文社会科学版），2003：2.

② 胡愈．认知、大脑与演化：信任研究的新进展．理论月刊，2011：3.

③ Bos, W. “What Motivates Repayment? Neural Correlates of Reciprocity in the Trust Game.” Oxford University Press, 2009, Vol. 4.

④ Anne - Kathrin, J. F. “To Trust or Not To Trust: The Dynamics of Social Interaction in Psychosis.” Oxford University Press, 2012, Vol. 135.

共产品，是市场经济得以存在的道德基础；克雷默认为，信任促进了权力的分散，增进了真实的传播，从而更有利于稀缺资源的分配。从某种意义上，信任既是一种促进合作达成的资源，在实践这一功能过程中又体现本身作为一种生产资源的价值。信任在每笔交易中均起到了核心作用，不仅促进了交易的达成，而且有效地减少交易费用，从而有利于帕累托交易的达成。另外，一些经济学家从博弈论的视角研究了信任形成的过程，得出了交易双方重复合作是信任产生的基本条件，而必备的惩戒措施和道德规范是信任得以存在的外在条件①。

经济学上的信任是一种基于理性计算的信任，属于非人格化的系统性信任或是硬性的制度信任，同时也是一种易碎性的信任。一旦某一方选择失信，合作就会中断，失信者重新构建信任体系会更加困难。对于这种理性型信任，并不是所有经济学家都赞成将理性引入经济学。如威廉姆斯就认为这种计算性的信任本身就是矛盾的陈述，有限理性的经济人无法做到。

（五）信任：一个综合

综合起来看，信任具有内涵的丰富性及信任机制多样性，多学科、多视角将信任的不同纬度展现在人们面前，加深了对信任的理解。未来信任方面的研究依然会保持多学科齐头并进的势头，并有着跨学科联合研究的倾向。相信在多学科的共同努力下，未来这方面会取得新的更大的突破。当前对信任和信任机制研究丰富而繁杂，但总的来说大致可以划分为以下几个重点方向。首先是对信任本质的探讨。心理学上大多认同信任是人对外界刺激的反应，是个人对未来的期待；而社会学则进一步强调了人的能动性，指出信任不仅取决于外界环境，也取决于个人判断。这种个人判断的基础有看似无理性实则理性的“简化机制”、积累社会资本、维护既定的社会关系或文化积淀使然。生理学则从人类生理角度揭示了信任存在的物质基础，间接的印证了心理学的刺激反应主张。经济学与心理学相比，更加强调信任是可计算的理性反应，是在外在约束条件下的信任。人与人之间的信任已经异化为通过对组织、制度等的信任达到人类之间的互信。其次是对信任的作用研究。心理学上将个人利益寄托于别人未知的行为的信任，体现了信任在分配上的作用，信任具有外部性特征，但可能对个人造成伤害。社会学从宏观角度，将信任看作社会运行中的网络连接点，或是一种社会资源。强调良态的信任环境对于社会经济发展有着正的外部性作用。经济学则认同信任产生前提在于信息的不完全性以及由此带来的交易的脆弱性，将信任视为一种稀缺资源。信任在经济活动中起到了减少不确定性和交易成本的“润滑剂”作用。再次是对

① 张仙峰．网络欺诈与信任机制——交易链面向网上消费者的信任机制研究．经济管理出版社，2007：25－27.

信任特征的探讨。信任来自于交易的脆弱性，是不确定下的产物。决定了信任一开始就具有易碎性，这一点在经济学中得到最多体现。然而，信任还存在正的外部性。社会学和经济学都认同信任的广泛存在对促进资源合理分配和社会整体效益提高有正向促进作用。最后，信任还具有适应性和演变性。信任不仅在不同人博弈过程中变化，还会因社会差异、时代变化而不同。

二、多角度的信任机制

信任研究的关键问题之一，是确定信任的决定性因素或驱动力，即双方间信任的建立条件及其机制。只有在确定信任的决定因素之后，培育和维持信任的明晰战略才会可行。信任的决定因素或驱动力问题，也就是信任源、信任基或信任前置因素问题①。因而，信任机制是信任得以建立、维持和提升的立足点、约束及保障。部分学者将信任机制定义为合作双方对规则、伦理道德及合作内容的遵守，而信任机制可以从预测、计算、动机、能力和转移等方式建立。信任机制本身不是静态不变，而是随着双方互动和社会发展而动态演进②。另外，信任机制在不同文化和不同时代表现差异也较大。彭泗清认为中国人之间信任机制主要依靠关系运作③，而法制居于次要地位。针对当前对信任机制方面的研究十分零碎的情形，我们拟从信任对象、信任来源、信任强度、信任纬度以及信任演进的视角对信任进行类别归纳。

（一）对象视角下的信任机制

根据信任对象的不同，信任可分为人与人的信任、人对组织的信任、组织对组织的信任等，其中又以人们之间的信任研究最广泛。韦伯在《儒教与道教》中从跨文化的视角区分了特殊主义的信任和普遍主义的信任。特殊主义的信任表现为只相信“自己人”，而对外人普遍缺乏信任；普遍主义的信任是西方资本主义社会崛起的一个重要因素。Rotter 将信任划分为特别信任和一般信任。其中特别信任是建立在血缘关系和社会关系上的呈网状分布的信任关系，而一般信任是建立在规则约定和制度约束基础上的信任关系。相似的，Noorderhaven 提出了私人信任和环境信任；卢曼将信任划分人际信任与制度信任。科尔曼从向量性角度将人际信任细分为相互信任、媒介信任和第三方信任。

尽管对信任机制划分的名称有差异，但对象视角下的信任机制主要从谁是可

---

① 洪名勇．农地习俗元制度及其实施机制研究．河海大学，博士论文，2007：118－119.

② 何丽红，李丹．基于委托代理理论的物流外包信任机制研究．统计与决策，2008：18.

③ 彭泗清．信任的建立机制：关系运作与法制手段．社会学研究，1999：2.

信的角度去界定，究竟是信任何人，对不同人信任的区别，以及人对组织、制度还是外在环境的信任，将视具体情况而定。

（二）来源角度的信任机制

巴伯从三个层面对信任进行了定义，指出了不同情景下人们建立预期的基础是不一致的，从而形成了人们不同层次的信任。第一层次是一般性信任，表现为对自然法则和社会秩序的信任；第二种层次是对他人技术能力能胜任其角色的技术信任；第三层次是另一方会履行其信用义务和责任，在此基础上建构的对托付责任和义务能够被承担的信任。祖克尔继承了巴伯的上述思想，把预期分为存在性的、当然性的、选择性的三类。建立在存在性预期上的信任被称为过程信任。这种信任的核心在于互惠性，是交易双方之间的信任来自于交往过程中的经验积累；建立在当然性预期上的信任被称为特征信任，这种信任源自双方共享的团体文化、习俗和规范；建立在选择性预期上的信任被称为制度性信任，这种信任因其非人格化而具有更广泛的约束力①。

此类划分侧重于从信任内部对信任进行剖析，在信任客体既定情况下，揭示出信任的分布路径。这些信任可能来源于自然法则、社会约束、习俗文化、个人能力或者制度，正是这些因素的存在，才使得信任得以存在。

（三）强度视角下的信任机制

Barney 从机会主义的强弱程度把信任区分为弱式信任、半强式信任和强式信任。Brenkert 将信任分为基础性信任、保障性信任和扩展性信任。其中基础性信任是一种暗含于社会习俗、惯例下的信任形式；保障性信任是受到承诺、合约和协议等制度保障的信任；扩展性信任是基于合作双方既有的深厚关系基础上的不需要任何协议的信任。费孝通在研究乡土中国时，提出了差序格局理论，以个人为中心的信任扩散圈随着半径的扩大，信任度不断降低。王佳司和徒剑萍验证了“差序格局”理论在中国人际信任中的存在，并由此将信任区分为亲缘信任、熟人信任和外人信任，三种信任程度依次降低②。

（四）纬度视角下的信任机制

列维斯和维加尔特认为理性与情感是人际信任中的两个重要维度，分别表现为认知型信任和情感型信任，日常生活中的人际信任大多是掺杂着不同程度的理

---

① 洪名勇．农地习俗元制度及其实施机制研究．经济科学出版社，2008：186.

② 王佳司，徒剑萍．当代中国社会的宗教信仰和人际信任．世界宗教文化，2010：4.

性和情感的信任。信任在理性与感性之间寻找平衡，体现了信任的灵活性[①]。与上述理解不同，部分学者认为理性信任和感性信任从根本上呈现对立。理性信任中双方都是精明的计算者，通过权衡自己的成本—收益来选择是否信任对方。一旦一方违约，可以动用停止合作的私人性惩罚、降低其声誉的社会性惩罚和规章明细的制度性惩罚对违约者进行惩罚。而感性信任建立则是在不确定的情形下，向对方暴露自己的薄弱点，愿意将自己的资源和权力让渡给对方，从而将自己置于可能被利用的境地，这种信任以社会交换理论和互惠理论为构建基础[②]。

（五）演化视角下的信任机制

张康之发展了吉登斯的理念，将信任置于历史坐标中进行考察，不同社会治理方式下对应不同的信任模式：农业社会的习俗型信任、工业社会的契约型信任和后工业社会的合作型信任”。习俗型信任是一种初级形态的信任关系，信任只发生在生活固定群体内的具有血缘和地缘关系的人们之间；契约型信任是以现代完善的制度保障为前提，人们经过理性计算后的以自身利益最大化为目标的信任。这种信任不具有外部性，人们对社会上与自己利益无关的其他人则持不信任态度，对“陌生人”的不信任尤为突出；合作型信任是一种“预先承诺，个人依靠它对自己施加自愿的限制，并且对其他人的行为不加怀疑。”这种信任机制的划分，从宏观历史发展角度，指出了信任演进的三个必经阶段，揭示出了未来信任发展的走向[③]。亦有学者从马克思唯物史观出发，按照商品经济发展程度和人类社会发展的走向将信任区分为自然信任、物化信任和自由个性信任。自然信任和物化信任分别是生产力低下和商品经济发展到发达阶段的主要形式，而自由个性信任是人摆脱了对物的依赖性、发展成为全面发展的人时的信任，这种信任是信任的最高形式。

总之，信任凭借何种机制得以建立，维持和发展被重点关注。从不同角度划分可将信任区分为多种，对象角度阐述的是信任谁，来源角度解释的信任什么，强度视角下表达的是信任多少，纬度角度揭示出信任的构成，而演进视角则展望了信任发展过程及未来走向。对信任多种角度分割，并不代表各种信任机制之间相互没有交叉，相反他们相互渗透，相互融合，适当的区分则是为更好体现信任机制的不同特征。

---

① Lewis，J. D. and Weigert，A. J. “Trust as a Social Reality.” Social Forces ，1985，Vol. 4。

② 刘颖．关于信任的经济学与社会学思考．生产力研究，2007：23.

③ 张康之．在历史的坐标中看信任——论信任的三种历史类型．社会科学研究，2005：1.

第二节　信任、声誉及内在逻辑

信任和声誉是一对既密切相关又显著不同的概念。信任是人与人之间实现合作的基础，也是市场经济和谐运转的前提之一。信任的“在场”不仅能够减少达成合作的“摩擦力”，而且起到了拓展人的“场域”的作用。声誉是市场经济中的一种信号机制，良好的声誉可以增加承诺的可信度。同时声誉也是一种无形的资本，能够给其载体带来更多的潜在信任。二者在一定条件下可以实现良性互动，通过对信任和声誉的定性逻辑探讨，得出了信任是声誉的源泉，声誉是信任产生的重要因素的结论①。

一、引言

信任作为一种人与人交往的“简化机制”或“润滑剂”，能够减少个人身处陌生的“场域”中的摩擦力。信任同时也是一种社会资本，促进了真实和资源的传播和配置。缺乏作为交易的核心的信任，实现人类“合作秩序的扩展”无疑是困难的。声誉是一种认知，是既定群体对个人历史行为和绩效的整体评价。同时，声誉也是一种信号，良好的声誉意味着承诺的可置信。信任与声誉密切相关又有明显不同之处，二者的重要性已经得到了普遍关注。近十年来，独立研究信任和声誉的文献的数量呈井喷式增长就是证明。然而，值得注意是，信任和声誉关联性研究却是少之又少。本节尝试构建一个连接信任和声誉联系的逻辑桥梁，定性的探讨二者的区别和联系，并得出了较为有益的结论。

二、信任与声誉考察

（一）信任及来源

信任存在的前提在于信息的不完美，如果失去了这个假设，人与人之间的信任是否存在无关紧要。在信息不完全条件下，机会主义导致了交易的天然脆弱性。构建信任既可以有效减少合作达成的交易成本，又可以为合作双方积累一定的社会资本。

作为一种复杂的现象，信任呈现多维度特征。从心理层面上界定，信任是在不确定条件下，授信者对受信者的一种信心。这种信心首先表现为对对方善意的

---

① 洪名勇，钱龙．信任、声誉及其内在逻辑．贵州大学学报（社会科学版），2014：1.

信心，即相信对方不会利用自己的脆弱性和预期对方会取有益行为。其次，是对受信方的信心。授信者相信对方具有完成其预期目标的能力。从行为层面上来说，信任是授信者对受信者的言辞、承诺、口头或书面陈述可靠性的概括性期望，并由此做出将资源和权利的控制权让渡给受信者的实际行为①。

信任是如何产生的，不同背景的学者给出的解释有较大的差异。经济学家认为信任来自于重复合作，是个人基于理性功利计算而做出的选择；韦伯、祖克尔、福山等社会学家认为是特定文化和习俗的产物；Lumann、Rotter、诺斯等认为信任来自于规则约定和制度约束；格南诺维特提出信任只能来自社会交往而非普遍道德或制度安排②。

随着专业化和社会分工不断深化和社会流动性的增强，人们不再身处一个封闭的熟人社会，更多的处于陌生人包围的“场域”。文化、习俗、血缘和地缘等影响信任的因素在逐渐减弱，信任更多地表现为个人基于理性计算的信任和制度性的信任，因此，我们将重点考察在制度保障前提下的、双方重复合作过程中建立的信任。并将信任定义为：授信方 i 在信息不完备的前提下，对对方 j 的诚实善意、能力及按照预期目标 g 行事的期望，并采取的对受信方 j 的资源或权利的实际让渡行为。这意味着信任不仅是对合作方 j 的信任，同时也隐含了 i 对其同类型其他授信方 ik 的信任。即授信者 i 相信，如果 j 辜负了其给予的信任，ik 会选择不与 j 合作。因而，一项完整的信任应该包涵下列要素：（1）授信者 i 有目标 g；（2）授信者 i 相信 j 有完成 g 的善意；（3）i 相信 j 完成 g 的能力；（4）授信方 i 相信 ik 会配合其行动。

（二）声誉的内涵

声誉信息论、标准系列声誉理论和声誉交易理论是声誉研究领域的三大主流视角③。三种理论各有偏重，声誉的信息论和声誉交易理论主要集中在声誉的效用，标准系列声誉理论则更加偏重对声誉形成机制的探讨。

声誉源自机会主义，交易的脆弱性使得声誉的存在十分必要。在声誉信息论中，声誉被认为是克服信息不对称的一种信号机制，它集中显示了受信方的特征和历史绩效表现，是受信方在他人心中的记忆和印象特征，授信方会将受信方现阶段的机会主义行为与下一阶段更低的声誉水平联系起来。同时，声誉系统也是一种信号甄别和信号搜寻机制。声誉信息在利益相关者网络之间口口相传，并形成声誉信息流和声誉信息网络。声誉信息流的传播可以有效限制人的机会主义，

① 洪名勇．农地习俗元制度及其实施机制研究．河海大学，博士论文，2007：115－116.

② 蔡翔．国外关于信任研究的多学科视野．科技进步与对策，2006：5.

③ 余津津．现代西方声誉理论评述．当代财经，2003：11.

降低搜寻成本和拓宽市场交易范围；限制了信息扭曲程度，降低了交易成本①。最新研究表明，声誉既是利益相关者在对个体信息收集基础上做出的综合评价，也是双方的互动交流的实际效果的外在表现。这意味着声誉不仅仅取决于个体的努力程度，也取决于外部环境对其正确的感知和评价②。在市场经济的汪洋中，缺少了声誉这座引航的灯塔，通向合作之路必将十分困难。

以“KMRW”声誉模型和无名氏定理代表的标准声誉理论充分运用博弈论这一有力的方法论工具，将不完全信息引入重复博弈模型，指出完全信息条件下不可能有合作行为，人们也没有积极性去建立良好的声誉。无名氏定理揭示出，在无限次重复博弈的前提下，只有每个参与者都有足够的耐心（当贴现因子足够大时），那么每一次博弈的均衡结果都是帕累托最优的。而现实中人们在有限次重复博弈中，合作行为也频繁出现③。Klein 和 Leffler 将其解释为，信息不完全使得博弈双方并不知道何时终止博弈，实际上等同于完全信息条件下的无限重复博弈。双方会选择长远更大的利益而放弃短期利益的诱惑，积极构建自己乐于合作的“良好声誉”。一旦其中一方违约，那么另一方会选择“冷酷策略”或“触发策略”对违约者进行“私人性”惩罚，从而保证了承诺得到贯彻。这种声誉可被称为基于重复博弈的声誉。

Kandori 对“KMRW”模型提出了修正。他认为由于社会分工的细化，授信方和受信方之间的合作并非频繁出现，交易双方也不一定互相熟悉。双方都积极去建立和维持良好的声誉的原因在于信息具有“传染性”特质。受信方 j 虽然不一定和固定的 i 进行交易，但会面对的一系列的授信方 i_1，i_2，…，i_n，而这些授信方之间能够相互交流、传递信息。那么一旦 j 选择欺诈，其他的潜在授信方就会得知 j 的行为表现，并会对 j 的失信行为进行集体惩罚，包括降低其声誉评价、不选择与 j 合作等。这种授信方群体性的“社会惩罚”使得受信方不敢轻易消耗其声誉，并选择积极履约。这种声誉可被称为基于关联博弈的声誉④。

不难发现，无论是基于重复博弈的声誉还是基于关联博弈的声誉，其出发点都是受信方对违约后可能遭受惩罚的畏惧心理。受信方履约和维持声誉不是源于道德的自觉性，而是受信方为适应环境的“被动”行为。

---

① 皮天雷，张平．声誉真的能起作用吗？——逻辑机制、文献述评及对我国商业银行的启示．经济问题探索，2009：11.

② 莫申江，王重鸣．基于行为认知视角的组织声誉研究前沿探析与展望．外国经济与管理，2012：3.

③ 李延喜，吴笛，肖峰雷，姚宏．声誉理论研究述评．管理评论，2010：10.

④ 皮天雷．国外声誉理论：文献综述、研究展望及对中国的启示．首都经济贸易大学学报，2009：3.

另外一些学者从声誉的激励效应来考察声誉。如 Fama 和 Nayyar 提出受信方即使在没有监督的情况下，也会努力去建立和维持良好的声誉。声誉自身就是一种隐性激励机制，良好的声誉能够为受信方带来后续更多的利益。Holmstrom 也揭示出了声誉能够保证代理人在没有外部监督的条件下，虽然不一定能够有最优的努力水平，但至少不是最差的①。

声誉交易理论则将声誉视为一种资本。Kreps 提出了企业是声誉的载体，声誉是企业重要的无形资产的观点。Mainlath 和 Larry Samuelson 也认同声誉是一种与物质资产和金融资产相类似的资产。Fombrun 等提出企业声誉是利益相关者对企业过去的行为以及企业提供有价值的产品或服务等能力所形成的看法的综合体现。企业声誉上下波动的价值就是声誉资本，这意味着声誉资本属于风险资本范畴，一个企业的声誉资本就是其每天在和利益相关者的相互作用中产生的风险价值②。从根本上来说，声誉资本是企业由于其行为方式和准则取得了社会的高度认同或者确信，从而在社会网络中可以取得较大的支持和较好的社会地位，并能以此获得所需的资源和机会或者抵御各种未来不确定因素的能力。

与企业声誉类似，个人声誉也被视作一种人力资本，是个人在与利益相关者互动过程中获得总体评价和认可度，并借此形成竞争优势。两者都同时具有专属性和不可替代性，但作为声誉载体的企业能够不受客观时间的限制可以长期存在，企业声誉作为无形资产可以进行市场交易；而个人声誉由于生命的有限性则随着生命的终结而结束，且不可能转移到另一个个体上，个人声誉具有不可交易性和不可替代性③。

综合起来看，声誉是信息不完全条件下，受信方在与一系列授信方互动过程中留给对方的整体印象和获得的评价，是专属于受信方的人力资本。受信方通过积极构建自己乐于合作和完成预期目标能力的特征，并充分将其显示为外在的信号以供潜在合作者甄别和搜寻。潜在授信方鉴于其良好的前期表现，愿意优先选择其作为合作对象。受信方 j 的声誉包含 j 以下隐含信息：（1）j 乐于合作；（2）j 具备完成合约的能力；（3）j 希望其声誉被潜在合作者赠别；（4）j 认同声誉能为其带来更多的长远利益。

---

① 李延喜，吴笛，肖峰雷，姚宏．声誉理论研究述评．管理评论，2010：10.

② 皮天雷．国外声誉理论：文献综述、研究展望及对中国的启示．首都经济贸易大学学报，2009：3.

③ Morrison，A. D. and Jr. Wilhelm，W. J. “Partnership Firms，Reputation，and Human Capital.” The American Economic Review，2004，Vol. 94. 5.

三、信任与声誉的内在逻辑

信任和声誉密切关联，二者之间的逻辑关系已经引起了部分学者的兴趣。如柴玉梅和王黎明在研究 WEB 电子市场中消费者和销售者之间配对问题时，提出了一个信任和声誉的度量模型①。认为信任是一方对另一方在可靠性、诚实度和能力方面的直接信念，而声誉是一方从第三方那里获得的关于潜在合作者的信念。Herzig 和 Lorini 认为信任和声誉从本质上没有区别，声誉是信任的集合②。信任是 i 私人性的关于受信者 j 的信念，声誉则是 i 所在组织对受信者的整体评价。Bob 等在研究 eBay 拍卖制度和评分制度时，指出信任是交易尤其是网络交易的核心，声誉制度是信任产生的关键因素③。于茂荐提出信任是建立在双方以往的合作经历之上，声誉则来自第三方信任，是对信任空间的拓展④。可见，信任和声誉之间相互影响已经达成共识，但对信任和声誉是何种逻辑联系还缺乏深入探讨。

为了辨别信任和声誉二者孰是源孰是流，需要先对信任和声誉进行进一步的划分。按照信任的主体，将信任区分为自我感知信任和第三方信任。自我感知信任是授信方 i 个人对受信方 j 的信任，第三方信任是同一时期和 i 身处同一群体的另一授信主体 i_k 对 j 的信任。按照时间维度，信任可分为初始信任和过程信任。初始信任指的是授信者 i 与受信者 j 从未有过合作，第一次合作前对 j 的认可程度。过程信任则指的是 i 和 j 至少存在一次既往合作，在互动过程中构建的 i 对 j 信任的主观认知。因而，初始信任只取决于授信方个人判断，而过程信任会随着双方的交往经历而不断演变。

上述四种信任相互交叉，并没有绝对的界限之分。如自我感知信任在时间纬度上，属于授信方 i 的过程信任；第三方信任则属于除潜在授信方 i 以外各方的过程信任，i 的初始信任则很大程度上受第三方信任影响。i 在和 j 有接触经历之后，会将 j 的信息回馈到授信方群体，其对 j 的过程信任成为后续授信方的第三方信任的来源。各种信任关系见图 4－1。

声誉的形成不仅来自一方的努力，另一方对其正确的评价和感知也尤为重要。根据声誉针对的目标不同，可划分为主观声誉和客观声誉。根据柴玉梅和王

① 柴玉梅，王黎明．一个信任和声誉模型及其应用．计算机工程与应用，2006：1.

② Andreas Herig and Emilia. O. Lorini. “A Logic of Trust and Reputation.” Oxford University Press，2009，Vol. 18. 1.

③ Bob Rietjens and Ribbert van der Kroft. “Trust and Reputation on eBay：Towards a Legal Framework for Feedback Intermediaries.” Information & Communications Technology Law，2006，Vol. 15. 1.

④ 于茂荐．信任、声誉机制在虚拟企业治理中作用研究．当代经济管理，2010：5.

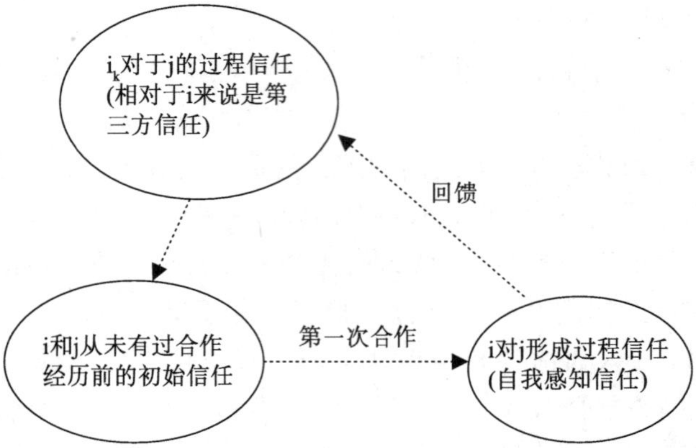

图 4－1 信任关系

黎明对声誉的划分，i 从未与 j 合作前，群体 G 中所有授信者 i_1、i_2…（除 i 外）的集合对 j 的能力、质量和善意的整体评价，可被称为 j 在这个群体的客观声誉，并假定 i 能够有效地获知 j 的客观声誉值 R，R >0。授信者 i 有过至少一次与 j 的合作经历后，形成的对 j 总体特征的主观印象可被称为 j 相对于 i 的主观声誉，主观声誉是 i 的私人信息。显然，i 关于 j 的主观声誉的起始点为客观声誉，一旦 i 第一次和 j 的交易完成，客观声誉就成功转化为主观声誉。j 的客观声誉和相对于 i 的主观声誉在一定时间内保持不变，但长期来看会随着交流频率和交流效果而不断演变。对于信任和声誉之间的联系是比较紧密的，其逻辑关系见图 4－2。

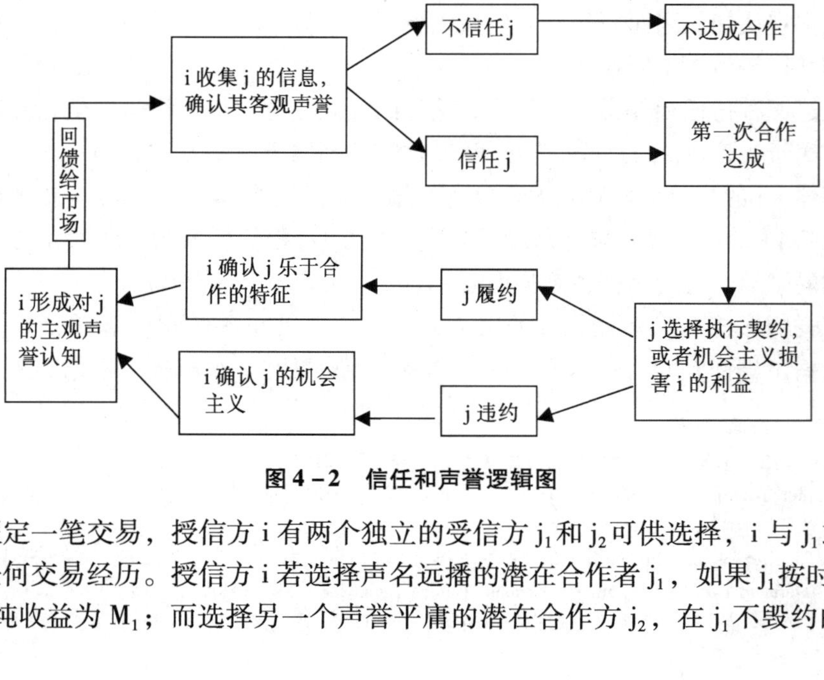

图 4－2 信任和声誉逻辑图

假定一笔交易，授信方 i 有两个独立的受信方 j_1 和 j_2 可供选择，i 与 j_1 或 j_2 都没有任何交易经历。授信方 i 若选择声名远播的潜在合作者 j_1，如果 j_1 按时履约，i 获得纯收益为 M_1；而选择另一个声誉平庸的潜在合作方 j_2，在 j_1 不毁约的情况

下其纯收益为 M_2，$M_2 > M_1 > 0$。实践表明，绝大部分授信方 i 都会优先选择前者，即使与前者合作可能获利较少①。这与传统的以效用最大化为目标的“经济人”的假设是不相符的。现代博弈论对此作出了重大修正，提出了更符合现实的假设，即博弈方具有效用最大化和不确定性最小化的双重目标，而不确定性的最小化是更为重要的假设②。现代行为经济学和社会心理学的研究也表明，当人们预期获利为正时，更倾向于保守而减少风险。市场法则决定了授信方迫切需要一种风险识别机制，并通过该机制有效识别潜在信任方的能力和善意。客观声誉则有效的反映了受信方的上述特征。

首先，客观声誉作为一种能力显示信号，让授信方甄别出己方具备较强能力的特征。其次，声誉是受信方不断累计的合作记录，是其合作善意的外在体现。授信方 i 的“瞄定”心理，使得 i 倾向于相信 j 在下一次合作中也会合作。j 的客观声誉增进了授信方 i 对潜在受信方 j 的信心，提升了授信者 i 对其善意和能力的认可，使得 i 愿意相信 j 并选择和其合作。也就是说，客观声誉作为人力资本和个人信用的记录，保证了其承诺的可信性。因而，初始信任是一种基于客观声誉的信任，i 和 j 的第一次合作是基于客观声誉保证的合作。由此，得到推论一：j 的客观声誉影响了 i 对其的初始信任。

同样假设只有 i_1、i_2 和 j 的三人社会。在这个微型社会中，信息是完全的，不存在任何形式的欺骗或信息扭曲。i_1 是已经和 j 有过交易经历的授信方，i_2 则是其同类型但尚未和 j 有过接触的授信方。i_2 选择是否与 j 合作取决于其对 j 的信任水平高低的判断，引入一个临界值 T。当 i_2 认为 j 的初始信任大于 T 时，i_2 选择和 j 合作。i_2 为了保障交易的安全性和利益的最大化，有去了解关于 j 的信息的内在动力，必然会咨询 i_1。由于只有 i_1 知晓 j 的私人信息，此时 j 在此社会的客观声誉即为 i_1 对 j 的主观声誉认知。i_1 对 j 的主观声誉认知来自于其与 j 的交往经历，从而 j 的客观声誉来自 i_1 对 j 的过程信任。因而易得推论二：即除 i 以外的授信人的第三方信任（过程信任）是客观声誉产生的源泉。

当 i 认定 j 可信水平超过了 T，进而 i 选择和 j 合作。一次合作后，i 对 j 的个人特征有了初步的了解，对 j 的绩效表现也有了进一步的认知。如果 j 如期履约，完成了 i 期望其做到的承诺，i 会给 j 的良好表现加分，j 在 i 那获得正的主观声誉增加值。鉴于 j 的良好表现，i 通常会倾向选择在下一阶段交易中与 j 继续合作。如果 j 有足够的耐心，多次与 i 保持良好合作的关心，则每圆满合作一次，获得一次声誉增加值 r。当双方交易达到一定次数 n 时，i 关于 j 的主观声誉值累

① Bratikowski, B. and Walsh, G. “Investigating Mediators Between Corporate Reputation and Customer Citizenship Behaviors.” Journal of Business Research, 2011, Vol. 64. 1.

② 董梁，李松涛，沈思玮．声誉问题的博弈分析．系统工程理论方法应用，2002：11.

计到了（$R+r_1+r_2+\cdots+r_n$），$r_1>0$，$r_2>0$，$\cdots r_n>0$ 。此时 i 对 j 的信任将会逐渐形成“习惯”，并不假思索的去信任 j。

值得注意的是，虽然良好的声誉的建立过程是漫长的，但是毁灭自身的声誉却是相当容易，即声誉具有易碎性的特征。若在某一次交易中实行机会主义，侵害了 i 的合法权益，那么 i 运用私人性的惩罚措施，即立即停止与 j 的合作使得 j 遭受损失。并将此阶段的 j 的机会主义与其下一阶段的更低的声誉水平联系起来，从而不再选择继续与 j 合作。除此之外，i 还可以通过声誉信息流，将 j 的表现告知其他同类参与人 i_k，因而降低 j 的客观声誉，受信方团体则会对失信的 j 采取集体惩罚，惩罚 j 的机会主义，并起到告诫其他试图模仿 j 的受信方的作用，防止其给自身造成更大的损失。由此我们得到推论三：i 对 j 的主观声誉判断很大程度上影响了下一轮 i 的过程信任，并影响 j 的客观声誉。二人博弈的两阶段信号博弈模型表明，第一阶段的声誉为下一阶段博弈的依据，证明了声誉在不同阶段的联动效应①。

一项具体的交易中，授信者 i 对受信者 j 的信任和 j 的声誉不仅仅取决于他们自己，而是涉及众多受信方和授信方的一连串事件。信任和声誉均与时间密切关联，失去了时间跨度，任何信任和声誉都不会存在。应当说，二者均是过去、现在和未来一连串事件的绩效函数。

四、结论

信任和声誉均具有十分丰富的内涵。它们互相联系，互相影响。信任是和市场、权力并行的三大合作机制②，在后现代社会，信任的存在能够扩展市场的边界和有效减小市场经济运行的费用，促进帕累托交易的达成。声誉是市场经济的重要构成元素，现代市场经济从根本上来说是信用经济，完善的声誉体系能够将个人的信用特征展现给其潜在合作者，使得合作双方能够迅速识别对方和达成合作，并对失信者起到监督和惩罚，促进了市场体系的健康发展。声誉和信任之间的关系可以归纳为以下两条：（1）信任是声誉的源泉；（2）声誉是产生信任的关键因素。二者之间的联系如同经济基础与上层建筑之间的辩证关系，信任决定声誉，声誉反作用于信任。

---

① 肖条军，盛昭瀚．两阶段基于信号博弈的声誉模型．管理科学学报，2003：1.

② 洪名勇，钱龙．多学科视野下的信任及信任机制研究．江西社会科学，2013：1.

第五章　信任对农地流转契约选择的影响研究

农地流转契约选择受到多种因素的影响，本章主要从信任这一视角，就信任对农地流转契约的选择进行调查研究，特别从信任这一视角解释农户之间进行农地流转，为什么多数农户选择口头契约。

第一节　信任与农户农地流转契约选择

对于社会经济的运行来讲，信任是至关重要的。在这一节，我们引入信任这一因素，研究农地流转契约的选择问题①。

一、农地流转契约选择：一个开始引起学者关注的话题

在科斯将市场视为短期契约，将企业作为长期契约之后，经济学家们对契约问题投入了相当多的精力，进行了大量研究，并取得了较多的成果。在契约理论或者契约经济学的视野中，市场经济就是一系列契约的联结。完全契约与不完全契约、产品契约与要素契约、企业契约与市场契约、显性契约与隐性契约（默认契约）等成为经济学研究的重要课题和崭新领域。在张五常教授看来，科斯“企业替代市场”的观点并不是完全正确的，正确的观点应该是“一种类型的契约替代另一种类型的契约”②。在契约经济学的视野中，契约选择对于经济主体来讲是一个前沿性的课题，按照契约经济学的逻辑，每一种交易都是一种契约，交易又是有成本的，即交易成本，交易成本的大小决定经济主体选择不同的契约安排。

农地流转作为一种非常典型的交易行为，契约经济学的有关研究成果是我们

① 本节内容参见洪名勇，尚名扬．信任与农户农地流转契约选择．农村经济，2013：4.

② 张五常．关于新制度经济学．载科斯，哈特等．契约经济学，经济科学出版社，1999：63－83.

理解农地流转契约的重要理论基石。对于农地流转契约，我们可以从多角度进行分类，就其形式来讲，我们可以将农地流转过程签订的契约分为书面契约和口头契约两种形式。对于农户来讲，具体选择什么契约是受多种因素影响的。从现实生活来看，在农地流转过程中，大多选择口头契约。相对于书面契约，口头契约由于它的成本较低，在农村经济社会运行中普遍存在。叶剑平、蒋妍和丰雷对17省1962户农户的调查表明，在转出的土地中，有87.6%的土地转包给本村的亲戚或其他村民，有86%的农户在转出土地时没有签订书面契约①。从我们对毕节市金沙县、黔东南州施秉县和锦屏县、安顺市平坝县4个县452户农户的调查来看，在农户的农地承租行为中，4个样本县采取口头契约的比例高达97.46%，采取书面契约的比例仅为2.54%；在农户的农地出租行为中，采取口头契约比例高达97.24%，签订书面契约的比例只有2.76%②。孟召将以中山市与清远市两市为例研究了不同区域农户对农地流转契约的选择，由于交易成本的不同，使中山市选择以股份合作契约为主的农地契约安排，而清远市则选择以租赁契约为主的农地流转契约③。李霞、李万明则从交易成本理论的视角对农地流转过程中农户为什么选择口头契约进行了解释④，洪名勇则从信任视角对农地转过程中农户选择口头契约而放弃书面契约进行了理论与实验研究，但没有从实地调研的角度对此进行深入研究⑤⑥。

以上研究为我们探讨农地流转提供了有益借鉴，事实上，农地流转不仅提高了资源的配置效率，而且促进了农村经济的发展。学术界应进行深入探讨和反思，将农地流转的机制搞清楚。只有认识清楚农地流转的具体机制，我们才能够设计更好的制度安排，促进农地的有序流转。基于此，本书以对贵州四个县的调查，从信任这一视角对农地流转过程的契约选择进行分析和研究，以期为我们理解农户的农地流转行为及农地流转的内在机制提供新思路。

二、信任与农户农地流转契约选择：一个描述性分析

（一）调查样本的选择

我们进行调查的县为金沙县、遵义县、湄潭县、德江县、施秉县。其中遵义

① 叶剑平，蒋妍，丰雷．中国农村土地流转市场的调查研究——基于2005年17省调查的分析和建议．中国农村观察，2006：4.

② 洪名勇．欠发达地区的农地流转分析．中国农村经济，2009：8.

③ 孟召将．交易费用决定了农地流转契约选择——区域比较研究．江西财经大学学报，2012：4.

④ 李霞，李万明．农地流转口头协议的制度经济学分析——一个交易费用分析的框架．农业经济，2011：8.

⑤ 洪名勇．信任与农地租赁制度实施的实验经济研究．贵州大学学报（社会科学版），2007：6.

⑥ 洪名勇．农地习俗元制度及实施机制研究．经济科学出版社，2008：199－213.

县在贵州的经济发展中处于较好的水平，在2011年县域综合竞争力排名中稳步提升，部分核心指标进入全省前列，综合测评位居全省第5位，先后荣获“全国县域经济科学发展十大范例县”、“全国产业百强县”、“中国最具投资潜力特色示范县”等称号。金沙县是贵州省农地制度改革试验区，这个县农地制度改革的成果引起了学术界的广泛关注，其经济在毕业市仅次于七星关区，经济增长在毕节市是最快的，在贵州属于经济水平偏上的县。湄潭县是全国新农村建设的示范县。经济水平一般，处于中等水平。施秉县是苗族自治县，施秉县和德江县是贵州省经济发展相对落后的县（区）之一。因此，选取的这些县进行调查具有较强的代表性。

2011年8月我们实地调研了贵州省金沙县、遵义县、湄潭县、德江县和施秉县五个县12个乡镇22个行政村280户农户，经过数据整理有效数据248户农户，其中选取的样本区域为贵州省西北部、北部、东北部和中东部地区。所调研的农户包括以务农为主的纯农业农户、以农为主兼业农户、以非农为主兼业农户。调查采用的是随机抽样入户调查的方式，其中走村入户调研280户农户，经过资料整理，有效问卷248份，有效问卷占88.57%。被调查农户的平均家庭人口为4.77人，平均年龄为46.64岁，平均受教育年限为7.24年，家庭人均承包耕地面积为1.27亩。

（二）农户农地流转契约的选择

在农地流转过程中，农户对农地流转契约的选择，从形式上看有书面契约和口头契约两种类型可供选择。农地流转过程中，农户是选择书面契约还是口头契约，针对不同的分类人群有不同的对待态度。随着血缘关系、亲缘关系、地缘关系由近及远，被访问农户在农地流转中选择口头契约的意愿比率由高到低，而选择书面契约的比例则由低到高，在总体样本中可以得出从对父母子女的82.26%到对偶尔见面的人的18.15%就是很好的证明（详见表5-1和图5-1）。

我们可以看到不管哪个县在被访问农户调研中，在将土地流转给亲属时，签订口头契约的比率都高于54%。换句话说，他们更喜欢用口头契约的形式，而不愿意用书面契约来约定他们的亲属。在这个问题上，他们对待同村人的态度又有所不同，五县签订口头契约的意愿和总体意愿均低于亲属且都接近于50%。施秉县签订口头契约的意愿比例略高，这可能跟本人所调查的样本数据偏少有关。而对待不熟悉的人，签订口头契约的意愿就明显地降低了，不过都均低于30%。在总比中，可以看出对待经常见面的人和偶尔见面的人签订口头契约的意愿比例都很低，对于经常见面的人的意愿比例低于三成，而对偶尔见面的人来说，其意愿比例则不到两成。也就是说只有很少的一部分被访问农户在农地流转中有意愿和不熟悉的人签订口头契约。

表 5－1　农户农地流转契约的选择意愿

		父母子女	兄弟姐妹	亲戚	同村人	经常见面的人	偶尔见面的人
金沙县	口头契约	70	63	67	41	20	12
	比重（%）	78.65	70.79	75.28	46.07	22.47	13.48
	书面契约	19	26	22	48	69	77
	比重（%）	21.35	29.21	24.72	53.93	77.53	86.52
遵义县	口头契约	57	51	44	29	13	10
	比重（%）	86.36	77.27	66.67	43.94	19.70	15.15
	书面契约	9	15	22	37	53	56
	比重（%）	13.64	22.73	33.33	56.06	80.30	84.85
湄潭县	口头契约	52	43	35	29	17	10
	比重（%）	81.25	67.19	54.69	45.31	26.56	15.63
	书面契约	12	21	29	35	47	54
	比重（%）	18.75	32.81	45.31	54.69	73.44	84.38
德江县	口头契约	8	9	8	4	3	3
	比重（%）	72.73	81.82	72.73	36.36	27.27	27.27
	书面契约	3	2	3	7	8	8
	比重（%）	27.27	18.18	27.27	63.64	72.73	72.73
施秉县	口头契约	17	16	15	11	10	10
	比重（%）	94.44	88.89	83.33	61.11	55.56	55.56
	书面契约	1	2	3	7	8	8
	比重（%）	5.56	11.11	16.67	38.89	44.44	44.44
合计	口头契约	204	182	169	114	63	45
	比重（%）	82.26	73.39	68.15	45.97	25.40	18.15
	书面契约	44	66	79	134	185	203
	比重（%）	17.74	26.61	31.85	54.03	74.60	81.85

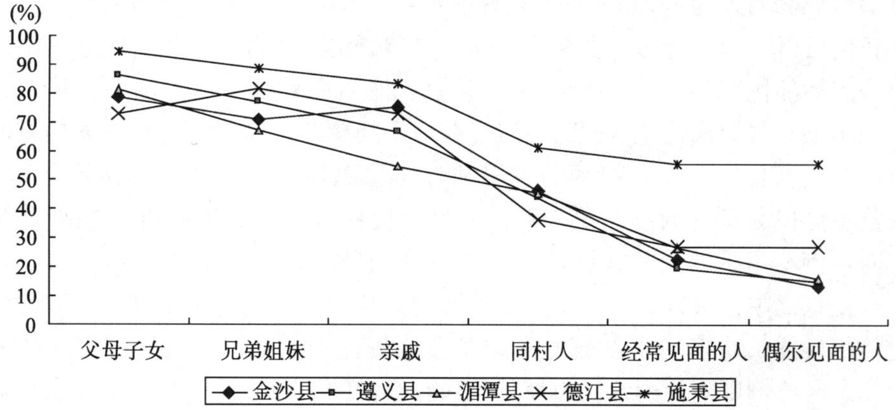

图 5－1　农户选择头契约意愿所占百分比

（三）农户选择口头契约的信任解释

农户之所以选择口头契约，其原因虽然是多方面的，但其中一个重要的原因是他们之间的信任，他们对不同人群的信任程度不同，使他们在农地流转中是否签订口头契约形式的意愿也不同。如表 5-2 被访问农户对不同类别的信任度与签订口头契约形式意愿百分比统计表。

表 5-2 农户信任度与选择口头契约意愿

	信任度	选择口头契约意愿（%）
父母子女	4.91	82.26
兄弟姐妹	4.83	73.39
亲戚	4.53	68.15
同村人	4.13	45.97
经常见面的人	2.34	25.40
偶尔见面的人	1.18	18.15

从表 5-2 可以看出，被访问农户对不同类别的信任度与签订口头契约意愿呈现正相关关系。结合图 5-2 被访问农户对不同类别的信任度与签订口头契约意愿所占百分比，可以更直观地看出他们的关系，随着对不同类别的特定人群的信任度的降低，在农地流转过程中与其签订口头契约的意愿逐渐降低。反之，在农地流转中，随着对他人的信任度的逐渐提高，则在农地流转过程中与其签订口头契约的意愿也逐渐强烈起来。

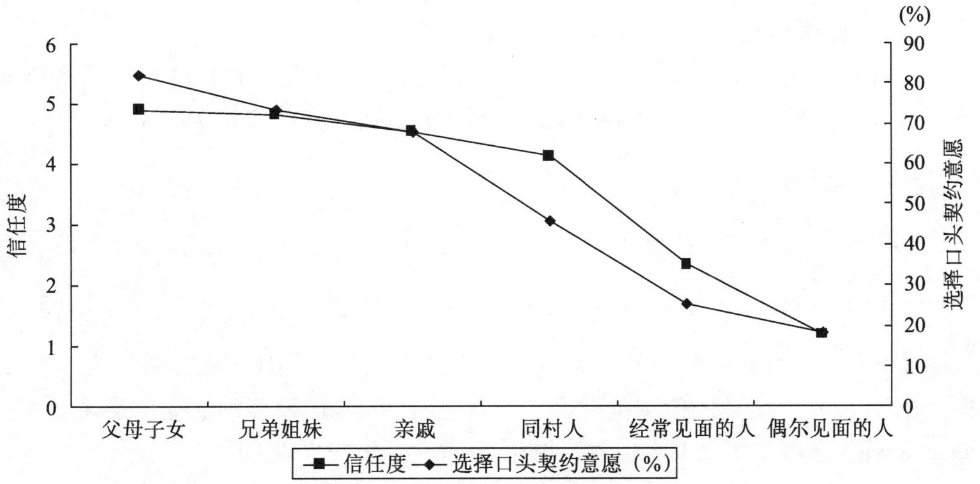

图 5-2 农户信任度与选择口头契约意愿

在实际中也是如此，对自己的亲属的信任度比较高，因此在与他们进行农地流转交易的时候，就使用签订口头契约的形式居多；而对待不熟悉的人，对他们的信任度较低，因此在与他们进行农地流转中签订口头契约形式的就相对较少。值得注意的是，在农地流转过程中，如果一个农户完全履行前次签订农地流转契约之后，对方愿意再次与其进行农地流转交易的占到总数的98.8%，不愿意与其进行农地流转交易的仅占0.8%；在部分履行前次签订农地流转契约之后，愿意再次与其进行农地流转交易的仅仅占4.0%，而不愿意与其再次进行农地流转交易的高达93.1%，这说明当一个农户在滥用他人的信任之后，再次进行交易的时候，很容易遭到他人的拒绝；在完全不履行前次签订农地流转契约之后，就98.4%的都不愿意与其再次进行农地流转交易，这说明在农地流转过程中完全利用他人的信任之后，再次与他人进行农地流转交易时，将会失去所有的机会，不再有任何可能有人愿意再次与其进行农地流转交易。

三、信任与农户农地流转契约选择：一个计量分析

（一）研究假设与计量模型

对不同人群的信任不同导致对农地流转的过程影响不同，随着信任度的不同对农地流转中是否签订口头契约的影响也不同，对签订口头契约之后出现纠纷的几率也不同。因此，我们提出如下研究假设：

假设1　随着血缘、地缘关系由远及近，信任程度也不断增加。

假设2　农地流转过程中，信任的程度越高，则签订口头契约的概率越高。

（二）计量模型

本文根据实际需要选择logistic模型对信任与农地流转中的口头契约进行实证研究，模型的基本形式就使用logistic函数。其函数形式表示为：

$$P = F(\alpha + \beta x + \varepsilon) = \frac{1}{1 + e^{-(\alpha + \beta x + \varepsilon)}} \tag{5.1}$$

其模型估计式的具体形式为：

$$\mathrm{logit}(P) = \ln\left(\frac{P}{1 - P}\right) = \alpha + \beta x + \varepsilon \tag{5.2}$$

式（5.1）中e代表自然对数的底，上述式（5.2）中P代表事件发生的概率。由于logistic函数的值域范围为［0，1］，而logistic模型中的变量关系又服从logistic函数分布，所以logistic模型的值域也在［0，1］之间。

假定有一个容量为n的随机样本。为了得到以自变量为条件的最大似然估计量，需要知道y在给定x下的密度函数。可以把这个密度函数写成：

$$f(y/x,\beta)=[F(\alpha+\beta x)]^{y}[1-F(\alpha+\beta x)]^{1-y}\quad y=0,1$$

可以得到：

$$P(y=1\mid x)=F(\alpha+\beta x)\quad y=1$$

$$P(y=0\mid x)=1-F(\alpha+\beta x)\quad y=0$$

（三）模型变量

本次所用到的变量主要选择农地流转过程中所涉及的农户及与农户的相对关系，如父母子女、兄弟姐妹、亲戚、同村人、经常见面的人、偶尔见面的人。父母子女就是所调查农户自己的父母子女；兄弟姐妹是指所调查农户自己的兄弟姐妹；亲戚是指所调查农户自己除了兄弟姐妹之外的其他具有远亲亲属关系的人；同村人是指所调查农户自己除了自己亲属之外的其他同村的人；经常见面的人是指所调查农户自己在生活中能够经常见面且不是同村的人；偶尔见面的人是指所调查农户自己在生活中偶尔能够见面且不是农村的人。对他人的信任程度主要采取对信任的数字化即量化处理。完全信任取数值 5.00，完全不信任取数值 0，其他取（0，5）之间的数值。所取数值越接近于 5 表示信任程度越高，反之，所取数值越接近于 0 表示信任程度越低。在签订契约方面，1 为口头契约，0 为书面合同。

（四）计量结果

根据 logistic 模型的运行情况，在信任与农地流转中的口头契约方面，全部取为 95% 的置信区间，得到表 5－3 和表 5－4 的结果。从回归结果来看，作为信任度的解释变量的回归系数全都为正数，常量的回归系数全为负数，并且通过了相应的 wals 水平性检验，显著性水平均小于 0.05，表现较为显著。

表 5－3　　logistic 回归结果

类别	信任度							常量				
	B	S. E,	Wals	Sig.	Exp（B）	Exp 下限	Exp 上限	B	S. E,	Wals	Sig.	Exp（B）
B1	1.274	0.479	7.075	0.008	3.574	1.398	9.135	－4.684	2.340	4.006	0.045	0.009
B2	0.877	0.305	8.265	0.004	2.403	1.322	4.367	－3.199	1.472	4.719	0.030	0.041
B3	0.778	0.190	16.817	0.000	2.177	1.501	3.158	－2.730	0.861	10.044	0.002	0.065
B4	0.551	0.135	16.612	0.000	1.735	1.331	2.262	－2.479	0.596	17.284	0.000	0.084
B5	0.253	0.088	8.298	0.004	1.288	1.084	1.529	－1.717	0.281	37.333	0.000	0.180
B6	0.266	0.116	5.271	0.022	1.305	1.040	1.638	－1.862	0.240	60.113	0.000	0.155

注：B1 代表父母子女，B2 代表兄弟姐妹，B3 代表亲戚，B4 代表同村人，B5 代表经常见面的人，B6 代表偶尔见面的人。

表 5 -4　　信任与农地流转中的口头契约估计

模型汇总			
类型	-2 对数似然值	Cox & Snell R 方	Nagelkerke R 方
父母子女	223.396	0.034	0.055
兄弟姐妹	277.913	0.037	0.055
亲戚	291.084	0.075	0.105
同村人	321.919	0.078	0.105
经常见面的人	272.350	0.035	0.051
偶尔见面的人	229.698	0.021	0.034

根据表 5 -4 所示的参数模型估计结果，可以得出此研究结果在总体上具有统计学意义，分析信任与农地流转中的口头契约的关系，可以得到如下结论：农户在农地流转过程中，农户对不同关系的信任程度与农户签订口头契约有一种正相关关系，也就是说，随着信任度的提高，在签订口头契约时概率较大。这很好地论证了假设 2。

四、研究结论及政策含义

农户在农地流转过程中，面对不同群体，其信任度是不一样的，人们之间的信任程度随着亲缘、血缘和地缘等关系的由远及近也由低到高。由于信任度的差异，使得农户在选择农地流转契约时，采取不同的契约形式，在农地流转过程中，随着人们的信任程度的由低到高，选择口头契约的意愿就越来越大，选择书面契约的意愿越来越低。如果农户想长期与对方打交易，维持已有土地流转关系，必须履行自己达成的口头契约，让对方信任自己，否则就会失去再次合作的机会。这一研究的政策含义是，在贵州这样的欠发达地区，由于农户之间的农地流转主要是在村庄内部进行的流转，要使农地流转得以有序持续进行，信任是一个关键因素，因此，维护信任、提高农户之间的信任度、建设信任体系至关重要。

第二节　基于信任的农地流转契约选择研究

契约无处不在，人们生活在契约之中。在农地流转过程中，随着人们的信任度由低到高，选择口头契约的意愿就越来越大，选择书面契约的愿意越来越低。

我们以贵州山区三个县进行的实证研究说明：一是在农户进行农地流转时，当流转对象为父母、兄弟姐妹、亲戚、同组人、同村人，同乡镇和外乡镇人时，其信任度不断下降，其选择口头契约的可能性下降，而选择书面契约的可能性上升。二是信任度、农地流转契约选择与血缘关系有关，对于具有血缘关系的流转对象，信任度高，选择口头契约的可能性大。三是信任度、农地流转契约选择与交易空间有关，对于同一村庄的农户来讲，信任度高，选择口头契约的可能性大而选择书面契约的可能小①。

一、文献综述

从某种意义上讲，契约无处不在，人们生活在契约之中。在现实生活中，我们经常面临着不同的契约，也经常对契约进行选择。科斯、张五常对契约选择的研究说明，企业与市场的关系其实就是一种契约选择的关系，要素契约取代了商品契约是科斯论文的真谛②。如果我们换一个角度来看科斯、张五常等人的研究，这里实际上已经蕴藏了契约选择的基本思想。那么，是什么决定了契约的选择？在科斯和张五常的分析框架中，交易成本决定了契约选择。按照契约经济学的逻辑，每一种交易都是一种契约，交易又是有成本的，即交易成本，交易成本的大小决定经济主体选择不同的契约安排③。周立群和曹利群将农业产业化经营中的契约选择分为要素契约与商品契约④，要素契约稳定性强而商品性契约稳定差，但通过专用性投资和市场能够提高商品契约的稳定性，这样，在农业产业化经营过程中契约安排就有要素契约与商品契约供我们进行选择，并且商品契约优于要素契约。事实上，对契约优劣的判断是比较困难的，在农业产业化过程中，如果农户的投资决策是无弹性的、相对缺乏生产力，应选择要素契约；如果龙头企业的资产和农户的资产互为独立、企业经营人员的人力资本是必要的，则选择要素契约；如果龙头企业经营人员的人力资本和农民的人力资本都是必要的，则要素契约与商品契约是没有差异的⑤。一种流行的解释是，农业生产中契约的选择与生产的风险有关，例如，在台湾具有高风险的小麦生产常常用分成制，水稻

① 本节参见洪名勇，龚丽娟．基于信任的农地流转契约选择研究．江西社会科学，2015：5.

② 周立群，曹利群．商品契约优于要素契约——以农业产业化经营中的契约选择为例．经济研究，2002：1.

③ 威廉姆森．资本主义经济制度：论企业签约和市场签约．商务印书馆，2002.

④ 周立群，曹利群．商品契约优于要素契约——以农业产业化经营中的契约选择为例．经济研究，2002：1.

⑤ 吴秀敏，林坚．农业产业化经营中契约形式的选择：要素契约还是商品契约——一种基于 G—H—M 模型的思考．浙江大学学报（人文社会科学版），2004：5.

这一类低风险农作物的生产更倾向于用租赁契约。之所以如此，张五常的解释是因为在分成制之下生产的随机性风险会在地主和佃户之间分担，而在租赁和工资合同之下，风险是不能够被分担的。与台湾不一样，在印度水稻是用分成制，比水稻风险更高的烟草作物则倾向于用租赁制①。在 Rao 看来，农业生产中是选择分成制契约还是租赁契约主要取决于企业家才能，而不是地主与佃户之间的风险分担②。

从契约的形式上看，契约可以分为书面契约（或者正式契约）和口头契约（或者非正式契约）。按照诺贝尔经济学奖得主诺斯的观点，在现实生活中，人们的经济行为主要是靠非正式契约或者口头契约来调节的，这一点，不管是在传统社会中或者是在现代市场经济中都是如此。阿维纳什·迪克西特也持相似的观点，认为不管是企业间的交易或者是企业内部的交易，“大部分商业交易都借助于非正式安排来进行，例如握手、口头协议、持续关系、习俗和惯例等”③。

从农地流转契约选择的实际情况看，不管是统计数据，还是众多学者的调查都表明，在农地流转过程中，口头契约是农民的普遍选择④⑤，农民之所以选择口头契约，可以从交易成本、机会成本进行解释⑥，也可以从信任进行解释⑦。

以上研究为我们探讨农地流转提供了有益借鉴，从农地流转的实践来看，农地流转提高了资源的配置效率，促进了农村经济的发展。农地流转又有口头契约和书面契约两种形式，对于农户流转土地来讲，一些时候选择书面契约，另一些时候选择口头契约。从理论上讲，这需要学术界进行深入探讨和反思，只有认清楚农地流转契约的选择机制，我们才能够设计更好的制度安排，促进农地的有序流转。基于此，本书以对贵州四个县的调查，从信任这一视角对农地流转过程的契约选择进行分析和研究，以期为我们更好地理解农户的农地流转行为及农地流转的内在机制。

---

① 张五常. 佃农理论. 商务印书馆，2000.

② Rao，C. H. H.，“Uncertainty，Entrepreneurship，and Sharecropping in India.” J. P. E.，Vol，79 (May/June 1971)，pp. 571－595.

③ 迪克西特. 法律缺失与经济学：可供选择的经济治理方式. 中国人民大学出版社，2007.

④ 叶剑平，蒋妍，丰雷. 中国农村土地流转市场的调查研究——基于 2005 年 17 省调查的分析和建议. 中国农村观察，2006：4.

⑤ 洪名勇. 欠发达地区的农地流转分析——来自贵州省 4 个县的调查. 中国农村经济，2009：8.

⑥ 刘文勇，孟庆国，张悦. 农地流转租约形式影响因素的实证研究. 农业经济问题，2013：8.

⑦ 洪名勇. 农地习俗元制度及实施机制研究. 经济科学出版社，2008：193－199.

二、基于信任的农户农地流转契约选择：一个分析框架

前面的分析已经指出，在农地流转过程中，农地流转契约从形式上看可以分为书面契约和口头契约两种类型。从农户层面上看，农户在流转土地时可以选择书面契约，也可以选择口头契约。在进行土地流转时，是选择书面契约还是选择口头契约，不仅取决于履约成本，还取决于契约是不是能够得到履行。从理论上看，农户流转土地时，与签订口头契约相比，签订书面契约可能会更有利于契约的履约，即履约风险相对较小，但这无疑会存在一定签约成本和履约成本；与签订书面契约相比，选择口头契约和签订口头契约，则节约了签约成本和履约成本，但履约风险可能会大于书面契约。如果有一种机制或者某种因素能够降低农户流转土地时的履约风险，则农户一般会选择签约成本和履约成本较低的契约而放弃签约成本和履约成本高的契约，即选择口头契约而放弃书面契约。

在农地流转过程中，选择和签订契约对于出租人和承租人都是极为重要的。一般地，在自己信任的人之间进行农地出租或者承租时，多数情况只要签订口头契约就可以了；相反，在面对信任度低的人承租或者将土地出租给自己时，更倾向于签订书面契约，以保证契约的实施，减少契约实施的风险。关于这一点，我们可以在村庄内农地流转市场上看得更清楚，村民之间非常熟悉，可以说在村庄内部是一个熟人的社会，村民之间的信任度较高，因此，村民在农地流转过程中，很少签订书面契约，多数情况下为口头契约，并且这些口头契约能够得到有效的实施①。我们对贵州 4 个县 452 户农户的调查表明，不管是出租土地，还是租入土地，口头契约均占 90% 以上。从农地流转契约的履约情况看，农户租入土地时，只有 3.2% 的契约产生过租赁纠纷，高达 96.8% 的契约没有发生过纠纷；农户出租土地时，只有 2.36% 的契约发生过违约，高达 97.64% 的租赁契约得到了较好的履行②。

对于农村经济社会的运行来讲，信任是至关重要的。虽然不同学科、不同学者对信任的理解不一样，但有一点是共同的，即信任对农村社会经济的有效运行是至关重要的。在制度经济学的视野里，信任通过降低交易成本、监督费用等形式，提高经济运行效率；信任机制可以减少非对称信息，它能维持一个含有高质量商品市场的运行。总而言之，信任是市场经济得以健康运转的基石。农地流转过程中的信任是指在农地流转过程中，农地流转一方相信另一方能够履行事前作

① 洪名勇．农地习俗元制度及实施机制研究．经济科学出版社，2008：214－215.

② 洪名勇．欠发达地区的农地流转分析——来自贵州省 4 个县的调查．中国农村经济，2009：8.

出的承诺，并以公平方式对外部自然环境和市场环境变化作出适当的行为调整。信任是个体对另一个人的言辞、承诺及口头或书面的陈述可靠性的一般性期望[①]。正因为这样，我们才说，信任是复杂社会的简化机制，信任促进了农地流转农户双方之间的合作，合作是农地流转农户之间的信任充分发挥作用的过程，合作又促进信任，是增强信任的基本途径[②]。基于此，我们有研究假设：由于信任度的差异，使得农户在选择农地流转契约时，采取不同的契约形式，在农地流转过程中，随着人们的信任程度的由低到高，选择口头契约的意愿就越来越大，选择书面契约的意愿越来越低。换言之，在农地流过程中，农户之间的土地流转采取什么契约形式，或者说农户的契约选择意愿与农户之间的信任度密切相关。

三、调查区域的选择与调查样本描述

（一）调查区域的选择

在多数对农村经济和农地产权制度研究人员的视野中，安徽小岗村可以说是农地产权制度改革的发源地。事实上，贵州顶云公社进行农地产权制度改革的时期比小岗村还要早一些，小岗村是1978年下半年才开始进行农地产权制度改革的，而顶云公社的改革此时已经取得了初步成效，在进行农地产权制度改革的16个生产队中，1978年生产队增产，平均产量比1977年增长30%，1978年11月11日《贵州日报》在头版刊登了《定产到组姓“社”不姓“资”》的报道，贵州农民将这篇报道称为不是红头文件的“11号文件”，从此拉开了贵州农地产权制度改革的序幕[③]。只不过前者是众人皆知，后者默默无闻。因此，选择贵州进行农地流转研究具有较强的代表性。在贵州，我们选择金沙县、湄潭县和施秉县作为调查研究的样本县，金沙县是贵州省省委、省政府的农地制度改革试验县，湄潭县是国家农地制度改革试点县，湄潭县和金沙县土地制度改革试验取得的成果已经上升为国家政策；施秉县是少数民族自治县，且这3个县均为传统的农业县。这样，我们能够为更全面的分析和研究农户农地流转过程对契约的选择。从经济发展水平来看，如果用人均GDP来度量，金沙县的水平高于贵州平均水平，湄潭县和施秉县低于贵州平均水平；如果用人均财政收入这个指标来进行分析，金沙县最高，湄潭县最低，但三个县均低于贵州平均水平；如果用农民人均纯收入指标进行度量，三个县均高于贵州平均水平，但湄潭县是最高的，施秉县略高于全省平均水平（详见表5－5）。

① 洪名勇．农地习俗元制度及实施机制研究．经济科学出版社，2008：186.

② 张康之．在历史的坐标中看信任．社会科学研究，2005：1.

③ 洪名勇．马克思土地产权制度理论研究．人民出版社，2011：221.

表 5-5 调查样本县 2011 年基本情况 单位：万人、亿元、元

	年末常住人口	GDP	农林牧渔总产值	财政收入	财政支出	农民人均纯收入	人均GDP	人均财政收入
湄潭	37.27	36.82	16.75	2.69	14.03	5841	9879	722
金沙	56.00	108.28	17.42	15.83	26.84	4910	19336	2827
施秉	13.02	15.37	6.43	1.81	7.84	4229	11804	1390
贵州	3469	5701.84	1165.46	1329.99	2249.4	4145.35	16413	3834

注：贵州省财政支出为一般预算支出。

资料来源：贵州省统计局：领导干部手册（2012）。

（二）调查方法

在调查过程中，为提高调查资料的准确性，2012 年 7 月至 8 月我们设计好调查问卷后，没有采取发放问卷的方式进行调查，而是由课题组成员自己深入农户，通过调查人员自己与农户的深入访谈，然后再以填写调查问卷的形式进行。由于农户面临不同对象时不仅信任度不同，而且所选择的契约也不同。在调查过程中，测度了农户面临不同对象时，其具体的信任度以及选择什么样的契约。

（三）调查样本描述

这次调查湄潭县黄家坝镇、鱼泉镇、永兴镇、城关镇，金沙县平坝乡、城关镇、西洛乡、沙土镇、甘溪乡，施秉县双井镇、杨柳塘乡、牛大场镇和城关镇共 13 个乡镇，48 个村 583 户农户。从调查样本分布来看，湄潭县 221 户、占 37.91%，金沙县 172 户、占 29.50%，施秉 190 户、占 32.59%。调查农户的平均年龄为 48.82 岁，平均受教育年限为 6.0 年，村干部有 34 人，党员有 41 人。虽然我们采取入户方式进行调查，尽量收集每个调查对象的数据，但还是有少部分调查样本数据存在缺失现象。另外，我们在后续分析中，对资料进行分析时，还发现有部分调查人员填写问卷时存在明显的失误。因此，本文分析剔除了这些样本，最后获得有效样本农户为 569 户，有效调查样本占调查总农户数的 97.60%；曾经进行过农地流转的农户为 561 户，占调查总农户数的 96.23%、占有效样本农户的 98.59%。

四、计量结果

（一）计量模型

在调查过程中，我们发现，农户在进行农地流转时，如果从契约的形式上

看，农地流转契约可以分为书面契约和口头契约两种。在计量模型中，由于我们要研究的契约是非连续变量，因此，我们拟用逻辑回归模型分析信任度与农户流转契约选择之间的关系。如果农户愿意在农地流转中选择口头契约，则相应变量赋值为0；相反，如果农户愿意在农地流转中选择书面契约，则相应变量赋值为1。农户对面临不同物件时的信任度度量取值为［0，1］，信任度越大，值越大；相反，如果信任度越小，取值也相对较小。我们拟使用的逻辑回归模型为：

$$P = F(\alpha + \beta_i x_i + \varepsilon) = \frac{1}{1 + e^{-(\alpha + \beta_i x_i + \varepsilon)}} \tag{5.3}$$

其中，e 为自然对数的底，P 为事件发生的概率。逻辑回归模型值域范围为［0，1］，逻辑回归模型中的变量关系服从 logistic 函数分布。对（1）式进行转换之后，实际用于计量分析的模型为：

$$\text{logit}(P) = \ln\left(\frac{P}{1 - P}\right) = \alpha + \beta_i x_i + \varepsilon \tag{5.4}$$

（二）统计性描述

从调查实际情况来看，农户经常进行交易的对象主要是自己的父母、兄弟姐妹、亲戚、同一个村民组、同一个村的人，另外还有同一个乡镇以及外乡镇的人。基于此，我们的调查和分析主要是在农户与上述不同人进行农户流转时，其信任度及流转契约的选择问题。为分析农户面对不同对象时的信任度和契约选择之间的关系，我们计算了农户面对不同对象时的平均信任度和契约选择的平均值，其统计结果如图5－3所示。从图5－3提供的数据来看，最值得信任的人是自己的父母，其信任度达0.96，其次是自己兄弟姐妹，第三是自己的亲戚，同组和同村居民的信任度也是比较高的，信任度较低是外乡镇的人，信任度只有0.21。在契约选择方面，如果同乡镇外村和外乡镇的人进行农地流转时，选择书面契约的可能性是比较大的；如果农地流转发生在自己的父母、兄弟姐妹、同组及同村时，选择口头契约的可能性较大而选择书面契约的可能性比较小。

（三）计量结果

运用式（5.4）进行计量分析时，契约选择为被解释变量，信任为解释变量。将我们调查获得的561户农户有关资料进行计量分析，回归结果详见表5－6。如前文所述，信任度越高，农户流转农地时越趋向于选择口头契约；相反，如果信任度越低，则越趋向于选择书面契约。因此，信任与契约选择之间应呈负相关关系。从表5－6提供的数据来看，农户在进行农地流转时，不管与自己的父母进行回归的模型，还是与自己的兄弟姐妹进行回归模型以及其他回归模型，7个回归模型均支持我们的研究假设。

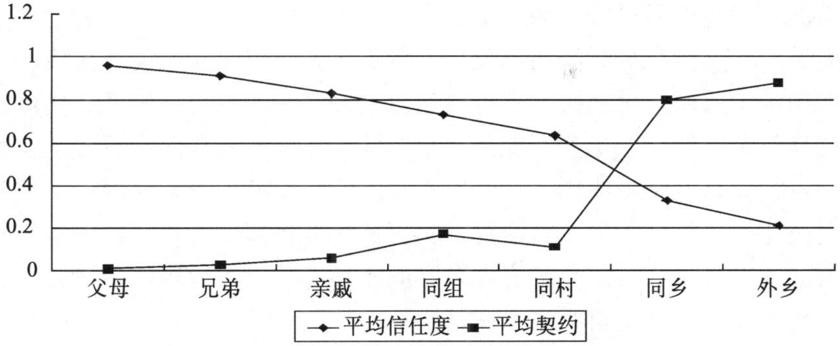

图5－3 农户进行农地流转时对不同对象的信任度与契约选择

表5－6 信任度与农地流转契约选择回归模型

		B	S. E	Wals	Sig	Exp（B）	－2对数似然值	Cox&Snell R方	Nagelkerke R方
父母	常数项	4.318	2.102	4.220	0.040	75.002	28.993	0.032	0.404
	信任度	－10.936	2.815	15.092	0.000	0.000			
兄弟姐妹	常数项	6.270	1.412	19.705	0.000	528.460	75.760	0.103	0.486
	信任度	－12.921	2.157	35.881	0.000	0.000			
亲戚	常数项	6.748	1.149	34.513	0.000	852.445	133.174	0.194	0.542
	信任度	－14.360	2.003	51.384	0.000	0.000			
同组	常数项	10.496	1.472	50.862	0.000	36153.82	180.964	0.322	0.640
	信任度	－21.219	2.731	60.354	0.000	0.000			
同村	常数项	10.257	1.058	94.042	0.000	28483.46	333.579	0.404	0.609
	信任度	－20.077	1.934	107.764	0.000	0.000			
同乡镇	常数项	5.409	0.510	112.651	0.000	223.350	388.128	0.293	0.460
	信任度	－9.237	0.992	86.720	0.000	0.000			
外乡镇	常数项	5.569	0.557	100.006	0.000	262.221	254.137	0.248	0.482
	信任度	－9.398	1.120	70.451	0.000	0.000			

如果对以上回归结果作进一步的分析，我们发现农户的信任与契约选择有两个特点。一是农户的信任度和契约选择与血缘有关，在贵州山区阻隔和交通条件不便，我们在进行信息交流和有关交易时，具有血缘关系的人群是最先考虑的对象。对具有血缘关系的人来讲，由于交往、交易重复进行可能性比较大，如果与之进行交易，其违约的可能相对较少，人们之间的信任度较高，双方之间如果进行农地流转，选择口头契约的可能性也比较大。关于这一点，我们可以从图5－4得到较好的说明。二是农户的信任度和契约选择与空间有关。由于与具有

血缘关系的人进行交易可能要翻越多座大山，不仅所花的时间、精力等交易成本较高，而且一些交易在短时间根本无法进行。例如，当将自己的农地流转给在翻越多座大山的亲戚时，种地成本就可能阻碍这种交易的进行。因此，山区对农户交往、交易带来的第二个影响，就是农户之间的交易和农户之间日常的交流多在本村庄内进行。在一个村庄内，由于农户之间经常交易、经常见面，人们对每个农户的情况比较了解。如果进行交易，不仅信任度较高，而且违约的可能性也比较小，因此，在同一个村庄范围之内，不同农户进行农地流转时，选择口头契约的可能性也是比较大的（详见图5－5）。

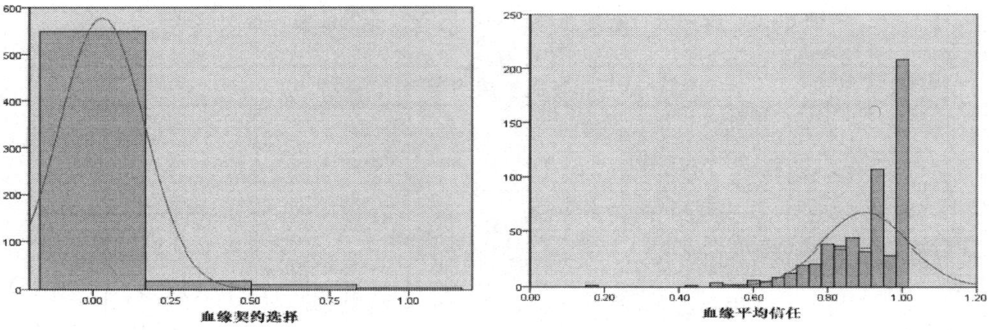

图5－4　具有血缘关系的信任度与契约均值分布

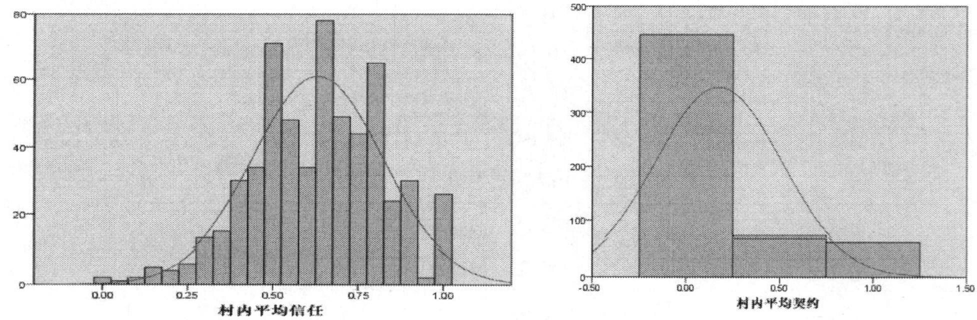

图5－5　村庄内的信任度与契约均值分布

在研究过程中，我们更注意农户信任空间和人际关系。由于农户交流空间主要是在村庄之内进行的，除村庄这一空间之外，农户之间进行交流更多的另一个重要对象是与自己具有血缘关系的居民。因此，我们又进行了三个模型的回归模型。即村庄之内的回归模型、与自己具有血缘关系的回归模型和全部样本平均值之后的回归模型，其回归结果详见表5－7。从表5－7提供的三个回归模型来看，由基于村庄内和血缘关系的存在，农户在进行农地交流时，不仅信任度较高，而且选择口头契约，计量结果从另一个层面解释了我们的研究假设。

表 5-7 信任与农地流转的契约选择模型

		B	标准差	t	Sig.	F	Sig.	R 方	调整 R 方
村内模型	常数项	0.739	0.041	17.873	0.000	204.284	0.000	0.260	0.259
	信任度	-0.897	0.063	-14.293	0.000				
血缘模型	常数项	1.473	0.095	15.434	0.000	188.496	0.000	0.245	0.244
	信任度	-1.444	0.105	-13.729	0.000				
样本平均模型	常数项	0.953	0.031	30.667	0.000	453.441	0.000	0.438	0.437
	信任度	-0.988	0.046	-21.294	0.000				

五、研究结论

契约无处不在，我们生活在契约之中。在农地流转过程中，农户面对不同流转对象时，不仅信任度不一样，其选择的流转契约也不一样。我们对贵州湄潭县、金沙县和施秉县进行的调查和实证研究说明。在农地流转过程中，随着人们的信任程度由低到高，选择口头契约的意愿就越来越大，选择书面契约的意愿越来越低。具体而言：在贵州山区，由于大山的阻隔，使农户在进行交易时，其交易对象的选择主要有两个方面。一是选择与自己具有血缘关系的人进行交易。二是选择与自己生活在同一空间的人进行交易，即选择与本村庄的农户进行交易。我们进行的研究说明：一是在农户进行农地流转时，当流转对象为父母、兄弟姐妹、亲戚、同组人、同村人、同乡镇和外乡镇人时，其信任度不断下降，其选择口头契约的可能性下降，而选择书面契约的可能性上升。二是信任度、农地流转契约选择与血缘关系有关，对于具有血缘关系的流转对象，信任度，选择口头契约的可能性大。三是信任度农地流转契约选择与交易空间有关，对于同一村庄的农户来讲，信任度高，选择口头契约的可能性大而选择书面契约的可能小。

第六章　差序格局、利益导向与农地流转契约选择

在社会生活中，农户总是生活在一定的差序格局之中，而农地流转不仅受差序格局的影响，而且还受到利益的支配，本章从差序格局社会关系和利益取向视角对农户土地流转契约选择进行了分析。

第一节　流转对象、差序格局与农地流转契约选择

在农地流转过程中，流转对象不一样，其契约选择也不一样，本节拟从“差序格局”这一视角，分析农地流转契约的选择问题。

一、引言

长期以来，土地不仅是一种生产资源，更是保障农民生活的生存资源。随着时代的发展，“过密化”小农经营已经无法满足农民日益增长的物质文化需求，土地家庭经营面临着效率和公平的艰难抉择。在工业化和城市化迅猛发展的背景下，大量农村人口外出务工，人地矛盾得到一定程度的缓解，为中国农业跳出低劳动生产率的“均衡陷阱”提供了历史性契机。大规模人口流动带来不同家庭人地配置失衡，产生大量自发性土地流转需求。与此同时，为推动农业规模经营，杜绝土地抛荒和保障粮食安全，提升农业产业化和现代化水平，政府也在不遗余力地推动农村土地流转。截至 2013 年年底，全国土地流转面积已经达到约 3. 1 亿亩，占家庭承包耕地总面积的 26%，土地适度集中局面正在逐渐形成。大规模的土地流转意味着交易频繁出现，以土地承包经营权或使用权的流转为联结点，双方必须重新进行权利和义务的分配，土地契约也就应运而生。对现代人而言，契约的重要性不言而喻。威廉姆斯引入“契约人”这一理念，指出所有市场交易中的经济主体都可被视为契约签订者①。康芒斯则将契约比喻为“交易的

① 威廉姆森．资本主义经济制度：论企业签约和市场签约．商务印书馆，2003：35.

婢女”，揭示出契约与交易形影相随、密不可分①。因而，在契约经济学家看来，现代社会是契约社会，而任何交易均为契约行为。

随着经济社会的发展，契约的重要性越来越凸显。契约及契约精神是公民经济、社会和法律主体性地位的体现，能够对交易公平性和有效性、利益分配格局、双方预期和决策产生深刻影响。就农地流转而言，契约形式及内容对土地流转的效果、农户之间利益协调和分配等方面也有着重要的影响。为保障农户土地权益，减少土地纠纷，《农村土地承包法》第 37 条明确规定“土地承包经营权采取转包、出租、互换、转让或者其他方式流转，当事人双方应当签订书面合同”。实际上，农户通常并不签订书面合同，在广大农村地区口头契约仍然是一种压倒性的契约选择。例如，钟涨宝、汪萍对浙江和湖北的研究表明，农地流转过程中契约多为口头形式，其选择率达到 79. 17%②。叶剑平等基于 17 省的调查，发现有多达 86% 的农户在转出土地时没有签订书面合同③。洪名勇对贵州省农地流转进行了研究，发现不管是农户租入农地，还是将自己的农地租给他人经营，基本上以口头契约为主，比例高达 97. 46%④。叶剑平和田晨光基于 1956 位农民的调查数据统计，依然发现口头契约在农地流转中占据主导地位，仅有 32. 76% 的土地流转案例签订书面合同⑤。

从上述研究不难发现，农地流转时农户多偏向选择口头契约。但从现代契约经济视角来看，口头契约是一种希克斯式的人情交易，代表着落后的交易理念。与口头契约相比，书面契约有着诸多优点，且随着市场经济的发展和社会进步，书面契约会逐渐取代口头契约的地位。然而，为何在广大农村地区，农民依然更愿意选择口头契约，又有哪些因素影响了农民的契约选择决策？这里，在前面分析的基础上，基于中国的特定的文化背景，试图从“差序格局”视角对农民契约选择进行解释。

二、理论分析与研究假说

“差序格局”是解释中国社会结构和社会关系的一个本土社会学理论，最早

---

① 程恩富，胡乐明．新制度主义经济学．经济日报出版社，2005：87.

② 钟涨宝，汪萍．农地流转过程中的农户行为分析——湖北、浙江等地的农户问卷调查．中国农村观察，2003：6.

③ 叶剑平，蒋妍，丰雷．中国农村土地流转市场的调查研究——基于 2005 年 17 省调查的分析和建议．中国农村观察，2006：4.

④ 洪名勇．欠发达地区的农地流转分析——来自贵州省 4 个县的调查．中国农村经济，2009：8.

⑤ 叶剑平，田晨光．中国农村土地权利状况：合约结构、制度变迁与政策优化——基于中国 17 省 1956 位农民的调查数据分析．华中师范大学学报（人文社会科学版），2013：1.

由费孝通提出[①]。在《乡土中国》一书中，费先生形象的比喻道，“我们的社会结构本身和西洋的格局是不相同的，我们的格局不是一捆一捆扎清楚的柴，而是好像把一块石头丢在水面上所发生的一圈圈推出去的波纹。每个人都是社会影响所推出去的圈子的中心。”他认为在乡土中国，人们的行为很大程度上是以“己身”为圈中心，“己身”与其他人员的亲疏取决于他们与“己身”的距离。好比波纹“一圈圈推出去，愈推愈远，也愈推愈薄”。“差序格局”很好的刻画出了中国社会关系的基本特征，产生深远的理论影响。在费孝通“差序格局”理论基础上，诸多学者进行了拓展。人与人交往的“差序格局”不再限于血缘关系和地缘关系，拟血缘关系和业缘关系也逐渐被纳入考察，“差序格局”逐渐变得多元化和理性化[②]。目前的共识是，人与人之间的关系主要由血缘、地缘和业缘三者组成。每个人以自己为核心，关系圈、亲密度、信任度譬如水波，随着半径的增加，影响度和关系逐渐减弱，且这种关系的强度取决于三者的叠加复合[③]。

费孝通先生的“差序格局”理念无疑十分契合中国社会人际关系的本质，但既往研究多从社会学、伦理学视角去理解这一概念，从经济学视角去探讨“差序格局”的研究十分匮乏。即差序格局不仅仅是一种人伦与文化模式，同时也是一种社会稀缺资源配置模式[④]。在中国社会背景下，人们利用“差序格局”构建自身的社会网络，形成由“亲”而“信”的人际关系模式[⑤]，并按照这种网络进行资源的分配。社会关系与信任相伴而生，在“嵌入性”理论中，信任即来自于社会关系，且信任构成社会资本的核心[⑥]。在西方如此，在社会关系有着根本性地位的华人社会更是如此。梁簌铭在《中国文化要义》中对中国文化做了精辟的概括，他认为中国从根本上是“伦理本位”社会，而“伦理本位”就是“关系本位”。马克斯·韦伯也认为，“在中国，一切信任，一切商业关系的基石明显地建立在亲戚关系或亲戚式的纯粹个人关系上面”[⑦]。可见，关系对中国人的社会交往有着深刻的影响。

中国式信任可以归类为特殊信任，是建立在血缘关系和社会关系上的呈网状分布的信任[⑧]。不同的关系导致了不同信任，即“差序格局”社会关系对应着

---

① 费孝通．乡土中国．北京大学出版社，2012：37.

② 杜瑛．国内“差序格局”研究的文献综述．河海大学学报（哲学社会科学版），2006：1.

③ 马戎．“差序格局”——中国传统社会结构和中国人行为的解读．北京大学学报（哲学社会科学版），2007：3.

④ 孙立平．“关系”、社会关系与社会结构．社会学研究，1996：5.

⑤ 于光君．费孝通的“差序格局”理论及其发展．社会科学论坛，2006：1.

⑥ 马克·格兰诺维特．镶嵌：社会网与经济行动．社会科学文献出版社，2007：8 - 15.

⑦ 马克斯·韦伯．儒教与道教．商务印书馆，1995：289.

⑧ Rotter，J. B. A. New Scale for the Measurement of Interpersonal Trust［J］. Journal of Personality，1967（35）：651 - 665 .

"差序格局信任"。"己身"总是更愿意相信圈中心的那部分人，随着距离的增加，相应的信任度也会随着下降。中国的人际关系多涉及人情和忠诚度，并在"施恩—报恩"回馈式的交往中形成信任，而人际关系亲密度的差异导致了信任度的差异①。薛天山则从信息获取视角去解释关系与信任，指出在缺乏完善的信任制度的前提下，中国人只能依靠人情交往来摸清对方的底②。王佳司、徒剑萍进一步验证了中国人际交往中"差序格局信任"，发现国人普遍将信任划分为亲缘信任、熟人信任和外人信任，且这三种信任强度依次降低③。

从上述分析看来，中国人凭借血缘、地缘等纽带构建成"差序格局"的社会网络，并形成"差序格局信任"，为中国人提供了一种社会稀缺资源配置的模式。作为农民最为重要的生产要素，土地的配置必然也会受到"差序格局"的影响。如前不少学者的调查，农户在流转土地时，合作方通常是具有血缘关系亲属或地缘关系的乡邻。而且土地质量等级越高，转出户越倾向于流转给与自己有地缘或有亲缘关系的人④。这说明在"差序格局"的影响下，农民会优先考虑"圈内人"。

但"差序格局"是否影响农地流转过程中的契约选择，现有研究少有涉及，实证研究更少。Cheng 和 Rosett 定性探讨了中国人社会关系与契约的关系⑤。他们认为在中国社会，契约并不是西方式的人际关系的替代物，而是受到了人际关系的影响。中国人崇尚合情合理和合法的并行不悖，中国式契约更多是一种备忘录，或者说是君子协定，是私人关系的体现。在关系网内部通常是不签订契约的，人们往往和不熟悉的人才签订书面契约，以达到防范风险的目的。从新制度经济学视角来看，当合作双方十分熟悉时，口头契约不仅能够节省繁琐的程序，降低交易成本，而且常常得到良好的自我履约⑥。在乡土熟人社会中，农民对合作方信任程度越高，认为其会自我履约的信心也越充足，从而选择口头契约的意愿更强。因而，当信任度超过一定的阀值时，选择成本更低，能够自动履约的口头契约，似乎是理性人的不二选择。基于上述分析，本文提出以下假说：

流转方与被调查农户的"差序格局"社会关系越亲近，农户越可能选择口头契约。

---

① 杨中芳，彭泗清．中国人人际信任的概念化：一个人际关系的观点．社会学研究，1999：2.

② 薛天山．中国人的信任逻辑．伦理学研究，2008：4.

③ 王佳司，徒剑萍．当代中国社会的宗教信仰和人际信任．世界宗教文化，2010：4.

④ 孔祥智，徐珍源．转出土地农户选择流转对象的影响因素分析——基于综合视角的实证分析．中国农村经济，2010：12.

⑤ Cheng，L.，Rosett，A. Contract with a Chinese Face Socially Embedded Factors in the Trans formation from Hierarchy to Market，1978 –1989．Journal of Chinese Law，1991（5）：143 –244.

⑥ 洪名勇，龚丽娟．农地流转口头契约自我履约机制的实证研究．农业经济问题，2015：8.

三、调查情况与资料分析

（一）研究区域概况

“差序格局”在传统乡土社会具有支配性地位，相对发达地区农村、欠发达地区农村的人情伦理受到市场经济冲击更小。贵州省是典型的欠发达地区，本次调研地点为湄潭县、金沙县和施秉县。其中湄潭县是国家农地制度改革试验区，“增人不增地，减人不减地”的政策指导即来自湄潭的实践。金沙县是贵州省农地制度改革试验点，该县与湄潭县一样，也从20世纪80年代起不再重新分配土地。施秉县隶属黔东南州，是典型的苗族自治县。就经济水平来说，金沙县相对最好，各项指标排在全省前列。湄潭县则在全省排名居中，而施秉县各项经济指标均垫底。三县经济发展有着明显的层次性，因而样本选择具有典型性。

（二）数据来源与描述

资料来源于国家自然科学基金“农地流转口头契约自我履约机制研究”课题的调研数据，采集时间为2012年7~8月。调研范围涉及三县12个乡镇39个村，共发放问卷593份，获得有效问卷543份。其中湄潭县198份，金沙县163份，施秉县182份。从土地视角看，有转入土地农户296名，转出土地农户有247户。从性别视角来看，男性占比67%左右。绝大部分农民政治身份为群众，只有39人是党员。从年龄分布来看，1980年后出生的青年农民仅有32人，33~45岁之间有194人，46~59岁之间有196人，60岁及以上老人118人，老年化农业已经显现。被访农民文化程度普遍偏低，整体受教育程度不足6年。主要职业方面，以务农为主的农民占比70%；以务工为主的农民占比30%。

调查结果显示，三县的土地流转真正活跃起来还是近几年的事情。2000年以前流转案例只有23笔，2000~2005年也仅有72例，而2006~2012年之间达到了448例。就流转形式来说，出租和转包占据了主导地位。其中出租351例，占比64.64%；转包171例，占比31.49%。从土地流转租金形式来看，免费代耕有着一定的比例，达到了21.92%，支付一定粮食作为租金的比例约为31.86%。就土地流转规模来看，单笔流转规模普遍过小，1亩及以下规模流转数有102例，1（不含）~5亩规模为317例，5（不含）~10亩89例，流转面积达到10亩以上只有34笔。从土地去处或来源的人际关系来看，流转给亲人和亲戚的比例高达43.28%，流给朋友或邻居的比例也达到了30.76%，三县的土地流转仍然以熟人流转为主。从地缘关系来看，转给本组村民的有365笔，占比67.22%；转给本村外组的比例亦达到17.13%。因而，当前农地流转主要是村内部的市场。就契约选择来说，口头契约达到451例，选择率高达83.06%。

（三）差序格局与契约选择的统计性分析

血缘关系和地缘关系是“差序格局”的核心和基础，从血缘关系来看，农户与陌生人签订书面合同比例最高，达到44.29%。与朋友或邻居签订书面合同比例也超过10%，位居第二。但值得注意的是农户和父母或子女签订的比例也较高，结合访谈问卷，课题组发现这主要是因为父母对子女不放心，担心子女不抚养自己同时也失去土地，因而希望通过白纸黑字的契约约束子女行为。从地缘关系视角来看，农户与本组村民签订书面合同的概率最低，其次是本村外组的农户，而与外村人、外乡人签订书面合同比例高达52.27%和65.85%，“差序格局”现象得到初步验证。

土地是农民最看重的生产、生活资源，土地转出或转入是否对农民的契约选择有差异性影响？从统计性分析来看，相比转入户，转出户确实有着更强的书面契约选择率（见表6-1）。这可能是因为土地转出的风险性更大，为了杜绝潜在利益的损失，因而转出户倾向于选择书面契约。但统计性规律是否也能够通过实证分析，仍然具有不确定性，需要进一步的验证。

表6-1　“差序格局”关系与书面契约签订比例

“格局”关系	签订书面契约比例（%）		
	转入户	转出户	全部农户
父母或子女	6.9	11.11	8.93
兄弟姐妹	2.33	0	1.39
其他亲戚	3.08	4.76	3.74
朋友或邻居	8.65	12.7	10.18
陌生人	27.27	55.29	44.29
本组	5.69	9.09	7.12
本村外组	7.84	23.81	15.05
本乡外村	26.09	80.95	52.27
外乡	63.64	66.67	65.85

四、模型选择与变量设置

（一）变量设置

农户契约形式选择是本文的因变量，课题组为被访谈者提供了“1=书面契约，0=口头契约”两个选项。“差序格局”社会关系是本文重要的解释变量，而亲缘、地缘和业缘关系的亲近疏远能够有效地反映出“差序格局”现状。但鉴于调研点位于欠发达地区，农村地区的业缘关系尚不太普遍，因而本书选择亲缘和地缘关系作为“差序格局”的替代变量（见表6-2）。

表6-2 变量设置及统计性描述

维度	变量	变量说明	平均值	标准差
差序格局	血缘关系	1=父母子女；2=兄弟姐妹；3=其他亲戚；4=朋友邻居；5=陌生人	3.478	1.294
	地缘关系	1=本组；2=本村外组；3=本县外村；4=外县	1.557	0.931
个体特征	性别	1=男；0=女	0.67	0.47
	年龄	岁	48.753	11.889
	民族	1=汉族；0=少数民族	0.811	0.392
	教育程度	年	5.897	3.698
	婚姻	1=已婚；2=离异或丧偶；3=未婚	1.09	0.366
	是否党员	1=是；0=否	0.072	0.258
	主要职业	1=务农为主；2=非农为主	1.292	0.463
契约特征	转入转出情况	1=转入；0=转出	0.544	0.498
	流转发生年份	具体发生时间	—	—
	约定合同时间	0=未约定；1=1-5年；2=5年及以上	1.564	0.636
	流转面积	亩	10.362	88.053
	流转方式	1=转包；2=出租；3=互换；4=入股；5=转让；6=其他	1.767	0.72
	租金形式	0=免费；1=实物；2=货币	1.238	0.799
	流转土地类型	1=水田；2=旱地；3=其他	1.48	0.594
地区虚拟变量	调研地点	1=湄潭；2=金沙；3=施秉	1.967	0.84

为提高回归结果可信性，本书还引入一系列控制变量，主要包括个体特征和契约特征两个维度。个体特征维度涵盖个体生理特征、人力资本特征、职业和身份特征等信息。契约特征维度则包括了契约的外在形式和内容。另有研究表明，地权稳定性对农户签约行为产生了显著影响①，但贵州省很早即实行“增人不增地，减人不减地”，地权基本保持稳定，因而并不需要考虑此类因素。统计性分析显示，转出户和转入户可能在契约选择方面存在差异，有必要将这一因素引

① 刘一明，罗必良，郑燕丽．产权认知、行为能力与农地流转签约行为——基于全国890个农户的抽样调查．华中农业大学学报（社会科学版），2013：5.

入。另外，县域经济发达程度不同，土地市场化发育水平也不同，引入地区虚拟变量来控制这些差异①。

（二）模型选择

模型选择方面，由于因变量为二值变量，因而引入二元 logistic 模型，其模型形式表示如下：

$$Logit(p) = Ln(p/1-p) = \beta_0 + \beta_1 X_1 + \beta_2 X_2 + \cdots + \beta_m X_m$$

其中 β_0为常数项，β_1，β_2，…，β_m为函数系数，X_1，X_2，…，X_n为解释变量，P 为签订书面合同的概率。

五、计量结果与分析

（一）整体回归结果

1. “差序格局”与契约选择

在控制住地区差异后，模型一中只引入了血缘关系和地缘关系这两个关键解释变量（如表6-3）。结果显示，双方血缘关系越是亲近，农户选择口头契约的概率越高；双方地缘关系越是疏远，农户选择书面契约的概率越高。两个变量均通过1%的显著性水平，假说得到初步证实。模型二中进一步引入了农户个体特征维度7个变量，血缘关系和地缘关系依然通过了1%的显著性水平检验。模型三在模型二的基础上，增加了土地流转契约内容等7个维度变量，血缘关系通过10%显著性水平，而地缘关系通过1%的显著性水平检验。且三个模型中血缘和地缘关系的影响系数均为正，说明上述两个因素对农户农地契约选择的影响具有稳健性。结合模型一二三，证实了农户在进行土地流转时，“差序格局”能够对其契约选择产生影响的理论预期。

表6-3 整体层面回归结果

变量	模型一	模型二	模型三
血缘关系	0.617*** （-0.149）	0.634*** （-0.151）	0.36* （-0.189）
地缘关系	0.990*** （-0.146）	1.016*** （-0.152）	0.808*** （-0.187）
性别		-0.187 （-0.331）	-0.219 （-0.391）
年龄		-0.025* （-0.014）	-0.025 （-0.017）

① 之所以没有引入租金额，是基于两个考虑：首先是每一个县的租金差不多，地区虚拟变量已经能够反映这一点；第二点是因为与租金额相比，租金形式更能体现双方关系的“差序格局”。农民通常向陌生人使用货币租金，而和熟悉的人多采用实物租金或免租金，这其实也是双方关系的体现。

续表

变量	模型一	模型二	模型三
民族		0.262（-0.485）	0.3（-0.578）
教育程度		-0.01（-0.045）	-0.039（-0.057）
婚姻		0.11（-0.364）	0.35（-0.418）
是否党员		1.444***（-0.504）	1.875***（0.610）
主要职业		0.355（-0.313）	0.33（-0.427）
转入转出情况			-0.751（-0.426）
流转发生年份			0.141**（-0.057）
约定合同时间			-0.367（-0.296）
流转面积			0.049***（-0.018）
流转方式			0.275（-0.23）
租金形式			1.868***（-0.411）
流转土地类型			-0.474（-0.295）
地区	-0.953***（-0.186）	-0.919***（-0.205）	-0.980***（-0.251）
常数	-4.132***（-0.642）	-3.887***（-1.265）	-288.5**（-115.6）
N	540	539	534
R^2	0.318	0.343	0.517

注：括号内为标准差，***，**，* 分别代表 1%，5% 和 10% 的显著性水平。

2. 个体特征与契约选择

模型二中，除地区虚拟变量依然显著外，只有年龄和是否党员两个变量分别通过 10% 和 1% 的显著性检验。这表明农户年龄越小，越可能选择书面契约。这可能是因为年轻的农民受到传统乡土文化的影响更小，有着更强的市场经济意识。党员身份对书面契约的选择有着正向的促进作用，这可能是因为农村党员通常都是本小区的精英或能人，相对一般农户有着更强的风险防范意识。模型三中，只有党员身份显著影响农户契约选择，且作用方向不变，意味着党员身份对农民契约选择有着稳健性影响。

3. 契约特征与契约选择

在 5% 显著性水平下，流转发生年份正向促进书面契约的达成，交易年份越近，农户越倾向选择书面契约，这与理论预期相符合。随着市场经济的发展，人格式的交易会越来越少，书面契约会逐渐替代口头契约，实现“制度信任”对“人际信任”的替代。流转面积在 1% 显著性水平通过检验，流转面积越大，双方达成书面契约的概率越高。这可能与土地资产专用性密切相关，涉及土地面积越大，一旦一方违约，会给对方造成较大的损失。为防范机会主义的可能性，选择更有保障性的书面契约在情理之中。租金形式也通过1%的显著性水平检验，相对实物租金和免租金，货币租金更能促进农户选择书面契约。从租金形式，一定程度上可以看出农户土地流转的意愿取向。免费代耕或者一定实物租金更像是一种“礼物”交换，是乡村人情式交往的一部分①。但货币租金更多取向在于“利”而非“义”，而选择书面契约更能够保障利益。

（二）边际效应

二元逻辑回归的系数及其方向只能反映出自变量对因变量的影响方向，其影响程度却无法直接得出。为了进一步分析不同影响因素对农户农地流转契约选择的影响，需要计算各个变量的边际贡献。运用STATA中“mfx”命令，得到边际效应系数（见表6-4）。结果显示，血缘关系在10%的显著性水平下，正向促进书面契约的选择。这意味着血缘关系疏远1个单位，农民选择书面契约的概率相应增加1.3%。地缘关系在1%显著性水平下正向促进书面契约的达成，影响系数达到了0.03。即地缘关系疏远1个单位，农户选择书面契约的概率增加3%。因而整体来说，相对血缘关系，地缘关系对农户契约选择的影响力度更大。

表6-4　　边际效应②

变量	边际效应	标准差
血缘关系	0.013*	0.007
地缘关系	0.030***	0.011

注：括号内为标准差，***，**，*分别代表1%，5%和10%的显著性水平。

（三）转出户和转入户分析

统计性分析显示，在相同“差序格局”背景下，转入户有着更低的口头契约选择率。为了验证“差序格局”对不同类型农户影响是否具有差异，进一步区分为转出户和转入户进行分析。结果表明，对转出户来说，血缘关系和地缘关系依然显著性的影响其契约选择决策，并与整体回归结果保持一致（见表6-5）。但对转入户来说，血缘关系的影响却不显著，而地缘关系依然在1%水平显著。这可能是因为土地具有天然的不可移动性，为降低风险、减少费用，同时也为了实现连片经营，转入户偏向地缘关系近的人，就近获取土地。而随着农村社会由熟人社会向半熟人社会转变，血缘关系的影响逐渐减弱，转入户对血缘关系的依

① 郭继．农地流转合同形式制度的运行与构建——以法律社会学为视角．中国农业大学学报（社会科学版），2009：4．

② 控制变量与整体层面一致，但为行文简洁，其余控制变量的影响系数不予显示，如有需要，请向作者索取。

赖程度降低。另一方面，这也可能是因为土地转出风险性更大，转出户为了杜绝潜在利益损失，更愿意选择亲属；而转入户面临的风险相对较小，不太受到血缘关系的限制。上述分析表明，“差序格局”关系对转出户和转入户的契约选择依然存在影响，但有一定差异。

表 6－5　转入户和转出户

变量	转入户			转出户		
	模型四	模型五	模型六	模型七	模型八	模型九
血缘关系	0.503 **	0.447 **	－0.026	0.691 ***	0.761 ***	0.945 ***
	(－0.210)	(－0.225)	(－0.286)	(－0.213)	(－0.217)	(－0.329)
地缘关系	1.186 ***	1.302 ***	1.477 ***	0.810 ***	0.807 ***	0.489 **
	(－0.255)	(－0.283)	(－0.384)	(－0.183)	(－0.191)	(－0.242)
性别		0.521	0.279		－0.288	－0.047
		(－0.598)	(－0.716)		(－0.427)	(－0.555)
年龄		－0.076 ***	－0.080 **		－0.01	－0.004
		(－0.026)	(－0.039)		(－0.018)	(－0.022)
民族		0.855	1.249		－0.08	－0.053
		(－0.790)	(－0.969)		(－0.734)	(－1.053)
教育程度		－0.029	－0.088		0.003	0.005
		(－0.071)	(－0.099)		(－0.064)	(－0.090)
婚姻		0.127	0.19		－0.199	0.279
		(－0.612)	(－0.656)		(－0.514)	(－0.585)
是否党员		1.452 *	1.765		1.765 **	4.238 ***
		(－0.750)	(－1.136)		(－0.794)	(－1.615)
主要职业		0.852	1.253		－0.067	0.7
		(－0.620)	(－0.935)		(－0.404)	(－0.546)
流转发生年份			0.086			0.178 **
			(－0.075)			(－0.083)
约定合同时间			－0.549			－0.504
			(－0.561)			(－0.422)
流转面积			0.0743 ***			0.009
			(－0.025)			(－0.025)
流转方式			0.305			0.32
			(－0.458)			(－0.314)

续表

变量	转入户			转出户		
	模型四	模型五	模型六	模型七	模型八	模型九
租金形式			1. 174 **			3. 047 ***
			-0. 562			-0. 802
流转土地类型			0. 579			-0. 754 **
			-0. 559			-0. 379
地区	-0. 973 ***	-1. 032 ***	-1. 612 **	-0. 901 ***	-0. 902 ***	-0. 966 **
	(-0. 323)	(-0. 372)	(-0. 532)	(-0. 248)	(-0. 289)	(-0. 379)
常数	-4. 274 ***	-3. 008	-176. 5	-3. 922 ***	-3. 287 *	-367. 7 **
	(-0. 874)	(-2. 004)	(-150. 1)	(-0. 932)	(-1. 851)	(-168)
N	296	295	294	244	244	240
R^2	0. 222	0. 301	0. 525	0. 349	0. 372	0. 579

注：括号内为标准差，***，**，* 分别代表 1%，5% 和 10% 的显著性水平。

控制变量方面，转入户受到年龄、流转面积和租金形式三个变量的显著影响。表现为年龄越小，越可能选择书面契约；流转面积越大，越可能选择书面契约；租金形式为货币租金，越可能选择书面契约。转出户受到了党员身份、流转发生年份、租金形式和流转土地类型四个变量显著影响。当农户拥有党员身份，发生土地流转的年份越近，流转土地为水田，选择货币租金形式时，转出土地农户越倾向选择书面契约。

可见，转出户和转入户同样重视土地租金形式，货币租金的达成均会促进书面契约的达成，但双方对待土地的态度有较大差异。转入户更加注重土地流转的规模，这可能是因为转入户转入土地的目标多在于规模经营，增加家庭收入，因而转入面积大小对其契约决策有较大影响。转出户则更加注重流转土地质量和土地保护。贵州为喀斯特地貌，高质量土地资源稀缺，水田相对旱地和其他土地有着更高的种植价值。在转出水田时，转出户甚至会将旱地无偿赠予对方耕种。有理由相信，转出户为防止土地资源被对方滥用，倾向选择权利义务明确、保障性更高的书面契约。

六、结论与启示

本研究基于贵州省湄潭县、金沙县和施秉县农户调查问卷，从“差序格局”视角，分析了血缘关系和地缘关系对农地流转契约选择的影响。理论分析表明，“差序格局”式的社会关系导致了“差序格局信任”，不同的信任导致农户契约选择的差异。统计性分析初步证实这一现象的存在，在控制住农户个体特征和契约特征后，实证分析则进一步证实这一判断。即随着双方血缘关系逐渐亲密，农户越倾向口头契约；合作方与农户地缘关系越近，农户越可能选择口头契约。对转出户和转入户来说，差序格局的影响依然存在，但对两种农户影响也存在一定的差异。转入户与转出户均受到地缘关系的稳健性影响；血缘关系对转入户契约选择没有影响，但对转出户的影响显著。

基于上述理论和实证分析，可以得出以下几点启示。首先，农户土地流转过程中契约受到了“差序格局”的显著性影响，表现出明显的血缘亲近和地缘亲近特征，这表明当前贵州省的农地流转仍然停留在较为初级的阶段。现代市场经济的最大特征是“制度信任”对“人格信任”的替代，口头契约仍然是一种关系的表达，而非关系的替代。其次，“差序格局信任”作为一种资源配置方式，仍有其自身局限性。这集中表现为配置的资源规模不大，配置效率不高。统计性分析表明，77.2%的流转案例中土地面积低于5亩，而随着流转面积的增加，书面契约的选择率将逐渐提升。第三，虽然现代契约经济学认为，口头契约的保障程度更低，是非正规化和落后的交易方式的代表。但就当下而言，农户在土地流转时，仍然更偏爱口头契约，且口头契约能够得到良好的履约，甚至超过书面契约的履约率。以本次调研为例，总的履约率为95.77%，其中口头契约履约率为97.33%，书面契约履约率91.11%。这说明口头契约还是适合当前农村环境的。因而，各级政府在推进土地流转规范化的过程中，不应强制性推广书面合同，而是应该本着尊重农民主体性地位的视角出发，给予农民自我决定权，做好适时适当引导，更好更快的推动土地适度集中经营。

第二节　差序格局、利益取向与农户土地流转契约选择

本节基于贵州省543名土地流转农户的问卷调查，从差序格局社会关系和利益取向视角对农户土地流转契约选择进行了分析。研究结果表明，农户土地流转契约选择受到社会关系显著影响，当合作方与己身的血缘和地缘关系越远，农户选择书面契约的概率越高。利益取向对书面契约选择有显著正向影响，获得的货币租金越多，双方越可能选择书面契约。

一、引言及文献综述

我国是一个传统的农业大国，但并非农业强国。人多地少的资源禀赋决定了中华民族在长期内只能进行精耕细作的“内卷化”经营，形成了东亚特色的

"过密型"农业[①]，农户的生活水平一直在低水平徘徊。改革开放以后，随着户籍制度的松动和城市力劳动市场的逐渐放开，越来越多的中国农民离开祖祖辈辈经营的土地，选择进入城市务工经商。截至 2014 年年底，全国农民工数量达到 2.7 亿人，这意味着每 5 个人中就有 1 个是农民工，每 3 个农村人就有一个是农民工。大量农民离开土地，在带来农村土地的耕种问题、粮食安全问题的同时，也为农业规模经营、培育新型农业经营主体和农业现代化带来了转机，而土地流转作为"由危转机"的关键桥梁，得到学术界的普遍关注。通过对文献的梳理，发现当前关于农地流转的研究主要集中在以下几个领域[②]。一是不同形式农地流转的效益比较研究，二是限制农地流转市场发育的宏微观因素研究，三是农户个体流转土地的意愿、动机及影响因素的研究，四是农地流转过程中存在问题及解决机制研究，五是农地流转对土地生产效率，粮食安全、农户收入等方面影响研究，六是国外相关经验的介绍和对比研究。

然而，关于土地流转过程中的契约选择方面的研究相对较少，相关的实证分析更是匮乏。如前所述，众多的学者调查表明，在农地流转过程中，从契约形式上看，农地流转口头契约成为农户的主要选择。从现代契约经济学的视角来看，口头契约流转是一种希克斯式的人情交易，代表着落后的交易理念。相比而言，书面契约有着诸多优点。随着市场经济的发展和社会进步，书面契约会逐渐取代口头契约的地位[③]。在土地流转领域，这一点也逐渐得到体现。近些年的调查，如叶剑平和田晨光基于 1956 位农民的调查发现，口头契约在农地流转中占据主导地位，书面契约的比例不到三分之一[④]。

现代社会是契约社会，每个人都是独立的"契约人"[⑤]。契约的订立意味着双方合意的达成以及对各自的权利义务的清晰界定。随着市场化进程的深入推进，契约的重要性越来越凸显。契约及契约精神不仅是公民经济社会和法律主体性地位的体现，而且能够对交易公平性和有效性、利益分配、双方预期和决策产生深刻影响。不同的契约形式有着不同强度的准确性和保障性，就农地流转而言，契约形式的选择对土地流转的效果、农户之间利益协调和分配等方面也有着重要的影响[⑥]。在实践层面上，理解农户契约选择机制及影响因素，才能够做到

① 黄宗智．发展还是内卷：十八世纪英国与中国．历史研究，2002：4.

② 洪名勇，钱龙．声誉机制、契约选择与农地流转口头契约自我履约研究．吉首大学学报（社会科学版），2015：1.

③ 陶富源．社会关系形成中主体向度的契约方式．哲学研究，2013：1.

④ 叶剑平，田晨光．中国农村土地权利状况：合约结构、制度变迁与政策优化——基于中国 17 省 1956 位农民的调查数据分析．华中师范大学学报（人文社会科学版），2013：1.

⑤ 威廉姆森．资本主义经济制度：论企业签约和市场签约．商务印书馆，2002：35.

⑥ 洪名勇，钱龙．声誉机制、契约选择与农地流转口头契约自我履约研究．吉首大学学报（社会科学版），2015：1.

把握规律，进而更有效推进农地流转。

现有研究鲜有关注农户的契约选择，但令人高兴的是，已有部分学者开始关注这一领域。口头契约之所以较多发生在村庄内部，是源于村庄内部道德能够约束个人的“离合”行为，使得口头契约交易费用低于书面契约。洪名勇从信任博弈角度探讨农地流转契约选择，指出农户的多重博弈及其信任使得口头契约成为一种习俗元制度①。洪名勇，钱龙则从农户声誉这一视角进行解读，认为声誉的信号发送效应和网络效应使得农户更愿意选择口头契约②。刘文勇等则通过构建机会成本、交易成本和地权稳定性的制度框架分析了农户流转契约选择的影响因素③。

综合起来看，既有成果多为定性分析，且均从西方经济学视角尤其是新制度经济学视角来解释农户的契约选择，将契约理解为一种纯粹理性选择。认同农户的目标在于获取经济利益最大化，本质上依然将契约视为个人关系或特殊信任的替代品。诚然，在市场化大潮的持续冲击下，农户的动机中夹杂的经济理性成分，但传统因素的影响依旧存在④。在中国情景下必须考虑到特定文化背景下契约含义的独特性和差异性。华人社会是关系本位制，差序格局的社会网络从方方面面影响着个体的行为⑤。从某种意义上，契约并不是西方式人际关系的替代物，而是受到人际关系的影响⑥。中国人崇尚合情合理和合法的并行不悖，中国式契约更多是一种备忘录，或者说是君子协定，是私人关系的体现⑦。因而，不能将契约简单地视为一种“制度信任品”，而是由传统契约向现代契约过渡的中间品。本研究将立足于此观点，并基于贵州省的调查来检验这一观点，并为其他地区提供经验借鉴。

二、理论分析与研究假说

上一节的研究已经说明，在解释农地流转中农户的契约选择方面，差序格局为我们提供了一个有用的分析视角。在村庄内部，农户会根据与对方的“格局”

---

① 洪名勇．信任博弈与农地流转口头契约履约机制研究．商业研究，2013：1.

② 洪名勇，钱龙．声誉机制、契约选择与农地流转口头契约自我履约研究．吉首大学学报（社会科学版），2015：1.

③ 刘文勇，孟庆国，张悦．农地流转租约形式影响因素的实证研究．农业经济问题，2013：8.

④ 张翠娥，万江红．农村土地流转中人情与利益的博弈．湖北社会科学，2005：6.

⑤ 费孝通．乡土中国，生活·读书·新知三联书店，1985：23.

⑥ Siddhartha, D., Knight, Thomas O. and Love, Alan H. Evolution of Agricultural Land Leasing Models: A Survey of the Literature [J]. Review of Agricultural Economics, 1995, 21 (1): 148 – 176.

⑦ Cheng, L., Rosett, A. Contract with a Chinese Face Socially Embedded Factors in the Trans formation from Hierarchy to Market, 1978 – 1989 [J]. Journal of Chinese Law, 1991, (5): 143 – 244.

远近来配置资源，土地流转也不能例外。洪名勇等的相关研究均表明，农户在流转土地时，合作方通常是具有血缘关系的亲属或地缘关系的乡邻①。而且土地质量等级越高，转出户越倾向于流转给与自己有地缘或有亲缘关系的人，且不需要签订书面合同②。而对于没有血缘和地缘关系的合作方，农户通常选择书面契约。张翠娥、万江红通过案例研究分析也发现人情在土地流转中发挥着重要作用，表现为社会关系越亲近，农地流转越是情感性的和缺乏协议精神的③。之所以如此是因为对农户而言，面对不同的对象契约对于农户自身的意义也不同。罗必良将其归纳为，当合作方与农户社会关系亲近时，社会关系本身就是一种保障机制④。在部分地区，熟人之间采用口头契约甚成为一种习俗性安排⑤。而当合作方与农户陌生时，签订书面合同实现契约的正式化则是更合理的选项。基于此，提出假说1：与合作方“差序格局”社会关系越远，农户越可能选择书面契约。

随着经济社会的发展，每个人都日益处在一个陌生的“场域”中，情感交流方式越来越无力应付⑥。人口的流动导致农村地区也从熟人社会向半熟人社会、甚至向陌生社会转变。传统的差序格局关系的影响在逐渐减弱，而基于个体经济理性的市场逻辑则愈发普遍，通过农地流转能否获利也成为农户的备择选项。尤其是在发达地区，农地流转能够带来的经济利益已达到一定水平，成为提升农户收入的有效手段之一。随着政府对农户土地承包经营权的“还权赋能”，以及对农村土地流转重视程度的加深，承包经营权的用益物权价值日益体现。当土地流转租金在农户心中的主观价值超过维系社会关系的价值时，农户就可能选择放弃后者而选择实际的经济利益⑦，这一过程实际上是人们从价值理性向工具理性的转变。此时，如何减少交易过程中的风险，保障自身的利益成为农户不得不面对的问题。在这里，“人们扮演的经济角色不过是经济关系的人格化，人们是作为这种关系的承担者而彼此对立着的”⑧。此时，格式化的书面契约超越人际关系之上，成为共同遵守的市场游戏规则，并为个体带来更高程度的保障。此

---

① 洪名勇．欠发达地区的农地流转分析——来自贵州省4个县的调查．中国农村经济，2009：8.

② 孔祥智，徐珍源．转出土地农户选择流转对象的影响因素分析——基于综合视角的实证分析．中国农村经济，2010：12.

③ 张翠娥，万江红．农村土地流转中人情与利益的博弈．湖北社会科学，2005：6.

④ 罗必良，汪沙，李尚蒲．交易费用、农户认知与农地流转——来自广东省的农户问卷调查．农业技术经济，2012：1.

⑤ 洪名勇．信任博弈与农地流转口头契约履约机制研究．商业研究，2013：1.

⑥ 陶富源．社会关系形成中主体向度的契约方式．哲学研究，2013：1.

⑦ 孔祥智，徐珍源．转出土地农户选择流转对象的影响因素分析——基于综合视角的实证分析．中国农村经济，2010：12.

⑧ 马克思恩格斯全集（第23卷）．人民出版社，1972：103.

时农户从社会化小农转变为经济小农，显然更倾向选择书面契约来降低风险，因而提出假说2：被调查农户从土地流转中获得的经济利益越大越可能选择书面契约。

三、数据、变量与模型

（一）数据来源与描述

资料来源于国家自然科学基金“农地流转口头契约自我履约机制研究”的问卷调查，采集时间为2012年7~8月，调研范围涉及贵州省湄潭县、金沙县和施秉县12个乡镇39个村，有效问卷543份。

（二）变量选择

差序格局关系是本书的关键自变量之一，借鉴费孝通差序格局“波纹”理论，引入流转方与被调查农户间的血缘关系和地缘关系来反映。之所以没有引入业缘关系，一方面是因为被调查区域是欠发达地区，业缘关系尚不普遍；另一方面是考虑到业缘产生的基础也是利益取向，是市场经济对传统社会冲击后产生的另一层格局关系。

利益取向是本研究的另一关键自变量。度量利益取向的最佳变量是土地租金，但由于在调查中免费与粮食租金的比例超过所调查案例的50%，且调查年份不一、粮食种类存在差异，这就为我们换算成统一的货币租金带来困难。然而，在调查中我们发现租金形式本身就是农民利益取向的表现。当农户选择货币租金时，多是用市场逻辑进行思考，而免费耕种和粮食租金多为照顾亲友耕种需求或者防止土地抛荒①，仍然有着“礼物交换”的痕迹。由于问题选项为每亩土地的租金，因而还需要乘以流转面积，使用两者的乘积来代表农户的利益取向。

为提高回归结果可信性，本书还引入一系列控制变量，主要包括个体特征和契约特征两个维度。个体特征涵盖个体生理特征、人力资本特征、职业和身份特征等信息，契约维度则包括契约形式和内容。另有研究表明，地权稳定性对农户签约行为产生显著影响②，但贵州省很早即实行“增人不增地，减人不减地”，地权基本保持稳定，因而并不需要考虑这一因素。此外，由于转出户和转入户的

---

① 孔祥智，徐珍源．转出土地农户选择流转对象的影响因素分析——基于综合视角的实证分析．中国农村经济，2010：12.

② 刘一明，罗必良，郑燕丽．产权认知、行为能力与农地流转签约行为——基于全国890个农户的抽样调查．华中农业大学学报（社会科学版），2013：5.

行动逻辑方面可能存在差异，也有必要将这一因素引入①。最后，考虑到县域经济发达程度、地理地貌和风俗等外在条件差异，因而引入地区虚拟变量。自变量设置和描述见表6－6。

表6－6　自变量设置及描述

维度	变量	变量说明	平均值	标准差
差序格局关系	血缘关系	1＝父母子女；2＝兄弟姐妹；3＝其他亲戚；4＝朋友邻居；5＝陌生人	3.478	1.294
	地缘关系	1＝本组；2＝本村外组；3＝本县外村；4＝外县	1.557	0.931
	租金形式	0＝免费；1＝实物；2＝货币	1.238	0.799
利益取向	流转面积	亩	10.362	88.053
个体特征	性别	1＝男；0＝女	0.67	0.47
	年龄	岁	48.753	11.889
	民族	1＝汉族；0＝少数民族	0.811	0.392
	教育程度	年	5.897	3.698
	婚姻	1＝已婚；2＝离异或丧偶；3＝未婚	1.09	0.366
	是否党员	1＝是；0＝否	0.072	0.258
	主要职业	1＝务农为主；2＝非农为主	1.292	0.463
契约特征	转入转出情况	1＝转入，0＝转出	0.544	0.498
	流转发生年份	具体发生时间	—	—
	约定合同时间	0＝未约定年份；1＝1－5年；2＝5年及以上	1.564	0.636
	流转方式	1＝转包；2＝出租；3＝互换；4＝入股；5＝转让；6＝其他	1.767	0.72
	流转土地类型	1＝水田；2＝旱地；3＝其他	1.48	0.594
地区虚拟变量	调研县域	1＝湄潭；2＝金沙；3＝施秉	1.967	0.84

（三）模型选择

由于我们将农地流转契约分为口头契约与书面契约，即契约形式选择为二值变量，适合使用二元 logistic 模型，其模型形式见6.1式。

---

① 冯艳芬，董玉祥，刘毅华，王芳．基于农户调查的大城市郊区农地流转特征及影响因素研究——以广州市番禺区467户调查为例．资源科学，2010：7.

四、计量结果与分析

（一）描述性分析

1. 差序格局社会关系与契约选择

按照血缘关系亲近，父母和子女直系血缘关系最近，兄弟姐妹间其次，与其他亲戚、朋友邻居及陌生人间亲密关系再依次衰减。统计结果显示，农户确实对陌生人不够信任，签订书面合同比例达到44.29%，与朋友邻居签订书面合同的比例为10%左右，居于第二位。与家人和亲戚签订书面契约的比例均不足10%，且低于上述两种对象①。从地缘关系视角来看，农户与本组村民签订书面契约的概率最低，其次是本村外组农户，而与外村人、外乡人签订书面合同比例高达52.27%和65.85%，“差序格局”现象得到初步验证。土地是农民最看重的生产生活资源，土地转出或转入对农民的契约选择有差异性影响吗？从统计性分析来看，转出户比转入户确实有着更强的书面契约选择率（见表6－7）。但统计性规律无法证实因果性，因而需要进一步的验证。

表6－7　“差序格局”关系与书面契约签订比例

“格局”关系	签订书面契约比例（%）		
	转入户	转出户	全部农户
父母或子女	6.9	11.11	8.93
兄弟姐妹	2.33	0	1.39
其他亲戚	3.08	4.76	3.74
朋友或邻居	8.65	12.7	10.18
陌生人	27.27	55.29	44.29
本组	5.69	9.09	7.12
本村外组	7.84	23.81	15.05
本乡外村	26.09	80.95	52.27
外乡	63.64	66.67	65.85

2. 利益取向与契约选择

从租金形式来看，当租金为零时，签订书面契约的比例仅为1.68%。采取粮食租金时，略微上升至2.89%。当采取货币租金时，签订书面合同的比例就迅速增长到32.65%。这说明相比前两种租金形式，货币租金确实激发了农户的市场

① 但值得注意的是农户和父母和子女签订的比例也较高，结合访谈问卷，课题组发现这是因为父母担心子女将来不抚养自己，又害怕失去土地保障，因而希望通过书面契约约束子女行为。

逻辑，增强了农户的风险意识。与转入户相比，转出户的书面契约签订比例也较高，尤其是采取货币租金时，转出户要比转入户高出约30%。从土地流转规模来看，表现为流转面积越大，农户越可能选择书面契约。面对转出户与转入户的影响程度也存在差异，在相同的流转规模下，同样表现为土地转出户选择书面契约比例高于转入户（见表6-8）。

表6-8 利益取向（租金形式、流转面积）与书面契约签订比例 单位:%

租金形式或流转面积	签订书面契约比例		
	转入户	转出户	全部农户
免费	1.64	1.72	1.68
粮食租金	3.92	1.41	2.89
货币租金	18.32	49.12	32.65
1亩及以下	30.19	0	15.69
1~2亩（含）	1.38	13.33	7.48
2~5亩	8.64	15.79	15.79
5亩及以上	21.88	37.78	26.95

（二）整体样本回归结果与分析

1. 差序格局、利益取向与契约选择

在控制住地区变量后，模型一只引入两种差序格局关系和利益取向三个关键自变量，模型二在模型一的基础上加入农户个体特征维度变量，模型三又进一步增加契约特征维度变量（见表6-9）。计量结果显示，血缘关系、地缘关系和利益取向均通过1%的显著性水平检验，且作用方向不变，因而三者对农户契约选择的影响具有稳健性。具体而言，表现为血缘关系越疏远，农户越可能选择书面契约；地缘关系越疏远，农户越可能选择书面契约，因而假说1得到证实。即双方间差序格局关系亲近时，农户通常并不需要签订书面合同①。而当双方比较陌生时，社会关系无法发挥作用，书面契约带来的"制度信任"就会替代"人际信任"，促进双方合作的达成。利益取向对农户的契约选择同样显著，从土地流转过程中获得的利益越大，农户越倾向于选择书面契约。这是由于流转获得收益较大时，较高的机会成本让农户产生避险意识。口头契约由于其可观察性和可监督性较差，很可能因外来约束条件改变使得其中一方产生"敲竹杠"倾向，给另一方造成损失。基于理性的考虑，农户显然更偏向保障度高的书面契约。

① Cheng, L., Rosett, A. Contract with a Chinese Face Socially Embedded Factors in the Trans formation from Hierarchy to Market, 1978-1989 [J]. Journal of Chinese Law, 1991 (5): 143-244.

表 6－9 整体样本回归结果

变量	模型一	模型二	模型三	模型四
血缘关系	0.649***	0.651***	0.526***	0.687***
	(－0.17)	(－0.17)	(－0.18)	(－0.21)
地缘关系	1.013***	1.054***	0.931***	0.998***
	(－0.16)	(－0.16)	(－0.18)	(－0.21)
利益取向	0.0185***	0.0174***	0.0324***	0.115**
	(－0.01)	(－0.01)	(－0.01)	(－0.05)
性别		－0.20	－0.23	－0.25
		(－0.35)	(－0.38)	(－0.38)
年龄		－0.02	－0.02	－0.02
		(－0.02)	(－0.02)	(－0.02)
民族		0.04	0.22	0.20
		(－0.51)	(－0.57)	(－0.56)
教育程度		－0.03	－0.02	－0.04
		(－0.05)	(－0.05)	(－0.05)
婚姻		0.24	0.26	0.30
		(－0.38)	(－0.38)	(－0.38)
党员身份		1.411***	1.604***	1.615***
		(－0.54)	(－0.57)	(－0.59)
职业		0.24	0.13	0.23
		(－0.34)	(－0.39)	(－0.40)
转入转出情况			－0.782**	－0.769*
			(－0.40)	(－0.40)
流转发生年份			0.125**	0.118**
			(－0.05)	(－0.05)
约定合同时间			－0.549**	－0.591**
			(－0.28)	(－0.28)
流转方式			0.386*	0.405*
			(－0.22)	(－0.22)
流转土地类型			－0.32	－0.30
			(－0.28)	(－0.29)
血缘关系*利益取向				－0.02
				(－0.01)
地缘关系*利益取向				－0.003
				(0.01)
地区虚拟变量	已控制	已控制	已控制	已控制
常数	－4.289***	－3.935***	－254.5**	－240.7**
	(－0.71)	(－1.35)	(－107.80)	(－103.80)

注：括号内为标准差，***，**，*分别代表1%，5%和10%的显著性水平。

差序格局关系表达的是农户的“情义取向”，是社会性的；利益取向则代表着农户的经济取向，是市场逻辑的体现。在中国人的“义利观”中，两者相互矛盾时，通常会舍利取义。为验证差序格局关系是否削弱农户的利益取向的影响，在模型四中加入两者的交叉变量。由于三个关键自变量的影响系数均为正，而交叉变量系数为负，因而判断出血缘关系和地缘关系对利益取向有负向影响，但这种影响并不显著。这说明在经济利益面前，社会关系的作用不大，农户并没有因为差序格局关系而减弱对风险的防范。这可能是因为农村地区日益“原子化”，农户之间的交流也越来越功利，而情感上的交流越来越少，即使是双方的社会关系密切，也要“亲兄弟，明算账。”

2. 个体特征与契约选择

模型三中只有党员身份这一变数通过1%显著性水平检验（见表6-9）。当农户拥有党员身份时，越可能选择书面契约。这可能是因为农村党员通常都是小区的精英，相对一般农户有着更强的风险意识。也可能是因为各级政府鼓励选择书面合同，党员为落实这一号召发挥着带头示范作用。农户的其他特征，如性别、年龄、职业等均未通过检验，说明上述因素对契约形式的选择的影响不明显。

3. 契约特征与契约选择

在模型三中，转入转出情况负向影响农户的书面契约选择，即转出户相比转入户有着更高的书面契约选择率，这与描述性分析的结果一致。这说明土地的转入转出对农户的意义并不一致，反映出两种农户行动逻辑的差异。这可能是因为土地是农户的安身立命之所，既承担了生产和就业功能，也承担了生存和保障功能。对转入者而言，土地有更多的经济收益功能。因而，无论是基于对土地的情感，还是流转过程中的风险意识，转出户均会超过土地转入户。

流转发生年份在5%的显著性水平下正向影响农户的书面契约选择，当土地流转发生的时间越近时，农户越可能选择书面契约。这与理论预期相符，因为年份越近，农地流转越正规，农户的经济意识也越强，人格式的交易必然会越来越少。约定的合同期限显著负向影响书面契约的选择，这意味着约定流转的年份越长，农户越希望达成口头契约，这与既有研究的结论相反。通常而言，随着流转年份的延长，意味着流转风险的上升，农户应当更青睐书面契约。然而，结合我们的调查发现，当农户信任对方时才会与对方达成长期流转意向，这意味着农户认可土地流转交易的风险较低，反而愿意达成口头契约。未约定年限时多为临时性流转，短期流转也会多次协调商量，反而具有很高的不确定性。流转方式在10%的显著性水平下正向影响契约的选择，相比转包和出租两种典型方式，土地互换、入股和转让会促使农户选择书面契约。这是因为前两种方式仅为土地经营权的流转，而互换涉及土地实际变更、入股经营要求更清晰的权责划分、转让则是土地承包权的流转。后三种流转方式力度更彻底，因而均需要保障程度更高的书面契约。

（三）转出户和转入户对比分析

在前面的分析中已经发现转出户和转入户的行动逻辑可能存在差异，当差序格局社会关系和利益取向相同时，转出户有着更高的书面契约选择率。为进一步揭示两种类型农户选择契约形式的逻辑，将整体样本区分为转出户和转入户分别进行分析。与整体样本类似，分组回归依然采取逐步添加影响因素的方法，以增强模型稳健性（见表6－10）。对于土地转出户而言，在模型五、模型六和模型七中，发现血缘关系和地缘关系依旧在1%显著性水平下正向促进书面契约的达成；但利益取向的影响并不显著，说明转出户是否与对方签订书面契约多取决于社会关系的远近。这可能是因为贵州省为欠发达区域，经济水平使得土地租金较低，加上土地流转规模并不大，因而并不能从土地流出中获得多少利益。相反，农户更加重视流转出去的那部分土地的保障价值。多数转出户将土地视为最后的保障，为保证土地可持续利用，转出户通常愿意将土地转给自己放心的人经营，与自己血缘和地缘关系亲近的人则会被优先考虑。对土地的重视也可从土地类型的影响中看出，在模型七中，土地类型负向影响书面契约选择，表现为流转土地质量等级越高，农户越希望达成口头契约。贵州是典型的喀斯特山区，土地贫瘠，质量好的田地相对稀缺。水田相对其他类型土地有着更高种植价值，在转出水田时，转出户甚至会将旱地无偿赠予对方耕种。有理由相信，转出户为防止土地被对方滥用，倾向选择权利义务明确、保障性更高的书面契约。

表6－10　转入户与转出户回归结果

变量	转出户			转入户		
	模型五	模型六	模型七	模型八	模型九	模型十
血缘关系	0.91***	0.98***	0.98***	0.34	0.3	0.03
	(－0.26)	(－0.26)	(－0.28)	(－0.23)	(－0.24)	(－0.28)
地缘关系	0.80***	0.80***	0.76***	1.32***	1.51***	1.52***
	(－0.19)	(－0.20)	(－0.23)	(－0.30)	(－0.35)	(－0.38)
利益取向	0.002	0.004	0.02	0.033***	0.035***	0.044***
	(－0.01)	(－0.01)	(－0.01)	(－0.01)	(－0.01)	(－0.01)
性别		－0.14	－0.33		0.36	0.38
		(－0.45)	(－0.50)		(－0.68)	(－0.70)
年龄		－0.003	－0.004		－0.086**	－0.073**
		(－0.02)	(－0.02)		(－0.03)	(－0.04)

续表

变量	转出户			转入户		
	模型五	模型六	模型七	模型八	模型九	模型十
民族		-0.23	-0.34		0.64	1.2
		(-0.80)	(-0.87)		(-0.84)	(-0.96)
教育程度		0.01	0.04		-0.09	-0.09
		(-0.07)	(-0.07)		(-0.09)	(-0.10)
婚姻		-0.09	0.27		0.23	0.08
		(-0.54)	(-0.53)		(-0.60)	(-0.64)
是否党员		2.045**	2.290**		1.47	1.67
		(-0.86)	(-0.90)		(-1.00)	(-1.09)
职业		-0.17	0.03		0.65	1.24
		(-0.43)	(-0.47)		(-0.76)	(-0.83)
流转发生年份			0.148*			0.09
			(-0.08)			(-0.07)
约定合同时间			-0.709*			-0.767*
			(-0.38)			(-0.51)
流转方式			-0.46			-0.32
			(-0.28)			(-0.40)
流转土地类型			-0.63*			0.72
			(-0.37)			(-0.51)
地区虚拟变量	已控制	已控制	已控制	已控制	已控制	已控制
常数	-4.92***	-4.52*	-300.8	-3.76***	-1.21	-193.6
	(-1.13)	(-2.02)	(-163.7)	(-0.91)	(-2.21)	(-140.4)
N	240	240	240	295	294	294
R^2	0.39	0.42	0.48	0.4	0.45	0.5

注：括号内为标准差，***，**，* 分别代表1%，5%和10%的显著性水平。

对土地转入户来说，地缘关系和利益取向均通过1%的显著性检验，但血缘关系没有通过检验。这可能是因为转入户转入土地的目标很明确，多为实现规模经营和提高收入水平，书面契约能够减少利益流失的风险，因而受到转入户的偏爱。差序格局关系对转入户的契约选择影响变弱，血缘关系不再起作用，但地缘关系继续发挥着影响。这可能是因为农村社会逐渐由熟人社会向半熟人社会转变，转入户对血缘关系的依赖程度降低。从上述分析中，不难发现差序格局和利益取向对转出户和转入户的影响的差异性。究竟选择哪一种形式的契约，转出户考虑更多的是社会关系，而转入户虽然还受到差序格局的部分影响，但更偏重经济利益诉求。

五、结论与启示

本研究基于欠发达地区贵州省三县的调查，从差序格局社会关系和利益取向视角分析了农户土地流转过程中的契约选择。研究结果表明，差序格局和利益取向均显著的影响农户的契约选择。当双方的血缘关系越亲近，农户越可能选择书面契约；双方的地缘关系越亲近，农户越倾向选择书面契约；能够从土地流转中获得的利益越多，农户越可能选择书面契约。转出户和转入户的行动逻辑存在差异，差序格局显著影响转出户，但对转入户的影响较为微弱；利益取向对转出户的影响不大，却对转入户的影响显著。

基于以上分析，可以得到下述几点启示。首先，农土地流转过程中契约选择没有摆脱“差序格局”的显著影响，表现出明显的血缘亲近和地缘亲近特征，这表明当前贵州省的农地流转的市场化特征仍然不明显，土地流转过程中双方的信任依旧是特殊信任，人情交往的作用不可忽视。其次，经济利益取向对农地流转契约的影响在逐渐加强。在市场化的冲击下，小农思维逐渐瓦解，农村地区的熟人网络逐渐松散，对经济收益的渴望会促使越来越多的农户选择书面契约。再次，转出户受到社会关系的影响更明显，而转入户更偏重经济利益。对待不同类型的农户，应当尊重其契约选择。

第七章　信任、空间距离与农地流转契约选择研究①

契约选择是契约经济学研究的前沿课题，本书构建了一个空间距离、信任与契约选择的分析框架，并用对贵州 5 个县的调查资料进行了实证分析。我们的分析表明：一是农户的个体特征不一样，其契约选择不一样；二是流转双方之间的空间距离（自然空间距离和社会空间距离）对契约选择有影响，空间距离越远，选择书面契约的可能性越大，选择口头契约的可能性越小；三是信任对契约有影响，农地流转双方之间的信任度越大，选择口头契约的可能性越大，选择书面契约的可能性越小。本研究的政策含义是，要使流转在低成本的社会环境下顺利进行，一是政府部门应该多对农地流转过程中的诚信农户进行宣传，形成一种人人讲信用的环境；二是在自然空间距离没有缩短的前提下，缩短社会空间距离，增加流转双方之间的信任度。通过交易频率、交往频率的增加，提高契约履约率，增强互信，形成流转双方利益共同体，促进农地顺利流转。

第一节　文献综述与分析框架

一、文献综述

契约是交易活动的一种协调机制，它设定了一组局限条件来约束当事人的行为。正如宾默尔所说，社会契约是一个社会的公民用以协调他们的行动的一套共同认识的集合②。在宾默尔看来，契约对于社会经济的运行来讲是至关重要的，一个社会靠什么东西黏合在一起？“不是法律或宪法，这些仅仅是写在纸上的文

① 参见洪名勇发表于《江西财经大学学报》2017 年第 1 期的同名论文。

② 宾默尔．自然正义．上海财经大学出版社，2010：6.

字；不是国家的官员，他们不过是如同你我一样的人”[①]，而是靠契约；没有劳动，交换者仍可以有团体，但是“没有契约，交换者之间就不会有共同体”[②]。由于不同契约的成本、效率及风险不一样，契约选择就显得非常复杂，研究契约选择就非常困难。正因为这样，契约选择成为契约经济学研究的前沿课题。从科斯对契约选择开始，制度经济学家对契约的选择进行了持续的研究。继科斯对短期契约与长期契约的选择进行研究之后，威廉姆森探讨了企业契约与市场契约的选择问题，巴泽尔则对自我实施契约和第三方实施契约进行了分析。分析中国农地流转史发现，契约作为双方交易的协调机制，并约束当事人的行为，使农地流转双方的权利、义务更为清晰，使双方的产权进一步明晰化[③]。中国长期以来就存在分成租约与定额租约两种主要的农地流转契约。一般地，人们认为分成契约是低效率，但问题在于，现实生活中，分成契约不仅一直存在，而且至今我们还在选择。在张五常研究的基础上，专家发现，土地异质性也会影响人们对契约的选择。站在佃农的角度，如果土地是低质量的，则选择分成契约；相反，如果地主出租给自己的是高质量的土地，则选择定额租约。从出租人（地主）的视角看，承租人佃农也不是同质的，而是异质的。如果佃农对于分成契约和定额租约无差异时，如果承租人（佃农）缺乏能力，地主将会倾向于选择定额租约；相反，如果承租人（佃农）能力较强，地主将会倾向于选择分成租约[④]。实际上，对于农民来讲，选择一种低成本、低风险以及高效率的农地流转契约是十分重要的。近年来，农地契约选择开始引起学界的关注和研究。一是沿着科研、威廉姆森等人的研究路径，发现交易费用会影响我们对农地流转契约的选择[⑤]。二是信任及信任机制是如何影响农地流转契约选择进行研究[⑥⑦]，三是研究声誉对农地流转契约选择的影响[⑧]。四是差序格局社会关系、利益取向会影响农户流转土地

---

① 宾默尔．自然正义．上海财经大学出版社，2010：7.

② 奥斯特罗姆，菲尼．制度分析与发展的反思．商务印书馆，1996：287.

③ 张明．唐中叶至宋代租佃契约思想研究——基于规避风险视角下的契约安排的选择．天府新论，2015：3.

④ 罗必良，何一鸣．博弈均衡、品质与契约选择——关于佃农理论的进一步思考．经济研究，2015：8.

⑤ 洪名勇，龚丽娟，洪霓．农地流转农户契约选择及机制的实证研究——来自贵州省三个县的经验证据．中国土地科学，2016：3.

⑥ 洪名勇，尚名扬．信任与农户农地流转契约选择．农村经济，2013：4.

⑦ 洪名勇，龚丽娟．基于信任的农地流转契约选择研究．江西社会科学，2015：5.

⑧ 洪名勇，钱龙．声誉机制、契约选择与农地流转口头契约自我履约研究．吉首大学学报（社会科学版），2015：1.

时的契约选择[①②]。五是习俗不同，文化不一样，农户的契约选择也不一样[③]，另外，有关学者沿着威廉姆森交易费用分析范式，对农地租约期限的决定机理及其影响因素进行实证研究[④]。以上这些研究为本书研究提供了良好借鉴，但问题在于，农地流转具有一定的空间属性，以上这些研究没有考虑农地流转空间对流转契约选择的影响，更没有建立一个信任、农地流转空间与契约选择的研究框架，并用调查数据去进行实证研究。在空间经济学看来，空间是影响人们经济行为的重要变量，正是基于这种认知，本书将空间距离作为一个重要变量引入农地流转研究之中，力图构建一个信任、空间距离与契约选择的分析框架，并用我们对贵州的调查资料进行实证研究。

二、分析框架

与一般的商品流转不一样，农地不仅是不动的，而且是分布在相应空间的。只不过，不同地块的产权主体不同，分别记在不同产权主体名下。而农地流转实质上是农地不同权利的流转，由于转出方与转入方在居住地点往往不在一起，有一定空间距离，这种距离就是我们所讲的自然空间距离。除自然空间外，另一种是社会空间距离，这种空间距离是由于不同农户之间社会关系不同而形成的[⑤]。对于前一种空间距离，是指（两物体）在空间或时间上相隔或相隔的长度，或是由某些媒介如人、动物和交通工具所经过的路线的长度，即两物体之间的位置相互关系或空间关系，也叫物理距离。农地流转过程中涉及的空间距离有承包地块与地块之间的距离、农户家庭住址之间的距离、农户家庭住址与承包地块之间的距离。塔尔德在《模仿的规律》（Law of Imitation）一书中首创了社会距离概念，将其用于表征阶级差异，认为阶级差别就是阶级距离[⑥]。随着社会经济的发展，社会距离的含义变得丰富。综合齐尔美、威廉姆森、帕克等观点，可以将社会距离定义为：社会距离是人与人、群体与群体或人与群体之间相互认同、相互

① 钱龙，洪名勇，刘洪．差序格局视角下的农地流转契约选择．西北农林科技大学学报（社会科学版），2015：4.

② 钱龙，洪名勇，龚丽娟，钱泽森．差序格局、利益取向与农户土地流转契约选择．中国人口·资源与环境，2015：12.

③ 安海燕，洪名勇．农户农地流转契约形式选择及其影响因素分析——基于545份问卷调查数据．湖南农业大学学报（社会科学版），2015：5.

④ 邹宝玲，罗必良，钟文晶．农地流转的契约期限选择——威廉姆森分析范式及其实证．农业经济问题，2016：2.

⑤ 洪名勇，龚丽娟，洪霓．农地流转农户契约选择及机制的实证研究——来自贵州省三个县的经验证据．中国土地科学，2016：3.

⑥ 王启富，史斌．社会距离理论之概念及其它．晋阳学刊，2010：1.

了解的程度，用来衡量人与人交往过程中的亲疏关系，社会距离越小，个体或集团之间相处越融洽，认同感越强。

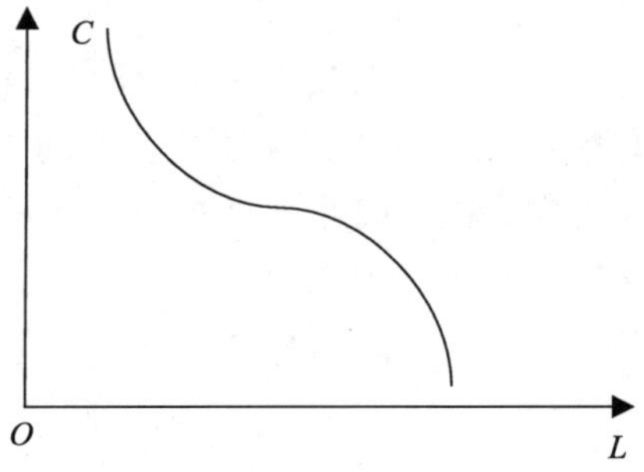

图 7－1　交易（交往）频率与农户空间距离

作为微观经济主体的农户或者农民，只有在相互交往中才能相互了解、相互信任。空间距离不一样，农户之间的交往频率不一样。图 7－1 对农户之间的交易（交往）频率与空间距离之间的关系进行了一个简单的刻画，纵轴表示交易（交往频率），横轴表明进行农地流转之间的距离。如果进行交易的两个主体 A 与 B 之间的距离越远，则交易（交往频率）越低，对交易对方的信息越不了解，信任机制建议越困难。相反，如果进行交易的两个主体 A 与 B 之间的距离越近，则交易（交往频率）越高，对方的了解越多，把握对方的行为信息越多，在不断地重复交易中，越容易形成信任。我们已经进行的研究已经说明，信任与农地流转契约之间存在某种内在逻辑。这样，信任、空间距离与农地流转契约的选择之间存在某种关系。信任、空间距离与契约选择之间的内在逻辑可以用图 7－2 来进行说明。

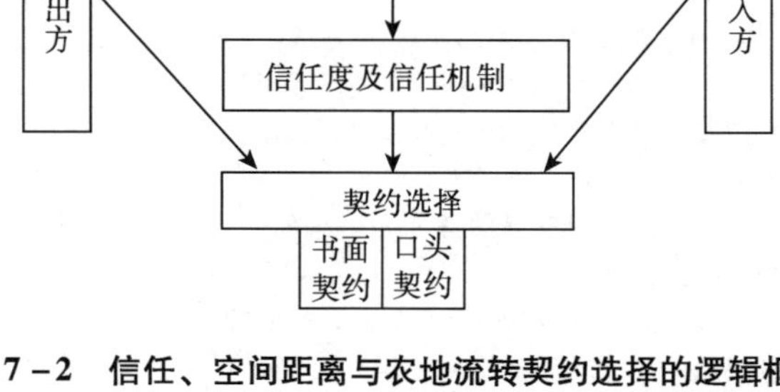

图 7－2　信任、空间距离与农地流转契约选择的逻辑框架

第二节 研究设计

一、契约选择

在本研究中，被解释变量为农地流转契约。从形式上看，农地流转契约可以分为口头契约与书面契约。口头契约是指交易双方以一定的语言，以产生法定债权为目的的契约，书面契约以某种书据为法定原因的契约。从经济学的视角来看，我们可以将口头契约定义为交易双方或者交易当事人以仅以一定语言来商议的协议，而书面契约则是交易双方或者交易当事人以书面形式签订的协议。

二、信任与空间距离

信任是农户农地流转契约选择的重要解释变量之一，我们用5级度量方法对信任进行度量，信任度最高为5，最低为1。作为解释农户农地流转契约选择的空间距离，不仅是指自然空间距离，而且还包括社会空间距离。对于前者，一种有效的度量方法是自然地理空间的实际距离，从理论上讲，自然空间距离应该是连续变量。在本研究中，由于被解释变量为非常连续变量，因此，我们在对自然空间距离进行度量也没有采用连续变量，而是采用非连续变量，即按照村民小组、村、乡镇、县等不同区域，对这些不同区域赋予不同的距离值。对于距离，除自然地理上的空间距离对流转契约选择进行解释之外，另外一种非常重要的距离就是社会空间距离，相对于自然空间距离的度量来讲，对农户之间的社会空间距离进行度量是一件比较困难的事。在中国农村，不仅“差序格局”存在，而且人们之间主要通过血缘、亲缘为主要的纽带联结在一起。因此，对于农地流转社会空间的度量，我们主要用血缘这一指标进行。

三、调查方法、调查区域选择

（一）调查方法

调查通过问卷形式进行，为保证调查资料的真实性。我们没有采取发放问卷、回收问卷，而是编制好调查问卷之后，由研究人员亲自带队，利用贵州大学相关专业的博士研究生、硕士研究生深入农户家里，通过调查人员亲自提问、填写调查问卷。这样做的好处在于，我们能够有更多的时间与农户进行交流，减少了发放调查问卷——回收调查问卷这一方式，可能导致的农户“理解误差”，提高了调查问卷的真实性和质量。同时，调查完农户后，调查资料随调查人员的离开即收回，减少了问卷收回的时间。这一调查方法存在的问题是需要更多的调查人员，花费的调查成本也比较高。

（二）调查区域的选择

我们选择贵州遵义市的湄潭县、毕节市金沙县、安顺市关岭县、黔东南州的施秉、黔南州贵定县进行调查，之所以选择这些区域有以下原因。第一，湄潭县是改革开放后国家确定的第一批农地产权制度改革试验区，在这里进行试验的稳定农地产权关系、赋予农民农地长久关系的成果得到国家正式认可，并在全国推行。第二，金沙县是为推进湄潭农地产权制度改革试验区建设，贵州省委、省人民政府确定的农地产权制度改革试点县。第三，关岭县是贵州最早进行农地产权制度改革的县，1978 年 11 月 18 日，《贵州日报》以《定产到组姓“社”不姓“资”》对关岭县原顶云公社进行的农地产权制度改革进行了报道，形成农地改革创新中的“北小岗”，南“顶云”。第四，施秉县为苗族自治县，数民族占总人口的 55.5%；贵定县属黔南州布依族苗族自治州管辖，但其紧邻贵阳市，至贵阳不到 1 小时车程，受城市文化影响较重。表 7 – 1 对 5 个调查样本县经济发展进行了基本描述，从农村常住居民人均可支配收入（农民人均纯收入）看，湄县、金沙县和贵定县高于全省平均水平，施秉县接近全省平均水平，关岭县明显低于全省平均水平；从人均 GDP 看，金沙县高于全省平均水平，贵定县接近全省平均水平，其余四个县低于全省平均水平。因此，选择这 5 个县进行调查，使调查资料具有更强的代表性。

表 7 – 1　　调查样本县经济情况　　单位：元，公斤

	湄潭	金沙	关岭	施秉	贵定	贵州
农村常住居民人均可支配收入	9144	7146	5986	6497	7197	6671
人均 GDP	17558	33725	22544	20910	26095	26437
人均食粮产量	499	523	269	537	310	325

资料来源：贵州省统计局．贵州统计年鉴（2015）．中国统计出版社，2015.

第三节　实证研究

一、调查样本描述

2014 年 8 月 6 至 29 日历时 24 天，我们对贵定、施秉、湄潭、金沙和关岭五个

县10个乡镇，20个自然村1000户农户进行调查。其中有土地流转的有效样本505户。从505户调查农户农地流转的基本情况看，农地流转可以从转入和转出两个方面进行考察。在家庭经营的农地中，通过农地流转占经营土地面积的比例达到了25%以上，关岭县达到了48.76%，5个县平均为38%；从农地转出方面进行考察，湄潭县农地流转比例是最低的，只有8.57%，施秉县最高，达到26.59%，5个县平均为17.64%。表7-2和表7-3提供了农流转契约选择的基本情况，选择书面契约比例最高的是关岭，占24%，最低的是湄潭，占14%，低关岭10个百分点；选择口头契约最高的是湄潭，占86%，最低的是关岭，占76%。从总体上看，全5个样本县选择口头契约的406户，占80.40%，选择书面契约的有99户，占19.60%。可见，在书面契约与口头契约之间，农民更多选择口头契约。

表7-2　　农地流入方和流出方对契约的选择　　单位：户,%

	转入					转出				
	数量			比例		数量			比例	
	口头契约	书面契约	合计	口头	书面	口头契约	书面契约	合计	口头	书面
关岭	42	14	56	75	25	34	10	44	77.27	22.73
金沙	42	5	47	89.36	10.64	46	15	61	75.41	24.59
湄潭	52	7	59	88.14	11.86	34	7	41	82.93	17.07
施秉	24	7	31	77.42	22.58	57	21	78	73.08	26.92
贵定	39	6	45	86.67	13.33	36	7	43	83.72	16.28
合计	199	39	238	83.61	16.39	207	60	267	77.53	22.47

表7-3　　农地流转契约基本情况　　单位：户,%

	流转数量			比例		
	口头契约	书面契约	合计	口头契约	书面契约	合计
关岭	76	24	100	76.00	24.00	100.00
金沙	88	20	108	81.48	18.52	100.00
湄潭	86	14	100	86.00	14.00	100.00
施秉	81	28	109	74.31	25.69	100.00
贵定	75	13	88	85.23	14.77	100.00
合计	406	99	505	80.40	19.60	100.00

二、实证结果

（一）计量模型

从农户选择流转契约的实际情况和我们的研究设计来看，我们选择二项逻辑回归模型对农户农地流转契约进行计量分析。借鉴鲍威斯和谢宁《分类数据分析的统计方法》中的计量模型，本书所使用的二项 Logit 模型为：

$$\log[\frac{P_r(y=1)}{1-P_r(y=1)}] = \log[\frac{P_r(y=1)}{P_r(y=0)}] = \sum_{k=0}^{k}\beta_k x_k \qquad (7.1)$$

式中 x_k是系数为 β_k的第 k 个自变量，根据（7.1）式，它服从

$$P_r(y=1) = \frac{\exp(\sum_{k=0}^{k}\beta_k x_k)}{1+\exp(\sum_{k=0}^{k}\beta_k x_k)}, P_r(y=0) = \frac{1}{1+\exp(\sum_{k=0}^{k}\beta_k x_k)} \qquad (7.2)$$

假设有两组 β 值，一组与结果 y=1 有关（即 β_{1k}），另一组与结果 y=0 有关（即（β_{0k}），β_{1k}是（7.1）和（7.2）中常见的 β，而 β_{0k}被标准化为 0，并且有 exp(0)=1，这样（7.2）式也可以写为

$$P_r(y=1) = \frac{\eta_1}{\eta_0+\eta_1}, P_r(y=0) = \frac{\eta_1}{\eta_0+\eta_1} \qquad (7.3)$$

这里，对于所有 k，$\eta_1 = \exp(\sum_{k=0}^{k}\beta_{jk}x_k)$，j=0，1，且 $\beta_{0k}=0$。

（二）变量定义

从前文的分析看，本书将信任、空间距离（自然空间和社会空间）与农地流转契约选择整合在一个分析框架内，从信任和空间两个维度对农地流转契约选择进行解释。因此，被解释变量为契约选择（contract），解释变量分别为信任（trust）、自然空间距离（natural space distance）或者社会空间距离（social space distance），为了更全面的分析农地流转契约的选择机制，我们还将年龄（age）、身份（identity）、民族（identity）、教育程度（education）也作为解释变量来进行分析，每个变量的具体定义见表 7-4。

表 7-4　模型中的变量定义

变量	变量类型	变量含义	变量定义
contract	被解释变量	契约形式	书面契约=1，口头契约=0
trust	解释变量	信任是复杂社会的简化机制，用信任度进行计量	0=完全不信任，1=比较不信任，2=一般，3=比较信任，4=完全信任
natural space distance	解释变量	自然空间距离是指流转双方空间居住中的距离	本民小组=1，外组同村=2，外村本乡=3，外乡本县=4，外县=5
social space distance	解释变量	社会距离是流转双方之间相互认同、相互了解的程度	父母或子女=1，兄弟姐妹=2，其他亲戚=3，熟人或者朋友=4，陌生人=5

续表

变量	变量类型	变量含义	变量定义
national	解释变量	是汉族还是少数民族	汉族 = 1，少数民族 = 0
age	解释变量	调查对象的年龄	实际年龄
identity	解释变量	村干部还是一般农户	村干部 = 1，一般农户 = 0
education	解释变量	流转农户的教育时间	实际受教育年限

（三）变量检验

我们利用 SPSS19.0 软件对模型中各变量进行单样本 T 检验，从表 7－5 提供的资料看，契约变量的均值为 0.20，说明在农地流转过程中，选择口头契约的比例较大；信任变量的均值为 4.00，表明在进行农地流转的农户之间，信任度还是比较高的；自然空间距离的均值为 2.26，说明农户在进行农地流转时，自然空间范围有限；社会空间距离的均值为 3.83，这说明农地流转主要是熟人之间进行的；民族的均值为 0.67，表明在调查对象中汉族比例多于少数民族；年龄的均值为 49.20，说明从事农业生产或者在家从事家庭经营的农户年龄偏大，农民呈老年龄化趋势；身份的均值为 0.06，调查对象的教育年限的均值为 5.33，说明多数农户都读完小学。表 7－5 还给出了有关变量的标准差、均值的标准误差、方差，另外我们给出了 Bootstrap 方法对统计数据进行修正。利用 Bootstrap 统计方法之后，我们发现标准误差有一定程度的变化，为更好地观察样本分布，我们还给出了估计系数 95% 的置信区间。

表 7－5　　独立样本统计

	均值		标准差	方差	标准误	回归系数的 Bootstrap 95% 置信区间			
	统计量	标准误				偏差	标准误	下限	上限
national	0.6588	0.02101	0.47457	0.225	0.02101	0.0016	0.0201	0.6216	0.7000
age	49.2020	0.57650	13.01912	169.497	0.02101	0.0016	0.0201	0.6216	0.7000
identity	0.0588	0.01043	0.23553	0.055	0.01043	0.0002	0.0104	0.0393	0.0804
education	5.3294	0.15128	3.41632	11.671	0.15128	0.0024	0.1466	5.0335	5.6194
contract	0.2039	0.01786	0.40331	0.163	0.01786	0.0008	0.0183	0.1706	0.2411
trust	3.0216	0.04513	1.01923	1.039	0.04513	0.0000	0.0456	2.9275	3.1098
natural space distance	2.2588	0.07707	1.74044	3.029	0.07707	-0.0019	0.0741	2.1118	2.3961
social space distance	3.8333	0.05159	1.16500	1.357	0.05159	-0.0001	0.0494	3.7294	3.9313

（四）计量结果

对于农地流转契约选择来讲，我们除可以从转出方、转入方进行分析外，还可以通过全部调查样本进行研究。基于此，在进行计量分析时，我们给出了农户转入土地时的契约选择模型，转出土地时的契约选择模型以及全部调查样本的回归模型，计量结果见表7－6、表7－7和表7－8。

表7－6　　转入农地时契约选择

	B	S. E,	Wals	Sig.	Exp（B）	回归系数的 Bootstrap			
						偏差	标准 误差	95%置信区间	
								下限	上限
截距	0. 283	2. 441	0. 013	0. 908	1. 327	－2. 302	10. 832	－43. 770	5. 849
national	－0. 671	0. 398	2. 837	0. 092	0. 511	－0. 014	0. 432	－1. 582	0. 162
age	－0. 015	0. 017	0. 858	0. 354	0. 985	0. 001	0. 020	－0. 055	0. 024
identity	－0. 955	0. 819	1. 361	0. 243	0. 385	1. 023	5. 161	－3. 223	20. 160
education	0. 044	0. 062	0. 515	0. 473	1. 045	0. 000	0. 062	－0. 073	0. 169
trust	－0. 623	0. 292	4. 563	0. 033	0. 536	－0. 070	0. 343	－1. 479	－0. 068
natural space distance	0. 364	0. 174	4. 406	0. 036	1. 439	0. 028	0. 200	0. 017	0. 797
social space distance	0. 611	0. 276	4. 913	0. 027	1. 842	0. 086	0. 380	0. 095	1. 597
－2 对数似	174. 372								
Cox & Snell	0. 147								
Nagelkerke	0. 248								

表7－7　　农户转出农地时契约选择

	B	S. E,	Wals	Sig.	Exp（B）	回归系数的 Bootstrap			
						偏差	标准 误差	95%置信区间	
								下限	上限
截距	－1. 028	1. 234	0. 693	0. 405	0. 358	－. 312	1. 521	0. 405	. 358
national	0. 341	0. 348	0. 963	0. 326	1. 407	－. 009	0. 358	－0. 379	1. 076
age	－0. 015	0. 013	1. 244	0. 265	0. 986	0. 001	0. 012	－0. 038	0. 011
identity	0. 313	0. 584	0. 287	0. 592	1. 367	0. 019	0. 758	－1. 123	1. 891
education	0. 061	0. 053	1. 299	0. 254	1. 063	0. 005	0. 054	－0. 036	0. 173
trust	－0. 561	0. 154	13. 245	0. 000	0. 571	－0. 017	0. 180	－0. 947	－0. 244

续表

	B	S. E,	Wals	Sig.	Exp (B)	回归系数的 Bootstrap			
						偏差	标准 误差	95% 置信区间	
								下限	上限
natural space distance	0.389	0.105	13.728	0.000	1.476	0.004	0.136	0.120	0.650
social space distance	0.532	0.180	8.701	0.003	1.703	0.068	0.293	0.190	1.328
-2 对数似	245.546								
Cox & Snell	0.329								
Nagelkerke	0.449								

表 7-8　　流转农地时契约选择

	B	S. E,	Wals	Sig.	Exp (B)	回归系数的 Bootstrap			
						偏差	标准 误差	95% 置信区间	
								下限	上限
截距	-5.998	1.110	29.193	0.000	0.002	-0.252	1.267	-8.840	-3.937
national	-0.264	0.304	0.756	0.384	0.768	-0.008	0.297	-0.841	0.291
age	0.007	0.012	0.375	0.540	1.007	0.000	0.014	-0.020	0.034
identity	1.221	0.601	4.127	0.042	3.390	0.020	0.734	-0.258	2.683
education	0.029	0.047	0.364	0.546	1.029	0.001	0.048	-0.058	0.132
trust	-0.713	0.148	23.344	0.000	0.490	-0.026	0.166	-1.097	-0.439
natural space distance	0.166	0.085	3.784	0.052	1.181	0.008	0.087	-0.002	0.348
social space distance	1.633	0.206	62.583	0.000	5.117	0.072	0.257	1.278	2.279
-2 对数似	313.786								
Cox & Snell	0.327								
Nagelkerke	0.514								

农民在转入土地时，民族、年龄、身份、信任回归系数为负，这说明转入农户年龄越大，越趋向于选择口头契约；与汉族农户相比，少数民族农户更多选择口头契约；在转入土地时，越信任对方，越趋于选择口头契约。农民在转出土地时，年龄、信任回归系数为负，这说明农民转出土地时，年龄越大，越趋向于选

择口头契约；越信任对方，转出土地时农户越趋于选择口头契约。其余解释变量的回归系数为正。

就农地流转全部调查样本来看，民族解释变量 national 的回归系数为 -0.264，可能是受民族文化因素的影响，汉族农户更趋向于选择书面契约，少数民族农户更多选择口头契约。农民的人力资本积累越多，法治意识越强，越趋向于选择书面契约；人力资本积累越少，法治意识越弱，越趋向于选择口头契约；流转土地的农户身份 identity 解释变量回归系数为 1.221，这说明，与一般的农户相比，村庄干部了解的信息更多，知道更多的口头契约存在的潜在风险；更为重要的是，积累了更多书面契约知识，如契约签约、契约谈判、契约书写等方面的知识更为丰富，因此，在流转土地时，更意愿选择书面契约。

自然空间距离对农户经济行为有影响，杜能的农业圈层理论实际揭示农户生产活动的空间规律。空间是农户行为给予考虑的重要变量，特定的空间如集市在农户经济活动中至关重要，正如孟德拉斯所言："集市和市场是会见邻居、亲属和了解行情的场所"。从我们进行的计量结果看，自然空间变量距离的回归结果系数为 0.166，Wals 统计量为 3.784，显著水平为 0.052。这说明，随着自然空间距离的增加，在进行农地流转时，选择书面契约的可能性增大，而选择口头契约的可能性下降。

对于农户经济社会活动而言，除自然空间距离之外，另一种空间距离也是必须给予考虑的，那就是社会空间距离。从计量结果看，社会空间距离变量的回归系数为 1.633，Wals 统计量为 62.583，显著水平为 0.000。这说明，社会空间距离对农户农地流转契约选择有显著影响，社会空间距离越远，农户越趋向于选择书面契约；相反，流转双方之间的社会空间距离越近，农户越趋向于选择口头契约。

解释变量 trust 回归系数为 -0.713，Wals 统计量为 23.344，显著水平达到 0.000。这说明信任度越低，农户越趋于选择书面契约；信任度越高，农户越趋向于选择口头契约。之所以这样，作为一种低成本的制度安排的口头契约，在高信任社会群体之间，"值得信任的行为是自我增强的"，信任度越高，农地流转双方之间的"关系越密切，倾注着强烈的感情，具有高度的相互依赖性以及持久性"①[20]。这一计量结果，与我们之前进行的研究结论基本是一致的，信任度不一样，农户的契约选择也不一样。需要说明的是，信任使在进行农地流转时选择低成本的口头契约，从而促进了流转双方之间的合作，形成了互惠的利益共同体，从而形成农地流转市场的稳定均衡。

---

① 什托姆普卡．信任．中华书局，2005：125 - 127.

（五）研究结论及政策含义

契约是将农地流转双方联结在一起的制度装置，不同契约安排不仅成本不同，而且其风险也不一样。本书将空间距离、信任与契约选择整合在一个分析框架之内，并对贵州 5 个县的调查资料进行了实证分析。我们进行的实证研究表明：一是农户的个体特征不一样，其契约选择不一样，例如，农户年龄越大，选择口头契约的可能性越大，选择书面契约的可能越小；又如农户身体不一样，其契约选择也不一样，与普通农户相比，村庄干部更趋向于选择书面契约。二是流转双方之间的自然空间距离和社会空间距离对契约选择有影响，不管是自然空间距离还是社会空间距离，空间距离越远，农户进行农地流转时，选择书面契约的可能性越大，而选择口头契约的可能性越小；相反，如果流转双方之间的空间距离越近，选择口头契约的可能越大，而选择书面契约的可能性越小。三是信任对契约有影响，农地流转双方之间的信任度越大，选择口头契约的可能性越大，选择书面契约的可能性越小；相反，如果流转双方之间的信任度越小，选择书面契约的可能性越大，而选择口头契约的可能性越小。本书的研究启示我们，要使农地流转在低成本的社会环境下顺利进行，一是增强流转的诚信度是至关重要的，政府部门应该多对农地流转过程中的诚信主体进行宣传，形成一种人人讲信用的环境。二是在自然空间距离没有缩短的前提下，通过缩短社会空间距离，增加流转双方之间的信任度。流转双方之间应该通过交易频率、交往频率的增加，提高契约履约率，增强互信，形成流转双方利益共同体，促进农地顺利流转。

第八章 农地流转契约选择：整体性分析框架及实证研究

在第五章、第六章和第七章分析研究的基础上，本章力图构建一个整体性的分析框架，对农地流转契约选择的因素及其机制进行分析，并用对贵州和辽宁的调查资料进行实证研究。

第一节 农户农地流转契约选择机制：分析框架及来自对贵州三个县的调查

在农地流转过程中，将农地流转双方联系起来的有效制度装置是契约，由于不同契约安排的效率不一样，因此，农户进行农地流转时，如何选择一种有效的契约安排，以实现自身利益最大化是至关重要的。在这里，我们先建立一个分析农地流转的分析框架，再以贵州省金沙县、湄潭县和施秉三县的调查数据为基础，对农地流转契约选择进行实证研究。

一、文献述评

继党的十八届三中全会强调推动农地制度创新之后，2014 年中央“1 号文件”专门用一大部分对农地制度创新进行安排。在农地制度创新中，一个重要的制度安排就是农地流转制度的创新与完善。农地流转对于提高农地利用效率，促进农业结构优化，提高农村资源配置效率意义重大，因此，农地流转是农地利用中一个重大的现实问题。同时，农地流转过程中还有许多问题需要我们去研究、去解决，还有许多重大问题没有解决，基于此，我们说农地流转是一个重大理论课题。在农地流转过程中，将农地流转双方联系起来的有效制度装置是契约。从契约经济学的视角看，不仅契约是理解企业、组织的关键，而且契约还是理解市场运行的基础。同时，由于不同契约的交易成本、交易效率是不一样的，因此，契约安排、契约选择就成为契约经济学研究的一个前沿性课题。从现实生活来看，农户进行农地流转时，如何选择一种有效的契约安排，以实现自身利益最大化就显得至关重要。从我们长期的调查观察来看，农户在流转自己的农地时，尤其是农地在农户之间的流转时，多数农地不仅不需要书面契约，而且其农地流转是比较顺利的。从理论层面上讲，我们如何理解农户之间的契约选择和契约实施，这不仅是一个十分重要的理论课题，而且对于我们正确理解农地流转、正确理解农户行为，更好地理解农村经济运行意义重大。因此，通过深入调查，运用调查资料，对农户流转自己的农地时如何选择适合的契约安排意义重大。

在农业经济领域，学者们对农业产业化经营过程中契约选择进行了较多研究。2002 年周立群和曹利群将农业产业化经营中的契约分为要素契约和商品契约，认为在农业产业经营过程中龙头企业与农户之间存在两种可供选择的契约，即商品契约与要素契约，而且商品契约优于要素契约①。在这之后，不少学者开始对农业产业化经营中的契约选择进行研究。实际上，对契约优劣的判断是件非常困难的事，在农业产业化经营过程中，如果农户的投资决策是无弹性的和相对缺乏生产力的，应选择要素契约；如果龙头企业的资产和农户的资产互为独立的，并且考虑了龙头企业经营过程中人力资本的重要性，则选择要素契约；如果考虑到龙头企业经营过程中的人力资本和农户的人力资本两个方面人力资本的重要性，则要素契约与商品契约是没有差异的②。从理论上讲，交易的不确定性、双方的权力安排和治理成本对企业与农户间契约选择均有影响③。除了与龙头企业之间的关系外，在农业生产经营中，农户如何选择自己的流通渠道也是一个重要课题，黄祖辉、张静、Kevin Chen 将农产品的销售契约分为就近销售给批发商、通过批发市场销售给零售商、集团购买者和合作社四种，利用浙冀两省 15 县 30 个村梨农的调查资料进行的研究说明，交易前的信息成本、交易时的谈判成本、交易后的执行成本为代表的交易成本对农户的契约选择有显著影响④。卫龙宝，张菲将农产品流通契约分为市场契约、合同契约和合作社契约三种契约，运用浙赣琼黔的调查资料进行的研究认为，农户对市场信息和销售管道的认知、

① 周立群，曹利群．商品契约优于要素契约——以农业产业化经营中的契约选择为例．经济研究，2002：1.

② 吴秀敏，林坚．农业产业化经营中契约形式的选择：要素契约还是商品契约——一种基于 G—H—M模型的思考．浙江大学学报（人文社会科学版），2004：5.

③ 刘洁，祁春节．“公司＋农户”契约选择的影响因素研究：一个交易成本分析框架．经济经纬，2009：4.

④ 黄祖辉，张静，Kevin Chen. 交易费用与农户契约选择——来自浙冀两省 15 县 30 个村梨农调查的经验证据．管理世界，2008：9.

农户的文化水平、农户谈判能力和党员身份对会农产品流通契约的选择产生影响①。

值得注意的是，与一般的农产品交易市场相比，农地流转市场是一个比较特殊的市场。这一市场包含了地缘、亲缘、人情关系，其运行有其特殊的市场逻辑②。更何况，在农地流转过程中，契约选择问题研究较少，让人感到高兴的是，农地流转契约选择已经开始引起理论界的关注。沿着新制度经济学的研究路径，一些学者认为交易成本的大小是决定人们选择不同流契约的依据③。洪名勇引入实验经济学的研究方法，所进行的实验研究表明，在农地流转过程中，信任度的大小是农地流转契约选择的重要依据④。以这种实验经济学的研究为基础，对贵州所进行的调查研究也表明，当农户流转自己的土地时，面对不同流转对象，其信任度是不一样的，正是信任度差异，决定了流转土地时，是选择书面契约还是选择口头契约⑤。郭继从法律社会学视角进行的研究也说明，人们是选择口头契约还是书面契约，是以人际信任或制度信任为基础的⑥。刘文勇、孟庆国和张悦对黑龙江和四川145户农户进行的调查表明，在农地流转中，农户对流转契约的选择主要考虑交易成本和机会成本⑦。

就农地流转契约的选择而言，以上这些研究为本书的研究和设计提供了有益借鉴，但笔者认为，由于中国有自己特殊的文化背景。研究农地流转契约选择问题如果仅沿着契约经济学的交易成本分析路径是不够的，还需要我们立足农村实际来进行理论上的探讨和反思。

二、农地流转契约选择：一个整体性分析框架

契约不仅是一个古老的课题，而且还是一个现代课题。说它古老，原因在于契约的思想，可以追溯到古希腊，例如，我们可以在《圣经》中找到关于契约的思想。说它现代，原因在于在新制度经济学和管理学等学科领域，经济学家和管理学家们给予了高度关注，尤其是新制度经济学和企业管理将契约作为

---

① 卫龙宝，张菲．交易费用、农户认知及其契约选择——基于浙赣琼黔的调研．财贸研究，2013：1.

② 罗心良．农地流转的市场逻辑“产权强度—禀赋效应—交易装置”的分析线索及案例研究．南方经济，2014：5.

③ 孟召将．交易费用决定了农地流转契约选择．江西财经大学学报，2012：4.

④ 洪名勇．农地习俗元制度及实施机制研究．经济科学出版社，2008：213.

⑤ 洪名勇，尚名扬．信任与农户农地流转契约选择．农村经济，2013：4.

⑥ 郭继．农地流转合同形式制度的运行与构建——以法律社会学为视角．中国农业大学学报（社会科学版），2009：4.

⑦ 刘文勇，孟庆国，张悦．农地流转租约形式影响因素的实证研究．农业经济问题，2013：8.

自己研究的前沿课题之一。从契约经济学的视角来看，契约无处不在，我们生活在契约的世界中。因此，契约选择是经济学研究的前沿课题之一。诺贝尔经济学奖得主科斯在《企业的性质》这一经典论文中认为，企业是一种资源配置的机制，市场也是另一种资源配置的市场，不管是企业或者市场配置资源都是有成本的。企业之所以取代市场，原因在于与市场相比，企业节约了交易成本。

从契约经济学的视角来看，在科斯的分析视野中，市场是一种契约，而企业是另一种契约，前者是短期契约，后者是长期契约。企业对市场的替代就是长期契约对短期契约的替代。这一分析可以说是对契约选择理论的较早探索。在科斯看来，在一些场合是长期契约替代短期契约，在另一些场合是短期契约替代长期契约。在实际生活中，是长期契约替代短期契约，还是短期契约替代长期契约？为此，需要对每种契约运行的成本进行比较，因为每一种契约的运行都是有成本的。从科斯的本意来看，虽然两种契约之间的替代没有明确的边界，但还是有一个理论的界限，即看每一种契约的边际成本，契约选择的均衡点在两种契约的边际成本相同之处。

威廉姆森则在引入资产专用性之后对企业契约与市场契约之间的替代关系作了进一步研究。巴泽尔在《国家理论——经济权利、法律权利与国家范围》这一经典名著中，将契约分为自我实施契约与第三方实施契约，认为经济主体是选择自我实施契约还是第三方实施契约，主要受以下四种因素的影响：一是契约收益的时间路径，二是契约履约需要的信息，三是维持契约双方长期关系的能力，四是违约的惩罚成本①。

而《罗马法》在对契约进行分析时，不仅涉及口头契约与书面契约，而且还对口头契约和书面契约进行界定，并对口头契约与书面契约进行了较为深入的分析②。从我们对农村土地流转的调查来看，在农地流转过程中，存在的两种主要契约就是口头契约与书面契约。借助于经济学尤其是契约经济学研究的有关成果，本书力图建立一个农户在进行农地流转时是选择口头契约还是选择书面契约的分析框架。

与科斯或者张五常或者威廉姆森的分析不同，他们的分析虽然开启了契约选择这一研究领域，并将其分析放在不同契约选择的均衡上。对于我们的研究来讲，对契约选择研究的分析仅限于契约均衡还不够，还应该有更多研究领域等待我们去探索。从形式上看，农地流转契约主要有口头契约与书面契约两种。口头契约是一种内容简单、签约成本比较低的契约，而书面契约是约定双方权

---

① 巴泽尔．国家理论——经济权利、法律权利与国家范围．上海财经大学出版社，2006.

② 丘汉平．罗马法．上海法学书局，1933.

利、义务、风险等内容更加全面、签约成本相对比较高的契约；从契约的履约来看，口头契约履约风险较大，而书面契约履约的风险较小。而农户对流转契约的选择，至少会考虑两个方面，一是契约签约的成本与履约成本，二是履约风险。

按照制度经济学或者契约经济学的研究理论，我们将前者称可以交易成本。因此，在农地流转双方契约选择时，首先要考虑的第一个因素就是交易成本。所以我们讲，交易成本是影响农地流转契约选择的第一个因素，对此，由于制度经济学已经有较多的研究，我们就不再展开论述。对于农地流转双方来讲，契约风险的高低是必须要考虑的因素。对于农户来讲，他们会考虑各种降低契约风险的因素。农地流转涉及双方，从自己这一方来看，自己契约选择必须考虑这种契约给自己带来的风险。在这方面，信任是一个有用的机制。信任与风险之间存在较为紧密的关系。对此，虽然不同学者对两者的关系有不同认识，例如，Deutsck认为只有在存在风险的条件下才需要信任①，而 Mayer，Davis 和 Schoorman（1995）则将信任视为一种风险承担行为②，信任某人意味着承担由此带来的风险，而 Das 和 Teng（2004）认为，风险贯穿于整个信任过程，不论从心理认知还是从行为角度看，信任与风险都是相伴而生的③。正因为这样，一些学者才认为，信任可能是降低风险的一种有用机制，例如 Hagen 和 Choe 就将信任定义为：信任是一种期望，期望另一方的承诺是可靠的，并且在不可预见的环境下，对方的行动会始终体现在信任方合作的精神。从经济学研究的现有成果看，信任与风险之间的关系是非常紧密的，从某种程度上讲，信任是一种降低风险的机制，更准确地讲，信任至少是一种从心理上降低风险的机制。如果自己对交易对方比较信任，相信在交易之后能够兑现承诺，自己就会选择成本低较的契约安排；相反，如果对交易另一方的信任度比较低，自己有两种选择，一是不与他交易而去寻找新的交易对象，二是在只能与之交易时，则转而选择风险相对较低但交易成本可能会高一些的契约安排。因此，我们说，交易一方对另一方的信任是交易双方进行契约选择时要考虑的第二个因素。

交易双方进行契约选择要考虑的第三个因素就是声誉，在前面的分析中，信任是从自己这一方面来考虑，是自己对交易另一方的考虑，将信任作为一种降低交易风险的机制。而在交易中选择契约不是一方能够完成的，而必须得到双方的共同认可。这样，在交易过程中对契约的选择，不仅有自己对交易另一方的考

---

① Deutsck，M. Trust and supicion［J］. Journal of Conflict Resolution，1958（2）：265 – 279.

② Mayer，R. C.，Davis，J. H. Schoorman，F. D. An intengrative model of organizational trust［J］. Academy of Managemena Review，1995，20（3）：709 – 734.

③ Das，T. K. Teng，B. S. The risk_ based view of trust：a conceptual framework［J］. Journal of Busimess and Psychology，2004，19（1）：85 – 116.

虑，同样也有对方对自己的考察。正是基于此，我们才说在交易过程中自己的声誉也是至关重要的。自亚当·斯密开始，经济学中一直将声誉作为促进契约履约的重要机制①，认为声誉是一种与物质资本、金融资本同等重要的资本或者资产，这种资本或者资产可以减少交易中存在的道德风险，为交易者提供一种隐性激励以保证其承诺的履行，因此，声誉可以成为显性合约的替代品，增加组织或者个人承诺的可信度②。既然如此，对于具有不同声誉的交易对象，在交易过程中的契约选择就是不一样的，交易者会根据自己对交易对象声誉的了解程度选择适合自己的交易契约。

不管是交易对象也好，还是契约安排也好，还有一个较为重要的问题是：交易主体的认知。契约选择实际上是交易双方的一种行为选择，从行为经济学的视角来看，交易主体的行为选择受其对有关问题认知的影响，对于同一事件、同一制度安排，不同人的认知是有差异的。在影响认知的众多因素中，交易主体的文化是极为重要的因素之一，尤其是在不同文化背景下成长的人，其文化基因及文化遗产对其认知、行为模式会产生非常大的影响。例如诺贝尔经济学奖得主诺斯强调了认知模式对制度分析的重要意义，认为经济主体的想法和意识在制度演化中是起作用的，其想法和意识决定了主观的精神世界，这一精神世界是用来解释他们身边的真实世界并采取决策的基础③，用诺斯的话来讲，“思想和意识形态决定了人们用以解释周围世界以及作出选择的主观精神构想”④。在诺斯看来，认知又是受文化影响的。例如，同样是愚公移山故事，在中国传统文化背景下，当我们学习愚公移山这个故事时，认为愚公“移山而不搬家”不仅体现了愚公坚持不懈的意志和质量，而且还体现了中国人的一种“扎根、“落叶归根”的思想和语言表达；而当外国学习这个故事时，无论是创新的视角，还是从对效率的角度理解这个故事，认为愚公的明智选择是搬家而不是在原地浪费时间⑤。因此，诺斯说：“文化提供了一个以语言为基础的概念框架，用以破译与解释呈现到大脑中去的信息”⑥。基于以上分析，我们认为，对于交易双方来讲，由于交易双方的文化背景不一样，对契约安排等制度的理解也不一样，因此，其契约选择可能也会有所不同。

---

① 余津津．现代西方声誉理论述评．当代财经，2003：11.
② 洪名勇，钱龙．信任、声誉及其内在逻辑．贵州大学学报（社会科学版），2014：1.
③ 章华．认知模式与制度演化分析．浙江社会科学，2005：4.
④ 诺思．制度、制度变迁与经济绩效．上海三联书店、上海人民出版社，1994：149.
⑤ 陈映戎．文化认知：价值冲突与认知模式——以“愚公移山”为例．浙江社会科学，2011：4.
⑥ 诺思．制度、制度变迁与经济绩效．上海三联书店、上海人民出版社，1994：50.

三、研究假设与研究设计

（一）研究假设

从契约形式上看，农地流转契约可以分为书面契约和口头契约两种类型。农户在农地流转对契约的选择，除将交易成本纳入契约选择的重要变量之外，对流转方的信任、声誉、文化等也是非常重要的因素。

在农地流转过程中，作为明确流转双方权利义务关系的书面契约或者口头契约可以说是两种不同的制度安排。流转双方选择什么样的契约，不仅在于这种契约安排的完善与否，更重要的是看这种契约的效率如何。从理论上讲，一种契约的效率，一是与签约成本有关，在契约经济学的分析视野中，签约成本是交易成本中的一种，交易成本包括信息成本、签约成本和执行成本等。二是与这种契约能否得到有效履约有关，人们之所以签订契约，不仅是要约定签约双方的权利与义务，更重要的是要通过契约的履行，获得自身的利益，因此，契约能否履约就成为双方必须考虑的重要变量之一。一般地，就农地流转过程中的书面契约和口头契约来看，书面契约的签约成本高于口头契约，得到履约的可能性高于口头契约。

沿着契约经济学的研究路径以及学术界研究成果，我们赞成交易成本是影响农地流转双方进行契约选择的重要因素。基于此，我们得到假设一：如果一种契约的交易成本越高，流转双方选择这种契约的可能性越小；交易成本越低，农地流转双方选择这种契约的可能性越大。一般地，对农地流转中的书面契约和口头契约而言，口头契约的签约成本低于书面契约，如果仅从签约成本的角度看，农地流转双方应该选择口头契约而放弃书面契约。但签约成本仅是流转双方考虑的因素之一，除签约成本之外，影响农户进行契约选择的重要因素是契约履行的可能性。如果一种契约虽然签约成本低，但不能履约，也是会被人们放弃的。所以我们讲，人们签订契约是为了实施的，如果没有一种机制来提高口头契约的履约率，那么，在农地流转过程中，应该选择书面契约。但如果有一种机制来提高农地流转口头契约的履约率，并且当口头契约的履约率不低于书面契约时，在流转农地时农户就可能选择口头契约。

如果将农地流转双方称为 A 方和 B 方，不管是将农地流转出去还是流转进来，从 A 方的角度看，如果自己对对方比较了解，并且有较高的信任度，用农民的话来讲就是信得过对方，相信只要双方讲之后，B 方不会失约，在这种情况下流转农地时，选择口头契约的概率就会大于选择书面契约的概率；相反，如果 A 方认为自己对 B 方的信任度较小或者信不过对方，则选择书面契约的概率就会大于选择口头契约的概率。因此，我们有假设二：信任影响农户农地流转契约选择，如果对对方越信任，则越趋向于选择口头契约；相反，对对方越不信任，则越趋向于选择书面契约。

从B方的角度看，如果自己在与有关农户的交易中，有较高的声誉，这种声誉作为一种无形资本让B方相信自己不会失约。这样在进行农地流转契约选择时，即使AB双方之间只通过口头契约来约定双方的权利与义务，由于B方声誉资本的存在，声誉资本担保了B方履行契约约定的义务。基于此，我们得到假设三：声誉影响农地流转契约选择，如果自己的声誉越高，对方选择口头契约的概率越大；相反，如果自己的声誉越低，对方选择书面契约的可能越大。

在制度经济学的视野中，经济学家花了较多精力来探讨不同文化差异对制度的作用机制及其不同文化导致的制度演化路径的分野。例如，格雷夫建立的历史比较制度分析框架中，就运用热那亚和马格里布两个历史案例，分析了文化信念对社会制度框架形成与演化的决定性作用。文化信念一旦形成，就成为一定社会一定人们所共知，这不仅会成为众人的共享知识，而且还会形成人们的共享信念。按照诺斯的研究，共享信念塑造了人们的思维方式。而思维方式的不一样，决定了他们与有关行为主体进行交易时，对交易对象的认知与理解不一样，同时也决定了他们对不同制度安排如不同契约的履约成本、履约风险也不一样。因此，我们得到假设四：具有不同文化背景的人，对农地流转契约的选择不一样。

（二）研究设计

1. 变量选择与定义

本书因变量为农地流转时农户选择的契约类型，解释变量主要有：一是交易成本；二是农地流转双方之间的信任情况；三是农地流转双方之间的声誉程度。同时，我们还考虑民族文化对契约选择的影响。各变量的具体内涵及定义见表8－1。

表8－1　变量定义

	变量性质	变量内涵	变量定义
流转契约	被解释变量	书面契约与口头契约	书面契约＝1，口头契约＝0
交易成本	解释变量	签约时是否有第三方见证	有＝1，无＝0
信任	解释变量	流转土地对象的信任程度	按照信任程度进行打分，最高分为10，最低为1
声誉	解释变量	农流农户声誉	按照声誉高低进行打分，最高为10，最低落为1
民族	解释变量	流转农户是汉族还是少数民族	汉族＝1，少数民族＝0
身份	解释变量	是否为村干部	村干部＝1，非村干部＝0
教育程度	解释变量	教育年限	实际教育年限
流转规模	解释变量	流转面积	实际流转面积

2. 调查方法

为使获取数据更能够反映农户进行农地流转的实际，在我们设计好调查问卷之后，没有采取发放问卷和收回问卷，然后再对问卷进行分析的方式进行研究。设计好调查问卷后，2012 年 7 月至 8 月，笔者与所指导的博士、硕士研究生一行 12 人到贵州湄潭县、金沙县和施秉县 13 个乡镇 48 个村，采取与农户进行访谈的方式，访谈结束后调查人员自己填写调查问卷。

四、研究样本描述

在贵州三县 48 个村，我们共调查了 583 户农户。其中湄潭县 221 户、占 37.91%；金沙县 172 户、占 29.50%；施秉 190 户、占有 32.59%。调查农户的平均受教育年限为 6.0 年，平均年龄为 48.82 岁，村干部有 34 人，党员有 41 人。剔除无效调查问卷之后，能够用于统计分析的样本农户有 561 户，占调查总农户数的 96.23%（详见表 8－2）。表 8－2 不仅给出了每个统计变量的均值和标准差，而且还给出了每个统计变量的峰度。峰度是用来反映频数分布曲线顶端尖峭或扁平程度的指标，在统计时，一般用峰度系数来对峰度进行度量，峰度系数用来度量数据在中心的聚集程度。当峰度系数为零，说明其峰度与正态分布相同；如果峰度系数大于零，说明它比正态分布要陡峭，观察量更集中；在正态分布情况下，峰度系数为零时，说明统计变量呈正态分布；如果峰度系数小于零，说明观测量不够集中。从表 8－2 可以看出，年龄、民族、村干部、党员、契约选择、交易成本、信任、声誉和流转面积 9 个统计变量的峰度大于零，说明这 9 个变量的分布比较集中，而性别、教育程度 2 个统计变量的峰度小于零，说明这 2 个统计变量相对于正态分布来讲，要分散一些。

表 8－2　调查样本的基本情况

	均值	标准差	峰度
年龄	48.81996	11.90624	0.107381
性别	0.668449	0.471191	－1.49045
民族	0.814617	0.388955	0.638151
教育程度	5.991087	3.685143	－0.01272
村干部	0.060606	0.238819	11.67902
党员	0.067736	0.251517	9.934817
契约选择	0.098039	0.297633	5.367088
交易成本	0.16221	0.368973	1.38141
信任	6.4276	1.81305	0.02
声誉	7.2304	1.94307	3.362
流转面积	9.9350	85.86613	507.980

从农地流转的区域空间看，在本村小组内流转的农户为365户、占65.10%，在本村内非本组内流转有100户、占17.83%，前两项合计即在本村内流转的农户达到465户、占82.93%，本乡外村流转有18户、占3.21%，本县外乡流转有27户、占4.81%，外县流转有51户、占9.09%（详见表8-3）。

表8-3　农地流转地理空间　单位：户,%

	村民小组	本村	本乡外村	本县外乡	外县	合计
转入样本	200	51	12	11	11	285
转出样本	165	49	6	16	40	276
合计	365	100	18	27	51	561
比例	65.10	17.83	3.21	4.81	9.09	100.00

从农地流转的人际空间看，在父母子女之间进行农地流转的有53户、占9.45%，兄弟姐妹之间流转农地的有71户、占12.66%，在与自己有亲戚关系之间流转农地的有267户、占47.59%，在朋友之间进行农地流转的有140户、占24.96%，将农地流转给龙头企业、合作社等涉农组织的有30户、占5.35%（详见表8-4）。这里需要我们注意的是，在农地流转的人际空间方面，对于前两者可以说是在一个大家庭内部进行流转，这种流转有124户、占22.11%；如果再加上第三项，我们可以视为农地流转的血缘人际空间的具体度量。这样，我们发现，发生农地流转血缘空间的农户有391户、占69.7%。

表8-4　农地流转人际空间

	父母或子女	兄弟姐妹	亲戚	朋友	涉农组织	合计
转入样本	26	42	161	55	0	284
转出样本	27	29	106	85	30	277
合计	53	71	267	140	30	561
比例	9.45	12.66	47.59	24.96	5.35	100.00

五、计量结果与分析

（一）计量模型

从农户选择流转契约的实际情况和我们的研究设计来看，我们选择两项逻辑回归模型对农户农地流转契约进行计量分析。借鉴鲍威斯和谢宁《分类资料分析的统计方法》中的计量模型①，本书所使用的二项Logit模型见第七章式（7.1）

① 鲍威斯，谢宁．分类资料分析的统计方法．社会科学文献出版社，2009：235.

式至式（7.3）。

（二）计量结果

从理论上看，农户在进行农地流转时是选择口头契约还是书面契约，不仅与每一种契约能否得到有效履约有关，而且还受到其他多种因素的影响。对于农地流转契约的履约问题，我们已有专文进行分析。这里主要对契约选择进行分析，为更好地研究影响农户契约选择的因素，我们除考虑交易成本、信任、声誉和文化因素之外，我们还将调查农户的特征（年龄、受教育程度、性别、是否为村干部），流转农地规模归入计量模型进行研究。模型的 Cox & Snell R^2 为 0.457，Nagelkerke R^2 为 0.966，说明模型拟合效果较好，有较强的解释力。

从计量结果看：调查农户的年龄、教育变量的回归系数均为正，这说明农户越年青、教育程度越高，选择书面契约的可能性越大。之所以如此，一种可能的原因是农户受到的教育程度越高，年龄越小，其契约意识越强，从而选择书面契约的可能性越大；相反，农户年龄越大，受教育程度越低，在日常生活中更多是依靠地方知识来处理日常事务，契约意识越弱，选择书面契约的可能性越小。值得注意的是，在进行农地流转时，农户的契约选择还与流转土地的规模有关，如果对方不履约，流转土地规模越大，其受到损失越大；如果流转规模比较小，即使对方不履约，其损失也相对较小。关于这一点，我们可以从模型的回归系数为正得到说明。在农户的视野中，如果一种契约安排的履约率是一定的，那么契约的履约成本即交易成本将成为农户进行契约选择时要考虑的一个重要因素。运用多元逻辑回归模型进行分析，模型的参数估计结果见表 8－5。从表 8－5 可以看出，解释变量交易成本的回归系数为 3.795，大于零，标准差为 2.256，Wald 为 2.829，显著性水平为 0.093，这说明，农地流转时选择书面契约与选择口头契约相比，选择书面契约有更高的交易成本。对于农户来讲，选择一种契约不会仅考虑交易成本这一因素，而是要对多种因素进行综合考虑。从我们的调查来看，对流转对方的信任程度是农户进行契约选择考虑的另一个重要因素；如果进行农地流转时，对方的信任越高，说明其违约的可能性越小，选择口头契约的可能性越大。解释变量信任的回归系数为－1.462，小于零，标准差为 0.806，Wald 为 3.289，显著性水平为 0.070，这说明，农地流转时对对方的信任度越高，人们越趋向于选择口头契约而放弃书面契约。在农地流转契约选择时，声誉是农户考虑的第三个重要因素，解释变量声誉的回归系数为－2.752，小于零，标准差为 1.136，Wald 为 5.873，显著性水平为 0.015，这说明，农地流转时自己越有声誉，从对方的视角来看，自己违约的可能性越小，能够合作的可能性大。良好的声誉让对方能够放心与自己合作，因此，对方选择口头契约越大，选择书面契约的可能性越小，因为一种选择可以减少契约履约成本而提高契约安排制度的效率。

表 8 - 5 模型的参数估计

	均值	标准差	Wals	Sig.	Exp（B）	EXP（B）的 95% C. I.	
						下限	上限
常量	12.468	5.794	4.631	0.031	260000.109		
年龄	-0.001	0.080	1.599	0.206	1.113	0.943	1.315
性别	0.197	1.994	0.010	0.921	1.218	0.024	60.668
教育	0.210	0.192	1.189	0.275	1.233	0.846	1.797
村干部	-5.272	3.335	2.499	0.114	0.005	0.000	3.543
流转面积	0.002	0.008	0.096	0.756	1.002	0.987	1.018
交易成本	3.795	2.256	2.829	0.093	44.483	0.534	3704.718
信任	-1.462	0.806	3.289	0.070	0.232	0.048	1.125
声誉	-2.752	1.136	5.873	0.015	0.064	0.007	0.591
民族	1.006	1.535	2.296	0.090	0.056	0.000	8.025
-2 对数似然值	17.098						
Cox & Snell R^2	0.457						
Nagelkerke R^2	0.966						

另外，我们将少数民族这一因素考虑进来，解释变量民族的回归系数为 1.006，大于零，标准差为 1.535，Wald 为 2.29，显著性水平为 0.090，Exp（B）为 0.056，这说明，民族文化对农地流转契约的选择是有影响的，汉族更倾向于选择书面契约，而少数民族更倾向于选择口头契约。在进行农地流转时，少数民族之所以倾向于选择口头契约而不是书面契约，其原因在于少数民族有自己的文化传统和价值观念。在经济生活中，少数民族农户更重视本土知识与本土经验，而在长期的经济运行实践中，口头契约不仅成为众多少数民族农户的选择，而且口头契约在多次重复博弈中，已经成为一种约定的习俗，这种习俗引导、规范农户的行为。在制度经济学的分析视野中，习俗作为一种内在制度安排，不仅存在于传统社会之中，而且在现代市场经济中发挥重要作用。在少数民族地区，习俗具有足够的影响力和社会基础，在化解民间纠纷方面具有较强的适应性。

六、研究结论

在农地流转过程中，将流转双方连接起来的重要纽带是契约，从形式上看，农地流转契约有书面契约和口头契约两种，在农地流转过程中，农户是选择书面契约还是口头契约受多种因素的影响。我们以贵州省本个县 48 个以入户调查问卷为基础，进行的实证研究表明：第一，交易成本越高，农户越趋于选择书面契约，交易成本越低，农户越趋于选择口头契约。第二，流转双方信任度越高，越趋向于选择口头契约；如果流转农地时对对方的信任度越低，则越趋于选择书面契约。第三，在农地流转过程中，如果自己的声誉越高，则对方越趋于选择口头契约；相反，如果声誉越低，则对方越趋于选择书面契约。第四，也许是受民族文化的影响，与汉族相比，少数民族更趋于选择口头契约，而汉族更趋于选择书面契约。

第二节　选择口头契约还是书面契约：基于7个县的实证研究

农地流转契约选择是农户的行为之一，在进行农地流转时，影响农民是选择书面契约还是口头契约的因素有多种，在这里，我们通过实地调研与文献研读，选用二元 Logistic 模型，对农户契约选择的影响因素进行研究。

一、文献综述

研究农地流转中口头契约、书面契约选择的原因有二：第一，国家在2008年鼓励农地流转后，提高流转率与规范流程成为各地方政府的工作重点，其中就包括流转须签订书面契约。此外，学术界部分学者也认为，口头契约是不规范性的流转行为，甚至是土地纠纷的“隐患”①。但是在现实中的广大农村，口头契约仍然是一种压倒性的农户契约选择。在地方政策、学术与现实相冲突的时候，有必要探究其大量存在的原因。第二，契约选择是诸多农户行为之一。主流经济学的观点是农户行为是经济理性的，社会学、人类学往往又从关系、习俗、文化等方面解释农户行为。行为是多因素影响的结果，因此有必要融合多学科观点来综合探究农户的行为。只有明晰农户农地流转契约选择的原因，才能认识到农户契约选择背后的行为逻辑。也只建立在农民行为逻辑上的政策制定，才能得以有效实施，最终提高农民福利。

国内外积累了大量农户农地流转契约选择的学术成果。国外关注的农地流转契约多以作价方式划分的分成租赁和入股租赁，以签约形式划分的口头契约与书面契约多在国内研究。亚当·斯密、马歇尔认为契约本身的激励作用带来的经济

① 冯艳芬，董玉祥，刘毅华等．基于农户调查的大城市郊区农地流转特征及影响因素研究．资源科学，2010：7.

产出是契约选择的关键，分成租赁无效的原因是它像课税一样让耕种的农民没有生产积极性。Cheung Steven 开创性的用制度经济学方法，锁定交易成本与风险规避影响农户土地流转契约选择①。此后，众多学者沿着制度经济学主线拓展契约选择的要素，如激励与风险②，交易本身属性—资产专用性、交易频率、不确定③，交易双方关系④，声誉⑤，处置成本与维护成本⑥，道德风险⑦等。此外，学者们还指出，中国土地的产权制度也直接影响了土地的流转契约选择。模糊的产权制度降低了中国土地市场的活跃性，农地流转也更多的选择亲朋好友之间的短期固定租赁⑧。国内关于土地流转口头契约、书面契约的研究主要集中在以下几个方面。第一，契约的现状描述。我们近年对贵州农地流转进行跟踪调研，发现口头契约无论是在转出还是转入中都占了绝对大的比重。第二，契约选择的实证研究。我们的研究同样表明，信任、声誉对正向促进农地流转口头契约的选择⑨。第三，契约选择的定性研究。学者们认为在乡土的中国，在特有的土地产权制度下，农民对土地资源的配置并不是一个纯粹的要素市场决定，人情、道德、习俗是农村土地流转的重要规则⑩。

纵观以上文献可知，第一，国外的契约理论逐渐从经济学的理性发展到制度经济学、社会学等领域的多元解释。国内农地流转契约选择研究仍然在起步阶段，多停留在定量描述与定性分析上。第二，农户行为是多目标的，学术界研究影响土地流转契约时，对单一因素影响居多，缺乏系统的多因素分析。第三，尽管部分学者指出农户行为受到经济、习俗、文化等因素影响，在调查过程中一般

① Cheung S N S. Transaction Costs, Risk Aversion, and the Choice of Contractual Arrangements [J]. Journal of Law & Economics. 1969: 23 - 42.

② Stiglitz J E. Incentives and Risk Sharing in Sharecropping [J]. General Information, 1974 (126): 219 - 55.

③ Williamson O E. Transaction - Cost Economics: The Governance of Contractual Relations [J]. J. l. & Econ, 1979.

④ Hayami Y, Otsuka K, Hayami Y, et al. The economics of contract choice: an agrarian perspective. [J]. American Journal of Agricultural Economics, 1993.

⑤ Klein B. Why hold - ups occur: the self - enforcing range of contractual relationships. Economic inquiry, 1996, 34 (3): 444 - 463.

⑥ Allen D, Lueck D. Contract choice in modern agriculture: cash rent versus cropshare [J]. Journal of Law and Economics, 1992: 397 - 426.

⑦ Ghatak M, Pandey P. Contract choice in agriculture with joint moral hazard in effort and risk [J]. Journal of Development Economics, 2000, 2 (63).

⑧ Li D D. A theory of ambiguous property rights in transition economies: the case of the Chinese non - state sector [J]. Journal of Comparative Economics, 1996, 23 (1): 1 - 19.

⑨ 洪名勇，钱龙. 声誉机制，契约选择与农地流转口头契约自我履约研究. 吉首大学学报（社会科学版），2015: 1.

⑩ 周翔鹤. 清代台湾的地权交易——以典契为中心的一个研究. 中国社会经济史研究，2001: 2.

的统计分析较多，而定量分析过少。鉴于此，我们试图建立一个包含经济、关系、习俗、文化的分析模型，通过实证数据来探究农户契约选择的行为。主要回答的问题是经济、社会、关系、习俗、文化是否都影响农户的选择行为？如果有，那么通过何种途径影响的？作用力度有多大？

二、研究假说

书面契约是流转双方通过签订书面合同将交易固定，而口头契约则是双方仅仅口头商定没有文件记录的交易方式。依据 Hart 和 Grossman①，Williamson 的思想②，口头契约是典型的不完备契约、关系型契约、非正式契约，而书面契约则是正式契约。两者的本质区别有二，第一，契约的实施与保障机制。书面契约主要依靠契约精神履约，其保障机制也多依赖外部实施，如第三方（法庭或其他中介）。而口头契约主要依靠自我履约，其保障机制多依赖于声誉以及退出威胁。因此，从保障性而言，书面契约大于口头契约。第二，契约的稳定性与可见性。关系型的口头契约往往仅商定一个大概的框架，而书面契约则是事前契约，在合同上尽量完备流转事项，如金额、期限、用途、交割方式、风险防范等都做事前预判，因此，从稳定和可见性上来看，书面契约强于口头契约，因此也带来契约签订的交易成本书面契约大于口头契约。

（一）经济性与契约选择

Gasson 认为农户的农业行为是具有多目标性的③，工具性（Instrumental）目标即经济性是农户行为的主要动因。农地流转契约选择受经济收益的影响，而经济收益在此的体现就是流转租金。另外，经济性与风险性相关，风险性影响了契约的选择。土地流转价格越高，则违约价值越高，风险也就越大。随着风险的增加，对风险保障机制的要求也就越高。书面契约相对于口头契约而言，保证性更强，抗风险能力更大。因此，我们有假设 1：农地租金越高则农户越倾向选择书面契约。

① Hart O, Grossman S. The Costs and Benefits of Ownership: A Theory of Vertical and Lateral Integration [J]. Journal of Political Economy, 1986, 94 (4): 691 –719.

② Williamson O E. Transaction – Cost Economics: The Governance of Contractual Relations [J]. J. l. & Econ, 1979.

③ Gasson R. Goals and values of farmers [J]. Journal of agricultural economics, 1973, 24 (3): 521 –542.

（二）关系与契约选择

Granovetter 认为经济行为是嵌入社会关系网络中的行为①。Gasson 也指出保持良好的关系是农户社会性目标的内容。在乡土社会的中国，人际关系无所不在的影响着人们的行为。梁漱溟称之为关系本位，杨国枢等称之为关系取向。从网络的形成来看，可以分为先天原始的关系网络以及后天形成的关系网络。先天原始网络建立在血缘、地缘的基础上，后天网络多是建立在业缘或学缘等基础上。费孝通认为，中国关系网络是差序格局，不同的差序代表着不同的信任度。洪名勇用实验经济学的研究方法对个人社会关系中的信任程度打分，除验证了与差序格局对应的差序格局信任外，还对后天形成的关系网络按照往来频率对信任打分。打分结果显示随着交往频率增加，双方信任程度增加，且每隔几天见一次面的人信任程度已经接近亲戚的信任程度②。

总的来说，关系、契约相互影响：一方面，关系影响契约选择。关系是信任、信息的替代。关系越密切则双方的信息就越充分，信任度越高，交易成本越低。在高信任度和信息完备情况下，契约自我实施的机制就越强，因此选择口头契约的概率越大。另一方面，口头契约具有功利性，期望带来功利性的关系互惠③。双方签署口头契约表征着对对方的信任，传递着希望与对方建立更长久更稳定的关系。因此，我们有假设 2：农户双方原始关系越密切和越希望后期能建立良好的社会关系，越倾向于选择口头契约。

（三）习俗与契约选择

韦伯认为，人的行为具有习俗与文化性。何为习俗？Peyton Young 认为是一种习惯的、期望的自我实现的行为模式④。当每个人都遵守此习俗时，则达到了每个人的最优选择。习俗的经济学意义在于它减少了交易成本。习俗通过两种途径演化，一种是中央集权颁布，另一种是以往先例的积累。先例的积累可以来自于自己重复交易，也可以是身边其他参考群体的例子。埃克哈特·施里特认为人的行为选择会受到保守主义与顺从主义影响。保守主义倾向于延续那些过去已经发生的事情过程，以自己往期行为为参照体系。顺从主义倾向于坚持那些已经观察到的且已经建立起来的行为方式，以他人为参考体系。基于以上分析，我们有

① Granovetter M. Economic action and social structure: the problem of embeddedness [J]. American journal of sociology, 1985: 481 - 510.

② 洪名勇. 信任与农地租赁制度实施的实验经济研究. 贵州大学学报, 2007: 6.

③ Luo Y. Guanxi and Business [J]. Asia - Pacific business series, 2000.

④ Peyton Young H. The Economics of Convention [J]. Journal of Economic Perspectives, 1996, 10 (2): 105 - 122.

假设3：自己先例的习俗与他人先例的习俗都影响农户流转契约的选择，但影响的方向不确定。

（四）文化与契约选择

文化对人行为的影响是毋庸置疑的。文化影响个体的感知和态度，而态度则决定了行为方向①。新教文化滋生了资本主义，韦伯在《新教伦理与资本主义精神》中证明了文化的强影响力。在中国影响农户行为的文化可分为传统文化与现代文化。传统文化存在于务农社会中，为了维护家庭的延续并使人民留守在耕作的土地上，以有效从事农业经济生活，必须强调祖先崇拜与家族主义，是典型的人格化规则。现代文化指现代农业社会中，个人变成了主要运作单位，非人格化制度是市场有序行为的保障。土地流转契约中，书面契约是典型的非人格化制度。因此，我们有假设4：受传统文化影响深者倾向于选择口头契约，受现代文化影响深者倾向于选择书面契约。我们认为，农户的文化影响契约的选择。

三、研究方法与变量选择

（一）模型设定

本研究的因变量是农地流转口头契约、书面契约两分类变量，自变量是影响契约选择的经济、关系、习俗与文化因素，因此选择二元 Logistic 模型。本书将书面契约选择作为对照组，定义为 Y = 1，选择口头契约定义为 Y = 0。构建的计量模型形式如下：

$$Ln[P(Z_0)/P(Z_1)] = \alpha_1 + \sum \beta_{1i} X_i + e$$

其中，P 为农户选择某种契约形式的概率，Z_1为书面契约形式，Z_0为口头契约但有见证人。α 为常数项，X_i为解释变量，包括经济、关系、习俗和文化等影响农户契约选择的变量，β_i为对应解释变量的回归系数，e 为随机误差。其中 α、β_i的值可用极大似然法估计。

（二）资料来源

本文的调研由贵州大学“农村土地承包经营权抵押贷款试点效果研究”项目组完成。课题组在2014年6月~12月期间分别赴辽宁省辽阳县西岔子村和贵州省安顺县、德江县、兴义县、思南县、湄潭县、金沙县进行问卷调研。选择调

① Ajzen I, Madden T J. Prediction of goal - directed behavior: Attitudes, intentions, and perceived behavioral control [J]. Journal of experimental social psychology, 1986, 22 (5): 453 - 474.

研点的原则有二，第一是有较高的土地流转率；第二是调研点之间要具有差异性，具有较好的全国代表性。西岔子村是一个相对开放的村寨，离县城只需要二十分钟，到沈阳只需要一个小时，平均土地流转率在42%。贵州的五个县选择其中安顺、施秉、贵定是少数民族县，湄潭县与金沙县是农村改革试验点。共发放问卷600份，其中辽宁省辽阳县100份，贵州省500份。剔除明显错答、自相矛盾、数据缺失以及雷同问卷后，有效问卷545份。回收率与有效问卷回收率分别是97.2%和90.8%。

（三）变量说明

经济性（X1）：以农地流转的年租金衡量。在调研中有的租金以实物形式支付，则统一折合成当年的实物价值计算。

关系（X2）：根据假设2，设置原始关系网络（X21）和期望关系密切度（X22）两类关系变量。原始关系指先天所具备的血缘、亲缘、地缘的情况，期望关系指调研对象所希望后天建立的关系。原始关系网络参考洪名勇的五级关系等级划分，对应问项是，你与土地流转对方的关系是什么？期望关系密切度以流转后的预期往来情况衡量，对应问项是，土地流转后，你会与你流转对象经常来往吗？

习俗（X3）：根据假设3，设定自己先例习俗（X31）与他人先例习俗（X32）两类变量，其中自己先例习俗指自己往期的契约选择，他人先例习俗指农户所隶属的村集体中大多数人的先例变数。

文化（X4）：根据假设4，设定传统家族文化与现代文化两类。家族文化以杨国枢对家族主义内涵定义为基础，构建家族文化变量。家族主义包含三个层次，分别是家族主义的认知层次，情感层次和行为倾向层次。即身为家族一分子，个人对自己家族，家人及相关实务的认知、情感与行为倾向程度。每个家族都具有自己特有的文化，但是在中国家族的典型共性文化是“辈分”。每个家族分枝都有属于自己的十二个字，每个字代表一个辈分。当十二个字用完，这个家族枝节就完成了一轮的代际，随后又循环从第一个字赋予下一辈，字就能获取所在家族中的长幼位置。张闻天在对陕甘宁边区神府县直属乡八个自然村的调查中发现，在家族组织中，一看每个人的名字就可知道他是属于本村的哪一辈的①。因此，本书选择个人对家族辈分的了解与情感行为倾向程度测算个人的家族文化。对应的问项包括家族文化认知（X41），你知道你自己家族的辈分排名吗？家族文化情感与行为倾向（X42），你小孩或者你打算给你小孩名字中取带辈分的字吗？对辈分越清晰，越愿意为小孩取带有辈分字的农民其家族文化性越强。

---

① 张闻天．晋陕调查文集．中国党史出版社，1994：11－13．

现代文化（X43）变量借鉴杨国枢的受教育程度衡量，受教育程度越高则现代文化性越强。

控制变量（X5）：虚拟地区变量。

（四）变量统计性描述

样本数据显示有35.6%的农户选择了书面契约，而64.4%农户选择了口头契约。该分布和洪名勇研究的分布结果相近[①]，一方面说明在农地流转中还是以口头契约为主，另一方面也说明样本选择具有代表性。土地流转的租金价格平均值是每年614.67元，变异数为56680，即租金的分散性较大，最低租金是0元，即农户将土地无偿流转给对方耕种，该情况一般发生在直系亲属之间。最高租金是1200元每年，出现在辽阳县的西岔子村。其他变量描述见表8-6。

表8-6 变量定义及描述性统计

变量代码	变量名称	变量赋值	均值	变异数		方向预测
Y	契约选择	1：书面契约，0：口头契约	0.35	0.23		
X1	经济（元）	年租金价值	602.00	56680		+
X21	原始关系网络	1：父母、兄弟、姐妹，2：亲戚，3：同村人，4：其他	2.82	1.05		+
X22	预期关系	1：经常来往，2：不经常来往	1.40	0.245		+
X31	自己先例习俗	1：书面契约，0：口头契约	0.22	0.177		+
X32	他人先例习俗	1：书面契约，0：口头契约	0.47	0.255		+
X41	传统文化认知	1：清楚，2：不太清楚，3：不清楚	1.40	0.382		+
X42	传统文化行为	1：会，2：不会	1.44	0.253		+
X43	现代文化	受教育年限	6.20	7.02		+
X5	控制变量	1：辽宁省，2：贵州省	1.81	0.45		

四、模型估计结果分析

本书选择SPSS22统计软件的二元Logistic方法实现模型意义。分析前先对变量进行多重共线性检验，结果显示变量方差的膨胀（VIF）因子均小于10，可以认为变量间不存在严重的多重共性。模型估计结果见表8-7。

① 洪名勇，钱龙．声誉机制，契约选择与农地流转口头契约自我履约研究．吉首大学学报（社会科学版），2015：1.

表 8－7 回归参数估计及显著性检验结果

因素类型	变量	回归系数	标准差	wald 值	显着性	EXP（B）
经济	X1	0.02	0.01	3.05	0.08	0.98
关系	X21	5.09	2.65	3.71	0.04	162.82
	X22	－1.43	1.88	0.58	0.45	0.24
习俗	X31	4.51	3.08	2.13	0.12	0.01
	X32	3.81	2.11	3.26	0.07	0.02
文化	X41	－2.72	1.88	2.09	0.14	0.66
	X42	4.12	2.09	3.87	0.05	61.83
	X43	1.52	0.72	4.47	0.04	4.56
控制变量	X5	－7.75	6.36	1.48	0.223	0.01
常数项		－20.70	10.02	4.26	0.39	0.00
－2Log Likelihood = 13.95（$P<0.001$）			Cox and Snell $R^2=0.63$		Nagelkerke $R^2=0.86$	

模型拟然比值为 13.95，在 1% 水平上显著；模型的伪决系数 Cox and Snell $R^2=0.63$ Nagelkerke $R^2=0.86$，说明模型拟合效果较好；模型的预测准确率为 78.4%，说明模型具有较好的稳定性。

第一，经济因素对契约选择行为的检验。经济性在 10% 水平上显著，从回归系数的方向来看，经济性越强，即租金越高则农户越倾向选择书面契约，也验证了前文的分析。

第二，关系因素对契约选择行为的检验。关系两变量中，原始关系网络在 5% 水平上显著影响农户契约的选择，而流转后的预期关系密切程度并不显著影响契约选择。从回归系数的方向和大小来看，关系越近的人，越倾向选择口头契约。该结论与最初假设和其他学者的研究结论一致，但研究结果能具体量化选择概率的大小。在调研中也发现，问及为何和父母兄弟流转农地时不签订书面契约，农民的普遍反映是“没必要”“生分”“见外”。

第三，习俗因素对契约选择行为的检验。在习俗的 2 个变量中，他人先例的习俗有显著性统计意义，从回归方向来看，个人倾向于选择和村里大多数人一样的契约方式。自己先例的习俗没有通过检验，也从另一角度证明了农民在农地流转契约中的守旧性并不强，农户的行为更多参考周围群体的行为。在调研中也发现，农户私下间流转多选择口头契约，当有村经济组织或者村集体介入农地流转的时候，村里大部分人才会选择书面契约。比如在州省贵定县云雾镇由村集体出面向农户流转 300 亩土地，由村集体和农户集体签订书面契约，而后大规模成片土地向外轮流给 QCH 公司。

第四，文化因素对契约选择行为的检验。文化因素中传统文化行为动机和现代文化程度均在5%水平上显著影响农户契约的选择，具有统计学意义。从回归系数来看，传统文化行为动机越弱选择书面契约的概率就越高，现代文化受教育程度越高则选择书面契约的概率就越高，和我们最初的预期一致。

五、结论与政策启示

我们基于545份有效问卷，实证分析农户在土地流转时口头契约、书面契约选择的影响因素，得出以下结论：（1）农户的契约选择受到经济、社会关系、习俗、文化的影响；（2）影响途径分别是农地流转租金、原始社会关系、他人的先例习俗、传统文化的行为动力和现代文化中的受教育程度。对结论的进一步分析发现：第一，租金越高农户越倾向选择书面契约。第二，流转双方的关系对农民契约选择产生影响，但是农户对关系的判别更加看重现存的原始关系网络，预期后的关系并没有显著影响契约的选择，说明农民在农地契约选择中是事前思考。第三，习俗对农户选择产生影响，农民更倾向遵守大部分人共同行为的习俗，换句话讲，农户的行为具有群体趋同性。自己先例的习俗在统计上并没有显著影响契约选择，说明在契约选择上，农民的自我守旧性并不强。第四，文化影响契约选择，实证结果表明传统文化与现代文化是对农户行为作用相反的力量，受教育程度越高的农民越倾向书面契约的选择。将影响因素与理论相结合，可以得知，租金代表流转风险，社会关系与习俗代表交易成本，文化代表个体认知，那么本书研究的契约选择与西方学者所总结的风险、交易成本以及个人认知相关的结论是一致性的。

根据以上的结论，得出如下的政策启示：首先，地方政府不宜通过行政命令方式强制推行农户书面契约的选择。契约选择是农户风险、交易成本、个人认知多因素的均衡结果，受经济、社会、习俗、文化的多重影响，强行推动不仅夺取了农户的选择权，还增加了土地流转的交易成本。从实证结果来看，随着市场化程度增加，农民受教育程度增加，农户选择书面契约的概率会逐渐递增，当选择书面契约的人数达到一定程度后，即GRAN所说的阈值后，大规模的书面契约会得到采用。其次，由于农民行为深受文化、习俗的影响，政府在制定政策的时候要以本土文化为根源设计制度，尤其是尊重利用当地风俗，利用农民对文化的认同转向对同源农业制度的认同。农民行为受到他人先例的影响，政府在推行新农业政策的时候，多利用示范作用，树标杆、建榜样是引导接受改革创新的最佳途径。最后，由于关系对农民的行为产生最大的影响，政府应该重视农民之间的熟人社会，并营造一个和谐的社会关系环境，大力促进农民之间、农民与政府之间的良好关系网络。

第九章　声誉机制、契约选择与农地流转口头契约自我履约研究

本章通过对贵州省湄潭县农民的调查，构建了二元 logistic 模型，从声誉机制这一视角探讨了农地流转的契约选择与口头契约自我履约两个问题。分析结果表明，声誉的信号传递效应，激励和惩罚效应、网络效应提升了其重要性，使得声誉能够正向促进农地流转口头契约的选择率及契约自我履约率。

第一节　研究假设

在制度经济学的视野中，声誉不仅是一种重要资本或者资产，在我们看来，声誉不仅影响农地流转的契约选择，而且在契约选择之后，还会影响契约的履约，我们在对有关文献进行梳理的基础上，提了出相应的研究假设。

一、引言

土地问题始终是我国经济社会发展的一个关键问题，这一问题解决的好不好，不仅关乎着我国农业现代化的进程、国家粮食安全和农民利益保障，更是一个关乎社会稳定的政治问题。从微观视角来看，作为土地制度中的一个重要议题，土地流转不仅涉及进城农民工利益能否得到保障，也决定了农业经营主体能否实现规模经营、提升农业比较利益，更是能否实现农业机械化、科技化和现代化的基础制度安排。在人地态势总体失衡的背景下，土地流转能够促进帕累托改进，提升整个社会的福利。我国土地流转虽然开展时间不长，但增长势头迅猛。2008 年 10 月，全国农村土地承包经营权流转面积只有 1.1 亿亩，占家庭承包耕地面积的 8.17%。至 2013 年 12 月，全国土地流转面积已经达到约 3.1 亿亩，占家庭承包耕地总面积的 26%，其中承包面积超过 50 亩的大户有 287 万家。可见，

我国土地流转进程正在稳步快速推进，土地走向适度集中的局面正在形成（见图9－1）。

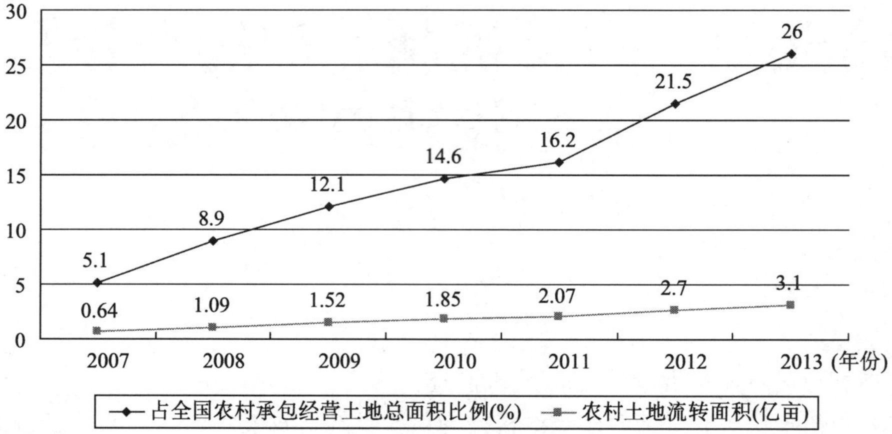

图9－1　2007～2013年全国土地流转情况

土地流转问题也得到了学术界的高度关注，形成了大量有益成果。截至2013年12月，在中国知网上以“土地流转”或”农地流转”为关键词，搜索出来最近十年相关期刊论文和学位论文超过30000篇。研究内容十分全面，大致分为以下几个方面：一是农地流转合法性、必要性和流转效益研究；二是限制农地流转市场因素研究；三是农民个体流转土地行为动机的研究；四是农地流转存在的问题研究；五是完善农地流转体制机制及土地制度变革方向研究；六是国外相关经验的引入和对比借鉴。

然而，关于流转过程中的契约选择和履约机制研究的成果相对较少。就契约选择来说，口头契约在广大农村地区仍然是一种压倒性的契约选择，土地流转过程中书面契约选择率低，已经成为一种习俗元制度，得到了农村居民的高度认可①。艾伦和利克调查了耕地的书面和口头契约的运用情况，发现农场主和土地所有者倾向于对需要投资和维护灌溉系统的土地采用正式的书面合同，而在家庭内部或其他长久关系中则倾向于采用口头契约②。钟涨宝和汪萍对湖北和浙江两省的研究发现，经济发达地区农户流转土地时签订书面契约概率相对较高③；陈和午和聂斌对黑龙江省农户土地流转进行研究过程中也发现，农户之间的土地流

① 洪名勇．信任博弈与农地流转口头契约履约机制研究．商业研究，2013：1

② Allen，D. W. and Lueck，D. The Nature of the Farm：Contracts，Risk and Organization in Agriculture [J]．Journal of Economics，1992，82（1）：100－104.

③ 钟涨宝，汪萍．农地流转过程中的农户行为分析——湖北、浙江等地的农户问卷调查．中国农村观察，2003：6.

转行为基本不签订任何书面契约[①]。赵其卓、唐忠以四川省绵竹市为例，发现农户土地流转中选择口头契约一个重要前提则是户主在乡[②]。洪名勇基于贵州省四个县的农户调查，发现不管是农户租入农地，还是将自己的农地租给他人经营，基本上以口头契约为主[③]。

从现有研究文献看，在农地流转过程中，双方之间签订的契约为口头契约这一现象具有一定的普遍性，但对农地流转的契约选择和履约机制没有予以重视，理论和实证两方面的研究均十分缺乏。而契约选择对于土地流转的效果、农户之间利益协调、分配有着重要的保障作用。鉴于口头契约的普遍性，深入分析口头契约对于理解农地流转的现状和存在的问题十分关键。

二、文献综述与研究假说

《农村土地承包法》第三十七条明确规定“土地承包经营权采取转包、出租、互换、转让或者其他方式流转，当事人双方应当签订书面合同。”但实际上，广大农村土地流转普遍采用口头契约方式，采取书面契约的少之又少，且多数口头契约得到了较好的自我履行。这一点在钟涨宝、汪萍和叶剑平等、陈和午和聂斌，洪名勇等众多学者的调查研究中得到了证实。

传统契约理论认为，口头契约是一种古老和初级的契约形式，其不完全程度超过了书面契约。书面契约与口头契约相比具有正规化、可视化、保障性高等优点；口头契约具有不可观察性、隐秘性、不完全性和不确定性等特质，未来发展方向是被书面契约逐渐替代。那么，为何口头契约成为大多数农民的首选，能够在农村生态中扎根？从新制度经济学视角看，农地流转之所以存在大量口头契约，其原因在于，村庄内部道德能够约束个人的“离合”行为，使得口头契约交易费用低于书面契约，同时能够很好履约。洪名勇从信任博弈角度探讨了农地流转契约的选择和自我实施，认为口头契约在多次重复博弈中，已经成为一种约定的习俗元制度，能够依靠信任机制得到很好的自我履约[④]。与上述研究不同，这里从声誉视角研究农地流转过程中的契约选择和自我履约问题。

---

① 陈和午，聂斌．农户土地租赁行为分析——基于福建省和黑龙江省的农户调查．中国农村经济，2006：2.

② 赵其卓，唐忠．农用土地流转现状与农户土地流转合约选择的实证研究——以四川省绵竹市为例．中国农村观察，2008：3.

③ 洪名勇．欠发达地区的农地流转分析 ——来自贵州省4个县的调查．中国农村经济，2009：8.

④ 洪名勇．信任博弈与农地流转口头契约履约机制研究．商业研究，2013：1.

农村小区相对封闭，人们之间频繁交往，是一个熟人或半熟人社会。双方互相熟悉，相互依存度高，社会关系网相互错交。重复博弈和关联博弈，使得声誉能够在农村小区得以建立，并在农村地区发挥着重要作用。罗必良认为村庄环境条件下的声誉机制有利于农业合作中“可自我执行协定”的形成①。黄晓红认为农户借贷声誉由借贷历史、人缘及经营效果构成，声誉能够显示农户的综合信息，并实证了声誉因素对农户借贷结果形成的促进作用②。克莱因在研究不完全契约问题时，提出声誉是一种与法律强制机制相补充的私人执行机制③④，增加了执行合约的可能，Nayyar 甚至认为声誉本身就是一种隐性合约。因而，本书认为，声誉对土地流转过程中的契约选择及履约方面也可能产生影响，且声誉是通过其三个重要效应在此过程中发挥作用。

首先是声誉的信号发送效应。信号理论认为声誉是一种信号发送机制和搜寻机制，作为个人历史表现和特征的函数，是承诺具有可信性的标志⑤。声誉的传播可以有效降低搜寻成本和拓宽市场交易范围；限制了信息扭曲程度，降低了交易成本⑥。Emler 则直接认为声誉是一种社会简化机制和“自我身份认定”，是用特定的“社会身份”达到简化判断的“识别机制”。

第二个效应是声誉的激励和惩罚效应。最早提及声誉激励效应的是 Fama，在研究委托—代理问题时提出声誉是一种隐性激励，获得声誉目标在于获取长远利益⑦。这一效应也得到了 KMRW 模型和 Kandor 模型的一致支持，得出了声誉是对行为人自我约束奖励的结论。

声誉第三个效应是网络效应，又称为声誉的外溢性。声誉的信息流在一定的网络中进行传播，此时的声誉不仅对正在交易的对象产生影响，并且会对潜在交易对象的预期产生影响。声誉类似于一种公共产品，具有正外部性，能使更多相

① 罗必良．村庄环境条件下的组织特性、声誉机制与关联博弈．改革，2009：2.

② 黄晓红．基于信号传递的农户声誉对农户借贷结果影响的实证研究．经济经纬，2009：3.

③ Klein，D. Border Lines of Law and Economic Theory：Transaction Cost Determinants of Unfair Contractual Arrangments［J］. American Econnomic Review Papers and Proceeding 70，1980：5356－5362.

④ Klein，B. and Leffler，K. B. The Role of Market Forces in Assuring Contractual Performance［J］. Journal of Political Economy，1981（89）：615－641.

⑤ Kreps，D.，Milgrom，P.，Roberts，R.，Wilson. Rational Cooperation in the Finitely Repeated Prisons Dilemma［J］. Journal of Economic Theory，1982（27）：245－252.

⑥ 皮天雷，张平．声誉真的能起作用吗？——逻辑机制、文献述评及对我国商业银行的启示．经济问题探索，2009：11.

⑦ Fama，E. F. Agency Problems and The Theory of the Firm［J］. Journal of Political Economy，1980，88（2）：288－307.

关的人受益[①②]。声誉的外溢性可以起到扩大市场范围、减少市场经济摩擦成本的作用。如果缺失了网络效益，而仅仅局限于一次具体的交易中或者特定的二人之间，那么声誉的约束作用和承诺价值必然是大大削弱的。因为一旦其中一方敲竹杠或机会主义，另一方对其的惩罚也只能依靠“私人性惩罚”。而网络性使得一方如果丧失信誉，整个小区都会对其进行“社会性惩罚”。前者建立在双方重复博弈基础之上，后者则取决于相互联系的关联博弈。

土地流转发生前，声誉作为信号发送机制，能够帮助流转方迅速锁定值得信赖的合作方，减少了其搜寻成本，提高了资源配置效率。达成契约后，声誉的激励和惩罚效应就促使声誉成为一种有效的私人执行机制[③④]。激励效应会促使合作方努力维持自己的既有声誉，因为珍惜声誉能够带来持续的收益流，而一旦违约会导致对方的私人惩罚，以及小区的集体惩罚。声誉网络效应则是声誉的信号效应能够正常运行的保障，通过网络的外溢性，信息流扩大了声誉边界。同时，声誉网络效应也加强了声誉激励惩罚效应，增强了积累良好声誉的积极性，加大了破坏声誉的代价，从而促使私人自我履行。基于上述分析，本书研究的假说为：

假说1：合作方声誉越高，另一方越可能选择口头契约。声誉代表的是个人的一种特征，人们口口相传的关于第三者的信息综合，是个人既往行为表现的一系列集合。有理由相信，作为理性经济人的流转主体，不会轻易相信声誉差的人的廉价口头保证。相反，如果一方在某一小区声誉良好，那么潜在合作方就越会放心的与对方达成口头协定。对方声誉作为一种信号机制和保障机制减轻了其心理不稳定预期[⑤]，使其放松了对对方机会主义的可能性防范，愿意信任对方，并将自己的资产或权力让渡给对方，却不会坚持使用正规的合同文本。尤其是在农村地区，双方是熟人，对各自的信息都有较为充分的把握，谁的声誉好，谁的声誉不好是一个小区的“共有地方性知识”。在对方声誉良好前提下，很容易形成信任。且达成口头契约的交易成本要低于书面契约，优先选择口头契约是符合理性的。

假说2：个体声誉越高，越有可能选择自我履约。乡村社会有着建立声誉和

---

① Casson, J. F. Controlled appellation versus freedom of choice [J]. Journal of Wine Research, 1999 (1).

② Cole, Harold L. and Kehoe, Patrick J. The role of institutions in reputation models of sovereign debt [J]. Journal of Monetary Econoomics, 1995 (1).

③ Klein, B. and Leffler, K. B. The Role of Market Forces in Assuring Contractual Performance [J]. Journal of Political Economy, 1981 (89): 615-641.

④ 贾生华，吴波．基于声誉的私人契约执行机制．南开经济研究，2004：6.

⑤ 廖飞，施丽芳，茅宁，丁德明．互动公平、委员会决策程序公平与员工决策承诺：基于公平启发理论与不确定管理理论的实证研究．南开管理评论，2012：2.

自我履约的土壤。首先，重复博弈是声誉建立的前提，而相互熟悉的乡土社会给双方提供了很多的接触机会。其次，声誉需要信息的较快传播。农村相对封闭，信息流通过“闲言碎语”在乡里之间可以快速传播，与其他村民的关联博弈可以间接的抑制机会主义。声誉具有外溢性。不良的声誉会得到第三方的集体惩罚。良好声誉的构建来之不易，属于一种易碎品。且声誉带来的不仅仅是未来长期的经济收益，而且带来了广泛的社会收益、心理收益。树立了良好声誉后，声誉主体就会更加积极去维护自身声誉，而不会轻易破坏自己的声誉，这些都为契约自我实施提供了条件。从本质上来说，基于声誉的自我履约可以归结为重复博弈的双边声誉机制和关联博弈的多边声誉机制①。

第二节　农地流转契约选择、声誉机制与口头契约自我履约：实证研究

以第一节的研究假设为基础，这一节，运用贵州湄潭县的调查资料，就声誉对农地流转契约的选择尤其是自我履约机制进行实证研究。

一、来自一个村的经验分析

（一）调查点的选择与描述

为分析声誉机制对农地流转契约选择及口头自我履约的影响，我们于2012年7～8月对贵州省湄潭县高台镇河江村进行了深入调查，并以该村的调查为基础进行分析。我们知道，湄潭县是国家农地产权制度改革试验点县，在这里进行的农地产权制度改革得到国家高度认可并在全国推广。

高台镇距离湄潭县城25公里，辖7村1居，74个村民组，共计30135人。该镇平均海拔为1000多米，多高山峡谷，地理状况在湄潭相对恶劣。由于海拔较高，高台经常饱受低温凝冻之苦，自然灾害频发。全镇缺乏工业支柱产业，经济在湄潭较为落后，2012年全镇农民人均纯收入约6060元，是全省100个一类重点扶贫乡镇之一。

河江村距离高台镇政府驻地约5公里，为全镇所辖七个村中面积最小、人口最少的行政村。现有五个村民组681户，共2727人。国土面积14.4万平方公里，耕地面积3221亩，其中田1941亩，旱地1280亩，人均耕地面积1.2亩。该村属交通相对闭塞的村庄，四面环山，对门湾、张家湾、青龙岩、狮子嘴和白羊

① 王玉玲．基于声誉的不完全契约的实施．北方经济，2007：6.

岗这一环形山脉天然的将该村与周边的陶仪村、合江村、窑上村和高台村分割。唯一一条主干道通向黄瓮公路，且尚未硬化，在这条崎岖的乡村路平时少有车辆通过。据村民介绍，只有当周边村民集中去镇里赶集才会有车辆来到村里接送村民。赶集被当地人称为“赶场子”，村民都会在这一天去镇里销售剩余的农产品并购回所需的生活生产资料。

河江村位于山谷之中，相对坡度大约 15～20 度，陶里河从上游海拔较高的的高台和陶仪村流下，贯穿整个村落。目前的河江村由原河江村和原七里坝村合并而成。原河江村有小水湾、孙家寨，太苏坝，吊铃塘，岩上，丁茅坪，下寨，河嘴、黄家沟九个自然村；而原七里坝村由上、中、下七里和下庄组成。在当地，这种人口相对集中的自然村落被当地人称为寨子，相互之间间隔都很近，属于小聚居线状分布型乡村。

沿河分布的 6 个自然村，依据历史习惯和居民聚居情况，被划分为同心和连心两个村民组。其中上游相近的太苏坝、吊铃塘、岩上、丁茅坪四寨组成连心组，下游的孙家寨和小水湾组成同心组。海拔较高的下寨、河嘴、黄家沟组成了合心组，而原七里坝村由上、下七里和下庄组成现在的七里组。6 个沿河分布的寨子属小水湾最大，人口也最多，有村民 101 户，同时它也是村民委员会的所在地。小水湾大姓为白姓，也是整个河江村的大姓，约占全村总人口的 25% 左右，白姓居民祖先来自江西。孙家寨是最小的寨子，只有 53 户居民，为孙姓一族的聚居地，其祖先同样自明朝期间迁入，只是孙家寨聚居更加集中，居民 85% 以上都为孙氏后人。

考虑到河江村的实际情况，不同寨子之间的村民，在河流和高坡的阻挡下，较长的距离使得双方交流不便，熟悉程度降低，远不如同一寨子和同一村民组的人之间熟悉。在这种相对封闭的、小聚居的自然村落，人员流动相对固定，人们之间联系紧密，信息传递迅速，有着声誉建立、维持和发挥作用的极佳土壤。为了验证声誉对于土地流转契约选择和契约履约的影响，综合考虑各个寨子的实际情况，最终选择了相聚不到 500 米的、仅隔一座小桥、处于同一村民组的小水湾和孙家寨作为调研的样本点。同属同心组的小水湾和孙家寨耕种土地连为一体，聚居情况密集，人们互相生活在对方的眼皮子底下，正是罗兹·墨菲所描述的典型亚洲式村落。人们之间相互熟悉，且两个村寨之间互有通婚，人员交流频繁，能满足声誉构建、维持和发挥作用的所有前提条件。

（二）农地流转、契约选择与履约

河江村下辖的孙家寨和小水湾共有 154 户村民，其中孙家寨外出务工 22 户，小水湾外出务工 38 户，除去因土地位置欠佳而无人接手而抛荒未几户，我们访谈了该组所有进行过土地流转的 45 户村民（其中刘生军，孙光玉、白天国及白天永均同时与两户发生流转，孙光金为外组村民）。村民姓氏分布如下（见图9－2），基本反映了当地姓氏在人口中所占的比例。共25户有效流转个案，其中流出12户（见表9－1），流入13户（见表9－2），计算出本组土地流转率达到了30%左右。25个流转个案中，孙家寨有11例，小水湾有14例，分布占比44%和56%。从性别比例划分，男性受访者比例为72%，女性为28%。人均年龄达到了54.76岁，人均年龄人均受教育年限为4.68年。这说明该组已经进入"老年农业"的边缘，农民素质堪忧。72%的农户主要收入来自农业，人均年收入为5996元，稍低于高台镇2012年人均收入6066元。

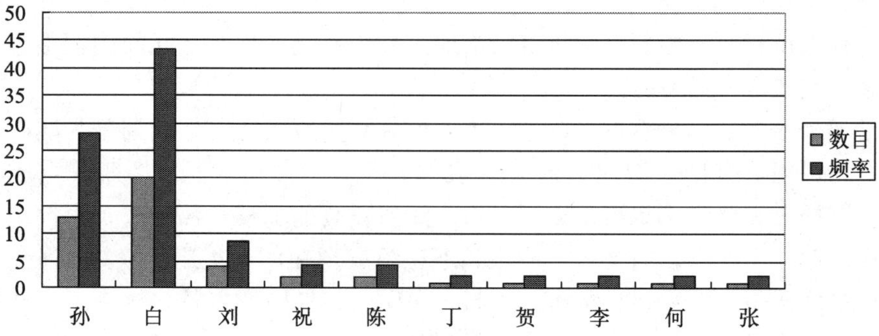

图9－2　流转主体姓氏数目及比例

表9－1　转出案例流转情况

农地流出方	对应流入方	社会关系	契约选择	是否自我履约
X1	XX_1	亲戚	口头契约	是
X2	XX_2	同组异寨	书面契约	是
X3	XX_3	同寨	口头契约	是
X4	XX_4	同寨	口头契约	否
X5	XX_5	同寨	口头契约	是
X6	XX_6	兄弟	书面契约	是
X7	XX_7	同寨	口头契约	是
X8	XX_8	兄弟	口头契约	是
X9	XX_9	同寨	口头契约	是
X10	XX_{10}	同寨	口头契约	是
X11	XX_{11}	同寨	口头契约	否
X12	XX_{12}	父子	口头契约	是

注：在村庄调查中，农地流出、流入方均有实际的农户，我们进行了记录，但为保障农户有关信息，此处以X、XX加序号形式表示农地流出方及对应方。

表 9－2 转入案例流转情况

农地流入方	对应农地流出方	社会关系	契约选择	是否自我履约
Y1	YY_1	亲戚	口头契约	是
Y2	YY_2	母子	口头契约	是
Y3	YY_3	兄弟	口头契约	是
Y4	YY_4	兄弟	口头契约	否
Y5	YY_5	兄弟	口头契约	是
Y6	YY_6	兄弟	口头契约	是
Y7	YY_7	亲戚	口头契约	是
Y8	YY_8	同寨	口头契约	是
Y9	YY_9	兄弟	口头契约	是
Y10	YY_{10}	同寨	口头契约	是
Y11	YY_{11}	亲戚	口头契约	是
Y12	YY_{12}	兄弟	口头契约	是
Y13	YY_{13}	亲戚	口头契约	是

注：在村庄调查中，农地流出、流入方均有实际的农户，我们进行了记录，但为保障农户有关信息，此处以 Y、YY 加序号形式表示农地流入方及对应方。

从契约选择方式来看，口头契约占据了绝大部分，有 23 份；书面契约 2 份。就履约情况来看，口头契约有 3 例违约，总体履约率为 87%，书面契约都得到了履约。所有这些流转基本发生在 2005～2013 这几年之间，其中又以 2011～2013 年占据一半，有 13 例（见表 9－3）。从时间约定来看，流转时间未定的有 13 例，其他分布在 1～5 年之间。从流转方式来看，出租有 14 例，代耕有 11 例。人均流转面积 2.35 亩。从人际关系来看，主要发生在亲戚之间尤其是兄弟之间，占较大比例，达到了 8 例，占比为 32%，这表明小亲族之间信任关系强度大。土地去向除了 2 户流向本组外寨、1 户流向外组，都是在本寨子内部流转的多。租金主要以粮食为主，占 13 例，免费代耕的也有较大比例，达到了 10 户。租金为 200 斤大米有 7 例，其他的从 120～150 斤不等。接受采访的 25 户村民对对方评价都较高，对对方声誉期望值平均达到了 7.86。

表 9－3 2005～2013 年每年发生流转数

流转发生时间	次数	流转发生时间	次数
2005	1	2010	6
2007	3	2011	5
2008	1	2012	7
2009	1	2013	1

我们认为，声誉是所在群体的利益相关方对某一具体个人的基本认知，是一个群体对其各个方面历史表现评价和未来预期的展望。在研究企业声誉时，大多采用问题评价赋值法。而对于农户的声誉则缺乏既定的方法，为了研究声誉对农户选择契约类型及是否履约的影响，借鉴了既往研究中采纳的声望法，即在本小区让参与过土地流转的农户之间相互评分。鉴于上述流转个案中的有些农户外出务工，我们采取了多元参与的声誉评价法。参与评价的主体共45人，其中参与上述土地流转主体有38人，熟悉两个村寨的两村委干部2人，熟悉白孙两姓的具有威望的族人各4人，对45户流转主体进行了声誉估计（孙光金不属于本组，因而未列入其中），取其平均值为其在同心组所获得的客观声誉，这从统计学上来说也是合理的。为了进一步考察假设1是否合理，我们询问了“假设与其合作，是否放心使用口头契约”，并计算每一个流转主体被选择口头契约的平均概率P（见表9－4），按照概率大小分为5个层次[①]。

表9－4　　参与土地流转农户平均声誉

本组平均声誉	本寨平均声誉	在同心组总排名	他人与其达成口头契约意向平均概率等级
6.14～7.76	6.35～7.67	1～7	第一等级
5.66～6.11	6.10～6.66	8～16	第二等级
5.43～6.11	6.06～6.50	17～36	第三等级
5.43～5.80	5.32～6.17	37～43	第四等级
4.86～4.98	5.41～5.47	44～45	第五等级

总体来说，图9－3对河江村的农地流转农户的声誉分布进行了描述，从图9－3来看，河江村农地流转农户的声誉分布相对比较集中。声誉特别好的和特别差的在其中占的比例并不大，绝大部分村民的声誉是相似的。从范围来看，我们可以从表9－4看出个人声誉在本组和本寨之间保持了一定的连续性，且绝大部分村民在本寨声誉稍高于在本组声誉，这说明声誉具有一定的边界。费孝通先生在《乡土中国》提出了“差序格局”的理论[②③]，认为带着浓厚乡土特征的农村，人与人之间关系血缘、地缘和业缘三者组成的社会网络相互联系，每个人以

① 按照概率大小将0.8≤P<1，记为第一等级，0.7≤P<0.8记为第二等级，0.6≤P<0.7为第三等级，0.5≤P<0.6为第四等级，0.4≤P<0.5为第五等级。

② 费孝通．乡土中国．生活·读书·新知三联书店，1985：23.

③ 马戎．“差序格局”——中国传统社会结构和中国人行为的解读．北京大学学报（哲学社会科学版），2007：3.

自己为核心，关系圈、亲密度、信任度譬如水波，一层一层向外扩展。半径越大，影响度和关系越弱，这种关系的强度取决于三者的迭加复合。在调研中，我们确实发现村民给予自己熟悉的人的总体评价要高于给陌生人的评价，这里表现为给予本寨的评价稍高于给予外寨村民的评价，同姓之间关系已经没那么亲密，但兄弟之间的关系强度依然比较大，互相信任度高。这与同心组由两个异姓村寨组成有关，虽然属于同一村民组，但村民与本寨村民互动频率更高，也更加熟悉，双方关系更加紧密，因而也更加珍视声誉，互相评价更高。

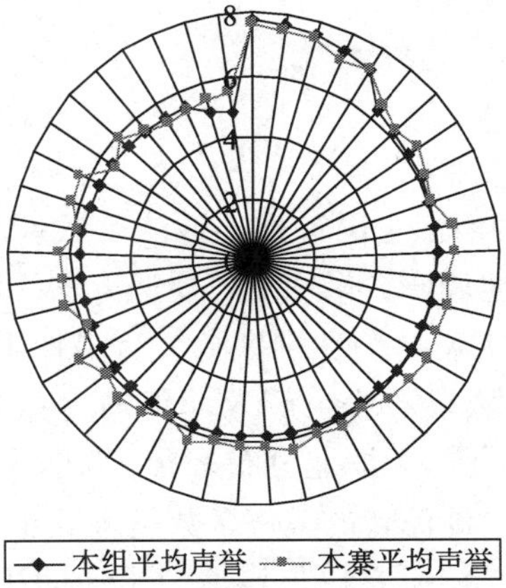

图9-3　流转个体声誉分布

选择书面契约的双方，从人际关系来看，由于缺乏血缘和地缘的联结，双方关系强度低。缺乏人格式信任的双方不得不依靠声誉这个信号机制来判断，对方较高的声誉会减少猜疑，提高口头契约的选择可能性。联系表9-5与表9-2，总结出两例书面合同的共同特点有：一是双方紧密程度不高，合作双方属于不同村寨，熟悉度和信任度都不高；二是合作方的综合声誉不高，如农户刘某得到了5.71分，孙某得到5.7分，均远低于流转主体对另一方的声誉期望值7.86。这也反映出了声誉的高度确实影响了口头契约能否得到履约，假设1具有合理性。

其次，从本组平均声誉和口头契约达标率来看，除个别不符合外，符合声誉越高，达成口头契约的可能性越大的假设。这显示村民对于声誉的重视，愿意与声誉好的人打交道，并且对其更加信任和放心运用口头契约。这也证明了声誉确实与契约的选择有着重要关联，良好的声誉提高了使用口头契约的概率，假设1得到了证明。

就履约情况来看，个人声誉与其确实存在一定相关性。假设2的合理性可以从表9-1、表9-2和表9-4得到体现。口头契约未得到自我履约的白某、孙某在平均声誉排名处于垫底位置，分别排第39、40名。借用波普尔证伪主义的观点，我们永远不能证明一个定理是真理，只能从反面证明特定情况下我们无法驳倒这个定理。从调查情况看，发现客观声誉较低的人履约率可能性低，而较高声誉的人没有违约案例。从个体声誉来源来说，声誉来自于其载体的过往表现，声誉良好的人必然表现良好，他留存在他们心中的社会记忆即是如此。尤其是封闭小区中，作为地方性知识的个体声誉几乎是人人皆知的共同资源。违约个案中主体声誉不高，表明其给予他人留下过负面印象，而这显然来自于违约经历。

二、基于湄潭县的计量分析

（一）样本来源

2012年7~8月，课题组以全国首批土地改革试验区湄潭县为调研地，对湄潭县的四个乡镇进行了实地调研，采用随机偶遇方法，对当地村民进行了问卷调研。本次调研有效问卷221份，按性别区分，有男性152人，女性69人。民族比例中汉族占比96.4%。从事农业生产人均年龄为48.8岁。从教育程度来看，人均受教育年限只有6.53年。从职业分布来看，纯粹务农的超过六成。

在调研中，我们发现土地流转的案例多数是近五年才发生的，这与国家相关鼓励政策出台时间相吻合。调研农户户均承包土地面积约5.75亩，户均流转面积达到5.06亩。流转方式以出租和承包为主，比例高达82.5%。流转租金形式多以现金为主，较发达的乡镇多为400~600元/亩，而经济一般的乡镇的租金在100~300元/亩之间居多。也存在一定比例的实物缴纳，亩均缴纳大米50~100千克居多。这种情况多为代耕情形，农户并不是为了获得来自土地的收入，其动机大多是为了保持土地不荒废。就整个调研样本来说，口头契约选择率达到了83.7%，自我履约率为86%。

（二）变量选取与模型构建

契约选择形式和是否得到自我履约是本章的两个因变数，分别命名为Contact和Performance。在问卷中提供了“您愿意选择书面契约还是口头契约?”的问题，定义“1=书面契约”，“0=口头契约”。同理，Performance问题设置为“口头契约是否得到履约”，提供选项“1=无违约”，“0=违约”。个体声誉是本章重要的解释变量，记为Reputation。个体声誉既可以是客观的存在，是一个小区共有的知识，也可以是合作方给予的主观评价。鉴于问卷调查不太可能得到个体的小区声誉值，只能通过其合作方的主观评价来测定。因而，采用了声誉二值变量，请被访者根据对方综合表现，评价另一方声誉值得分。最高10分，最低0分，当声誉值超过6时认定声誉高，记为1；低于6时声誉低，设为0。个体特征方面也可能影响契约选择和履约情况，引入了年龄，性别、受教育年限、职业作为控制变量。另外，考虑到土地流转面积也可能对是否履约有影响，也一并引入，分别记为 Age、Sex、Education、Work 和 Land。表 9－5 对主要变量的均值、标准差进行了描述性统计，从表 9－5 可以看出，在农村农户比较重视自己的声誉，声誉均值达到 0.91，调查农户的平均年龄为 48.83 岁，农户家庭流转的户均面积为 4.89 亩。

表 9－5　　　　主要变量统计分析

变数	变量说明	样本数	均值	标准差
声誉 Reputation	声誉高＝1，声誉低＝0	221	0.91	0.19
年龄 Age	2012－出生年	221	48.83	0.8
教育程度 Education	从小学算起	221	6.53	0.23
性别 Sex	男＝1，女＝0	221	0.69	0.31
职业 Work	在家务农＝1，其他＝0	221	0.62	0.33
土地流转面积 Land	家庭流转总面积	221	4.89	0.97

模型选择方面，由于因变量为二值变量，借鉴了克兰德·梅纳得等对契约选择的实证研究，引入了二元 logistic 模型，其中契约选择为模型 1，是否自我履约为模型 2。

$$Logit(p) = \ln(p/1 - p) = \beta_0 + \beta_1 X_1 + \beta_2 X_2 + , \cdots, + \beta_m X_m$$

其中，β_0为常数项；β_1，β_2，…，β_m 为模型函数系数；X_1，X_2，…，X_n为自变量，p 为某事件发生概率，与不发生的概率（1－p）的比记为优势（Odds）。

（三）回归结果与分析

首先，在 spss16 中运行 Binary logistic 运行模型 1，结果显示通过了 H－L 检验。从表 9－6 中可以看到声誉在 1% 显著性水平下通过了检验，系数为－5.87，作用方向符合预期，即声誉越高，选择口头契约的概率相对越高，假说 1 得到了证实。另外土地流转面积这一因素也通过了 1% 显著性水平的检验，分析结果表明，土地流转面积越大，双方越可能签订书面契约。这可能是因为随着流转面积的扩大，作为投入要素的土地，有着较高的资产专用性，且种植具有不可逆性，一方一旦违约会给另一方造成较大损失。在选择契约时候，基于保护自己的动机，即使对方的声誉较高，也不能让协议方放心。这种心理使得双方更倾向选择书面契约，保障交易达成后，一旦发生纠纷能够有效维护自己的合法权益。因而，为了提高保障程度，选择书面契约更可能成为双方的合意。个体特征变量如年龄、接受教育程度、性别，职业四个变量没有通过显著性检验，说明个人特质并非是决定契约选择的关键因素。

表 9－6　　模型 1 运行结果

变数	回归系数	标准差	Wald	Sig	Exp（B）
声誉	－5.686	1.095	26.956	0.000	0.003
年龄	－0.023	0.025	0.836	0.360	0.978
接受教育程度	－0.075	0.086	0.756	0.385	0.928
性别	－0.195	0.638	0.093	0.760	0.823
职业	－0.406	0.594	0.466	0.495	0.667
土地流转面积	0.139	0.044	9.882	0.002	1.150
常数	4.907	2.258	4.723	0.030	135.285

同理，在 SPSS16.0 中运行模型 2，得到结果如表 9－7。同样发现，只有声誉和土地分别在 1% 和 5% 的显著性水平下通过了检验，系数分别为 5.929 和 －0.07，其他因素都没通过检验。模型具有很好的拟合度，预测率达到了 94.1%。运行结果显示声誉对履约有着正面影响，声誉好的合作方自我履约的概率高于声誉不好的人 5.929 个 Logit P 单位，OR 值达到了 348，说明声誉极大地影响了口头契约的自我履约，证明了假说 2 的正确性。土地流转面积对是否自我履约产生了负面影响，流转面积越大，自我履约的概率越低。

表 9－7　　模型 2 运行结果

变数	回归系数	标准差	Wald	Sig	Exp（B）
声誉	5.929	1.106	28.734	0.000	375.934
年龄	0.014	0.028	0.250	0.617	1.014
接受教育程度	0.041	0.093	0.193	0.660	1.042
性别	－0.553	0.631	0.769	0.380	0.575
职业	－0.273	0.629	0.189	0.664	0.761
土地流转面积	－0.071	0.029	6.090	0.014	0.931
常数	－2.564	2.317	1.225	0.268	0.077

从模型 1 和模型 2 中，可以得出以下几个结论：首先，声誉对口头契约的选择有着正的影响。较高的声誉增加了互信，双方都愿意以较低交易费用的口头契约达成合作，在不增加合作风险的同时获得更高的合作租金。声誉减少交易费用的作用体现在两个方面：一是声誉使得每个人说真话，减少了虚假信息和信息扭曲；二是减少了事后的监督执行费用。此时的声誉更多表现为一种信号发送机制和信息赠别机制。

其次，声誉对契约自我履约有着正向的促进作用。声誉显著的促进了契约的执行，较高的声誉带来了较高的自我执行率。声誉可以看作是一种私人执行的履约机制，而不需要外来干预。其执行动力来自于声誉主体对于自身声誉的珍视，只要贴现因子足够大，良好的声誉能够带来持续的收益流和经济以外的收益，如果超过了短期违约利益，那么理性主体必然选择履约。丢失声誉的代价则是巨大的，合作方拒绝继续合作的“私人惩罚”，潜在合作方减少与其合作的“社会惩罚”使得任何声誉主体不敢轻易地破坏专属于自己的声誉资本。

第三，声誉作为自我履约机制存在着一定局限性。声誉机制并不是万能的，契约能够促进自我履约需要一定的条件。从模型 1 和模型 2 运行的结果来看，土地面积对于口头契约选择和契约履行有着负面的影响。即流转土地面积越大，一方愿意自我履约的意愿会降低。说明随着涉及利益的扩大，声誉并不是唯一被考虑的因素，即声誉带来的长期利益和即期违约带来的利益会被更多权衡。由于土地种植具有自然风险性，种植内容不可逆性等，使得双方都意识到土地面积增大带来的风险增加。一旦对方违约将会给自己带来较大的损失。在权衡对方声誉资本和自己潜在收益与损失时，倾向于规避风险而非减少交易费用，因而也会愿意选择保障程度更高的书面契约。

三、研究结论与政策含义

本章通过对湄潭县的实地调研，实证研究了声誉这一因素在农地流转过程中对口头契约选择及契约自我履约的影响。二元 logistic 模型的回归结果表明，对方声誉值越高，另一方选择与其达成口头契约的概率越高；对方的声誉越良好，契约得到自我履约的概率也相对越高。这充分证明了声誉对个人、社会的重要性。

声誉既是交易前的一种信号机制，也是交易后的一种保障机制。一方面，声誉具有隐形激励作用，能够带来未来持续的收益流；另一方面，重复博弈的私人性惩罚和关联博弈的社会性惩罚，使得交易方不得不重视声誉。从正反两个方面，声誉已经成为一种自我履约执行。声誉的外部性使得人们之间的交流更加和谐，减少经济社会运行的成本和矛盾，因而，在推进土地流转过程中，要特别关注声誉这个因素对于促进农地流转健康发展的作用。可以通过建立农户声誉档案，打造农户信息平台，让信息更畅通有效传递，扩大声誉的外溢范围和边界，形成更大的声誉共同体。同时，不能盲目相信声誉能够完全促进口头契约的自我履约，声誉发挥作用也有着其局限性。只有当违约带来的短期收益小于声誉带来的未来收益时才是值得相信的。自我履约依然需要法律的威慑保障，这一点在很多研究中也得到了证明。

虽然书面契约的保障性程度更高，代表了未来发展的方向，但是在现阶段，口头契约在农村地区广泛存在且得到了较好的履行，这说明口头契约还是适合当前农村环境的。各级政府不能盲目看到正规文本合同的优点，在其水土不服的地方进行强制推广。应依据本地区的具体情形，实事求是，本着从尊重农民主体性地位、保护农民利益的角度出发，给予农民自我决定权。做好适时适当引导，更好更快的推动土地适度集中经营，最终实现农业生产的专业化和现代化。

第十章　未来价值、契约选择及自我履约机制

农户在农地流转过程中的行为决策和其主观认知有很大的关联性，如未来价值是农户在土地流转过程中的一种主观上的心理预期，会对农户的土地流转决策、契约形式的选择和履约行为造成一定的影响。本章从未来价值这一视角，对农地流转过程中的契约选择及口头契约的自我履约机制进行研究。

第一节　农地流转中的未来价值理论

在对农地流转问题的研究中，目前还没有考虑未来价值对农地流转的影响的研究成果。在这一节，我们在对未来价值进行梳理的基础上，就农地流转中的未来价值形成、影响农地流转过程中未来价值的因素进行分析。

一、什么是未来价值

通俗的理解，未来价值就是预期的未来所得，这在生活中并不是一个新鲜的概念，尤其是在金融、管理学、会计学等领域对这个概念的使用频率很高。为了能够更好地理解什么是未来价值，笔者对未来价值的一些研究进行了梳理并就如何衡量未来价值的问题进行了一定的分析。

（一）未来价值的含义

在会计学范畴，每个企业购进固定资产的目的是通过生产经营活动，以投入的成本为参照点，期望获取利润，在会计核算中，通过分析财务报表，从企业的财务状况、经营成果和现金流量情况中所包含的重要财务指标分析并估算企业的未来投资价值，并决定是否进行投资。在哲学范畴，人只能永远的向“前”、向

未来发展。发展不仅是人的永恒主题，也是人的一切价值之根本①。它既是根本的价值之根本，又成为根本的价值尺度，更是人的存在方式，所以，以现在为参照点，以未来的提升为收益（效用），未来便成为人的价值核心。资本理论的代表人物之一：Leif Edvinsson 提出，智力资本是未来价值的源泉，以现在的管理效率为参照点，智力管理可以满足人们在未来提升资本的管理效率的欲望。在管理范畴中，中国管理文化对未来社会存在着巨大的价值，即未来价值，因为中国管理文化以人为核心，其价值取向切合人类社会未来发展的趋向和要求，相对现在来说，这样的管理文化在未来可以产生“收益”。从文学范畴上讲，庄子思想亦是具有未来价值的。庄子思想当中蕴含着克服现代社会弊端的方法和对开创未来社会有用的许多内容。庄子的世界观能够超越近代世界观的狭隘限度，为未来社会发展提供一种新的世界观—“统一体世界观”②。庄子思想能够有效解决社会发展中的一些问题。

综合看来，不管是在哪个领域，未来价值都有一个共同点，那就是在未来的一段时间内，可以让人们获得参照点之上的那部分收益，为人们带来他所期望获得的效用，这就是未来价值的本质。

（二）对未来价值的衡量—前景理论

运用参照点的概念来衡量价值是基于前景理论。2002 年的诺贝尔经济学家获得者卡尼曼和特维斯基在前景理论中提出，在面对未来的风险选择时，人们通过价值函数来进行价值评价。这个价值函数的一个基本特征是，在财富或者福利上的价值承载者是变化的而不是静止的，这依赖于人的理解力和判断力。比如说，同一笔现金流，对某一些人来说是赤贫，但对另外一部分人来说却是大笔财富，这取决于他们现有资产的多少。这个价值函数中有两个自变量，以资产为例，一个自变量是作为参考点的资产状态，另一个自变量是资产基于这个参考点变化的幅度，并且，在参考点之上判定为收益，在参考点之下判定为损失。一般情况下，价值函数在参考点之上是凹的，在参考点之下是凸的，这表明等量的损失要比等量的收益对人们的感觉产生更大的影响。这个研究支持了格兰特和波里恩度量货币和非货币的收益和损失的感知值的研究。前景理论包括价值函数和权重函数，具有以下 3 个性质：

第一，在前景理论中，决策者感兴趣的不是财富的最终价值，而是财富相对于某一参照点的变化 ΔW，并将价值定义为相对于参照点的偏差。一个决策的问

---

① 刘啸霆．未来价值与环境伦理——关于环境伦理未来学基础的研究．清华大学学报（哲学社会科学版），2004：1.

② 洪胜杓．庄子思想的未来价值．The Journal of Humanities，2007：6.

题分为两个阶段，首先决策者为自己设定一个合适的参照点，然后根据参照点进行价值的衡量，超过参照点的视为盈利，低于参照点的则视为亏损。

第二，前景理论中的价值函数 v 呈现出 S 形（见图 10－1），通常收益部分是凸的，损失部分是凹的，显示了对两种方向上变化的敏感性的逐步降低。同时，我们可以清楚地看到，以参照点为一个转变点，损失的部分比收益的部分更为陡峭。

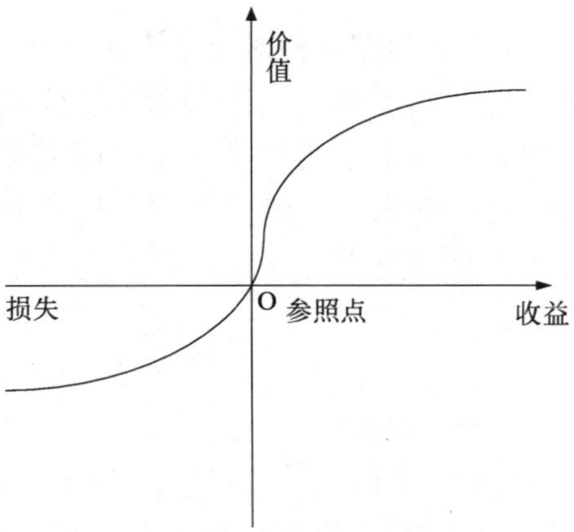

图 10－1　价值函数

第三，在前景理论中，每一个结果的值都要与一个决策权重相乘，所选择的决策权重是依据前景的愿望来度量事件的影响力，而不仅是这些事件被感知的可能性。权重函数 π(p) 包含了两个要点：其一，概率的权重水平是反映人们风险态度的一种方式（如果你在土地流转中与一个不是特别熟悉的人合作，那么你会对未来的收益赋予一个较小的权重）；其二，π(p) 的曲率反映了人们对概率差异的敏感程度。如图 10－2 所示，如果人们在概率范围的边界上，即在 0 和 1 附近的概率变化要比在中间位置上更为敏感，那么曲线 π(p) 就会提高低概率的权

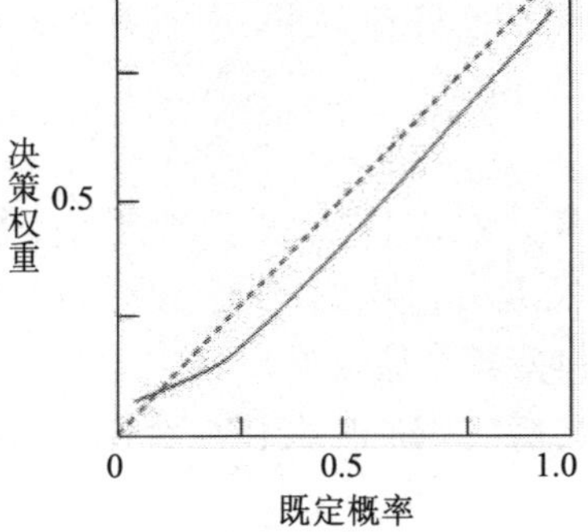

图 10－2　权重函数

重并降低高概率的权重。用公式表示为：$\pi(0)=0, \pi(1)=1$，相对于低概率而言，$\pi(p)>p$，但 $\pi(p)+\pi(1-p)\leq 1$。其三，对任一固定比率 q，决策权重比率比在概率高时更接近 1，即对所有的 $0<p$，q，$r<1$，都有 $\pi(pr)/\pi(p)<\pi(prq)/\pi(pq)$。

二、农地流转口头契约实施中未来价值的形成

在农地流转过程中，农户必须在期初对土地流转中要付出的成本和将获得的收益进行预测、对比和分析，最后做出跨期决策①。当农户预期将要获得参照点之上的满意收益，他便会进行土地流转并且按照约定实施契约，当农户发现进行农地流转会在将来给自己带来一定的损失时，他便会拒绝这样的行为。在这里，我们建立一个合作博弈模型来对土地流转过程中未来价值的形成机制进行分析。

（一）农地流转中的单次合作博弈

通过以上分析，笔者设定一个假设条件：假设土地流转发生在农户 A 与农户 B 之间，其中，农户 A 为出租方，农户 B 为承租方，他们行为的最终目的都是以最小的成本获取最大的未来价值（收益），最后实现自己的预期效用，符合理性经济个体的条件，当预期的未来价值超过了参照点，能够为他们带来期望效用时，他便选择合作守约策略，但如果违约能为自己带来更大的未来价值，他便会采取违约策略，以伤害对方的价值为条件来获利。

在只考虑货币价值的情况下，农户 B 看好土地转入；所带来的未来价值 Y，并向农户 A 发出交易邀请。博弈的起点从土地出租方农户 A 开始，由 A 先进行决策，是否进行土地流转，如果他预计未来价值为负效用（损失），拒绝交易，则土地流转终止，双方的收益（未来价值）均为 0；如果 A 认为合同所带来的未来价值为令他满意的正效用（收益 X），则选择与 B 合作，进入博弈的第二阶段。如果 B 选择履约，则 A 获得的总收益为 X，B 获得的总收益为 Y；如果 B 选择毁约，则 A 损失 X，B 将独享所有的收益（X + Y），合作博弈过程如图 10 - 3 所示。

首先进行单次合作博弈，农户 A 和农户 B 进行一次交易之后便不再继续合作。农户 B 是交易请求的发起者，我们默认一开始农户 B 的合作请求是必然事件，这是一个两阶段的合作博弈。倘若农户 B 一直诚实守信，从头到尾均选择合作，这个合作博弈的纳什均衡应该是［合作，合作］，从而农户 A 与农户 B 获得

① 艾文·E. 罗斯. 经济学中的实验室试验——六种观点. 中国人民大学出版社，2007：35 - 55.

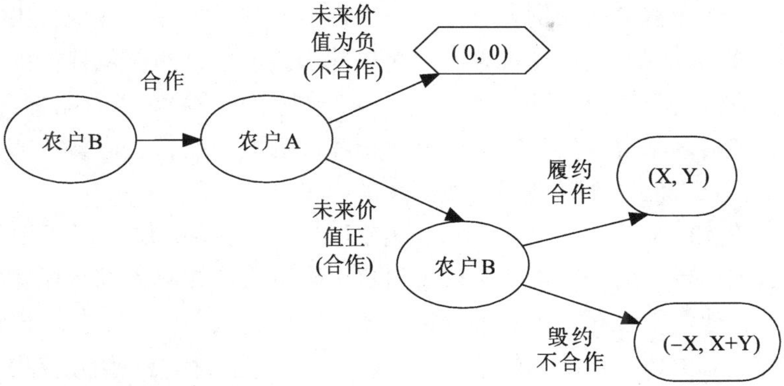

图 10－3　只考虑货币价值情况下的两个农户农地流转合作博弈

的收益集是（X ，Y）。我们用逆向推理的方法进一步分析，却得到相反的结果。对农户 B 来说，如果选择履行合约，与 A 进行良性合作，则 B 将会得到收益 Y，但是如果他选择恶意不履行合约，则会多得到 X，其最终收益为 X + Y。由于合作只进行一次，B 不用担心毁约造成的后果，则他的最优决策是选择毁约，“撕毁”与 A 的约定并得到收益 X + Y。此时，A 预期将会得到收益 X，并将 X 视为自己的囊中之物（参照点），当 B 毁约，让他的收益低于参照点，损失货币价值 X，如果初期选择不合作，他就不会遭受损失，A 的最优选择为不合作。由此得到农地流转单次合作博弈的纳什均衡为［不合作，不合作］，帕累托最优无法得到实现。这种情况下，土地剩余者不会将闲置的土地租出，而土地需求者也不能够有效利用土地，土地不流转，其利用率大大降低，不管从宏观土地管理还是微观个人收益的方面来看，这都不是一个好现象，如同金融界中的资金盈余者和资金短缺者之间的桥梁断裂一样，资金得不到有效利用，会对整个社会的发展造成不良的影响。

中国的农村是一个乡土社会，费孝通在《乡土中国》中提出了“乡土社会是一个“地域社会”，是一个“熟人社会”。我国农村目前仍旧处于一个相对封闭的状态，人口流动性不大，农户之间相互熟悉、了解，也便于相互监督，形成了一种习俗元制度。习俗元制度作为一种自发的内在制度安排，不仅存在于“习俗经济”之中，而且广泛存在于现代市场经济。人类经济行为不仅受到市场机制这只“看不见的手”和政府这只“看得见的手”的支配，而且还受到另一只“看不见的手”的影响，即习俗的调节。人们生活在习俗的世界里，尤其是农村居民更是如此。农地习俗一般是在人们的相互博弈中形成的，得到小区绝大多数人的认可，常常是小区内相关当事人自我实施的。习俗元制度作为另一只“看不见的手”，对人们的选择及其他经济行为具有极为重要的调节作用①。农村中的土地流转通常发生在相熟的人之间，他们的品性、诚信度、声誉、道德等都会成为别人对他的一种评价，并且这样的评价会由于农村社会的地域性和熟人性而造成比较大的影响，并通过习俗元制度对他们的经济行为进行调节，有效的控制农户的套利行为。我们根据农户对价值判断标准的不同，将农地流转中的未来价值分为货币未来价值和诚信度、品行、声誉等非货币未来价值。有了未来价值，才有进行农地流转的必要。

在这样的大前提下，土地流转交易中双方的得失不能仅仅用货币价值来衡量，还应该把声誉、信任度等非货币价值也考虑进去。在双方都按照约定履行合约的情况下，他们不仅获得了货币收益，还能够促进彼此间的信任，形成良好的声誉，实现了非货币价值 Z，对于土地转出者 A 来说，在第一阶段选择与农户 B 合作，他不光有对未来价值效用大小的预期，并且相信农户 B 会遵守契约，农户 A 根据自己对农户 B 的了解而选择信任、合作，这时 A 对未来价值评估的参照点是收益 X 能够得到实现，但是农户 B 在第二阶段中却选择恶意毁约，农户 A 通过与初期的价值参照点进行对比，得到自己遭受了损失这个结论，这样的损失包括货币损失 $-X$ 以及非货币损失—心理打击、信任损失等，我们用 $-Z_1$ 表示。一般农户会认为自己在众人眼中是一个有道德、守信、声誉良好的人，他已经拥有了这一部分非货币价值 Z_2，对于土地转入者农户 B 来说，在他选择不合作独占 $X+Y$ 的收益之后，使得村中的“熟人”对他的评价下降，在一定的程度上人们对他以后的行为总是带有一个负面的预期，实际上农户 B 是遭受到了 $-Z_2$ 的非货币损失。在这里，这样图 10－3 两个农户参与的农地流转合作博弈模型就需要进行一定的调整（详见图 10－4）。引入非货币价值的作用后，我们依然用逆向推理法进行单次博弈。农户 B 会对 Z 与 Z_2 进行比较，分为以下两种情况：第一，当满足条件：$Y+Z > X+Y-Z_2$，$(Z>0,\ Z_2>0)$，即 $Z > X-Z_2$，$(Z>0,\ Z_2>0)$ 时，农户 B 会选择一直都诚信合作，博弈的纳什均衡为［合作，合作］，收益集是 $(X+Z,\ Y+Z)$，双方都获得了预期的收益；第二，当满足条件：$X+Y-Z_2 > Y+Z$，$(Z>0,\ Z_2>0)$，即 $X-Z_2>Z$，$(Z>0,\ Z_2>0)$ 时，毁约才是农户 B 的最优选择，而对于农户 A，选择合作会损失 $X+Z_1$，选择不合作反而不会有损失，他的最优选择必定是不合作。虽然这时的纳什均衡和引入非货币价值之前一样，都是［不合作，不合作］，但非货币价值对农户 B 的毁约投机行为起到了一定的约束作用。根据前景理论中的价值函数，人们对于损失的敏感程度远远大于相同数额收益的敏感程度，即有 $|-Z_2| \gg Z$，当农户 B 毁约之后，农户 A 以及村中的大部分人都不会再与他合作，这大大减小了农户 B 毁约后所带来的未来价值，对他的行为具有约束力。

① 洪名勇．农地习俗元制度及实施机制研究．经济科学出版社，2008：1.

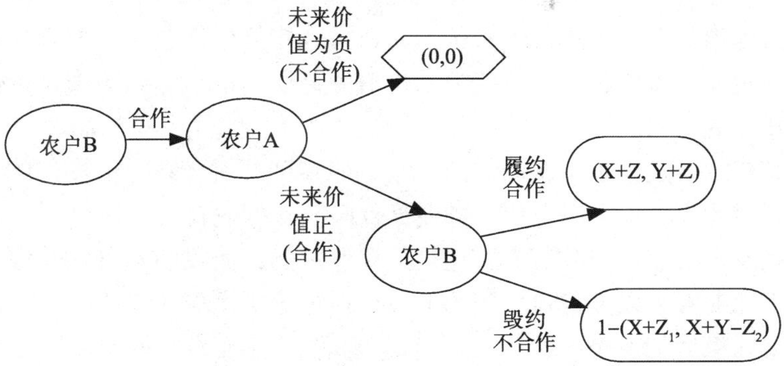

图 10-4 非货币价值背景下农地流转合作博弈

(二) 农地流转中的重复合作博弈

通过单次合作博弈的分析，我们发现将非货币价值引入以后能够对农地流转中人们的经济行为进行一定的调整。农村中的土地流转一般以一年为一个周期，存在持续性的重复合作，是一个重复的合作博弈。假设在每一次博弈结束前，交易双方都预期进行下一次交易的概率为 γ，如果农户 B 选择毁约，则农户 A 将不再与其进行合作，土地流转交易终止，农户 B 的行为将影响农户 A 是否选择继续合作。在单次合作博弈的情况下，农户 B 在第一次合作的时候就选择毁约，则他的收益仅为 $X+Y-Z_2$。进行重复博弈时，农户 B 在首次合作时选择守约，他本次获得的收益为 $Y+Z$，而农户 A 有 γ 的概率选择继续与他合作，他将再一次获得收益 $Y+Z$，依此重复，农户 B 的未来价值 y 可以表示为：

$$Y=(Y+Z)+\gamma(Y+Z)+\gamma^2(Y+Z)+\cdots=\frac{Y+Z}{1-\gamma} \quad (10.1)$$

当 $(Y+Z)/(1-\gamma)>X+Y-Z_2$ 时，$\gamma>(X-Z_2-Z)/(X+Y-Z_2)$，农户 B 会选择合作。在农村，农户一般会认为自己在别人眼中已经是守信的人，声誉良好，品行端正，他们以此为参照点来衡量自己，而这些影响因子必须经历长期的过程来形成，根据前景理论，在人们的认知领域中，获得的边际价值会随着他的不断增大而减小，由价值函数曲线也可以看出，收益和损失的曲线都趋于平缓，在长期中敏感度递减。所以，每一次博弈所带来的非货币收益 Z 的增加量相对较小。在农村，毁约、欺骗、损害他人利益的行为都被视为十分严重的问题，特别是在熟人社会和地域社会，大家口口相传，进一步扩大了“坏事传千里”的效果，对“犯事者”的惩罚 $-Z_2$ 被扩大了。由价值函数的性质，损失敏感远远大于收益敏感，所以我们认为 $Z_2\gg Z$，进行如下处理：$Z_2+Z\approx Z_2$，将农户 B 选择合作的条件简化为 $\gamma>(X-Z_2)/(X+Y-Z_2)$。此时非货币未来价值和货币未来价值一同作用，农户 B 的最优选择为合作，合作经历增加了农户 A 对获得未来价值 X + Z 的可能性预期，他也乐于选择继续合作。只要贴现因子 γ 足够大，交易双方都会因为想要获得可观的未来价值而选择合作策略，达成长期合作默契。这是理性的农户面对短期利益和长期未来价值的跨期决策，形成的未来价值影响其在农地流转中的行为。

如果农户之间建立了正式的契约关系，如签订书面合同，保护守约方农户的利益并惩罚毁约方，就可以形成一种制度保障。根据农村的实际情况，正式的书面合同一般发生在农户与政府或者正规的企业之间，而我们的研究对象是农户间自发性的土地流转，以签订口头契约为主。通过分析发现，非货币价值起到正式契约中制度约束力的效果，我们可以将 Z_2 看作是对毁约方的制度约束力，其大小根据当地民俗中对于不道德行为的惩罚力度而定。由于约束力的存在，对农户的行为起到规范作用，农户间自发性土地流转交易中的毁约事件较少。正式契约和非正式契约之间是相互补充的，促进了农地流转合作。由于农村地域性和熟人社会的性质，土地流转多发生在熟人或者亲友之间，并且形成长期合作关系，非货币未来价值对农户在土地流转中的行为起到了制度性的调整作用，确保口头契约的实施和货币未来价值的实现。

三、土地流转过程中影响未来价值判定的因素

通过对未来价值在农地流转过程中形成机制的分析，我们发现，在实际情况中货币未来价值与非货币未来价值共同对农地流转产生影响，并且非货币未来价值是货币未来价值得以实施的有力保障。为了进一步对未来价值进行分析，笔者通过到贵州省湄潭县进行调研，以入户问卷调查和深度访谈的形式收集到的资料为依据，将影响农户土地流转过程中对未来价值判定的因素按照货币未来价值和非货币未来价值两大类进行分析。

（一）货币未来价值

在农户的土地流转过程中，不可避免的涉及租金的支付以及实施流转合同后的其他货币支出和所得。根据实际调研的情况，我们发现，由于知识体系和文化程度的约束，农户一般按照本村土地流转的“行情”来进行租金的确定，土地偏僻一些或者土地贫瘠一些的价格略微降低。农户要进行土地流转，首先是明确土地流转能够带来的价值，也就是进行土地流转的原因，这是农户进行土地流转的最初愿望，是他预期要获得的效用，是未来价值的萌芽。

经过调研，从表 10 - 1 中可以看到，在农户转出土地的原因中，由于劳动力不足所造成的因素占 66.67%，位居首位，其次是为了获取非农收入，占到

29.63%，这两个原因具有很大的共性。当调查对象是留在家里的老人时，由于家庭劳动力大多外出打工或者经营店铺，而自己因为年迈无法进行土地的耕种，便是由于劳动力不足而将土地出租；当调查对象是年轻劳动力时，由于外出打工或者从事非农经营获得的收入相对于务农来说高得多，并且比较轻松，他们便选择获得非农收入而将土地转出。对于相同事件而造成的选项差异是由于被调查者所处位置的不同所造成的。因为给亲朋好友代耕而转出土地的农户在样本中较少，只占3.70%。

表10－1　农户转出土地的原因

原因	频率	百分比（%）
劳动力不足	36	66.67
获取非农收入	16	29.63
让亲朋好友代耕	2	3.70
合计	54	100

总体看来，进行土地转出的一个很大原因是将闲置的土地利用起来，在防止土地荒废的同时获得相应的租金，这形成了土地流转中的货币未来价值部分，由此农户选择与他人合作，进行农地流转。

在前面的分析中，我们提出，价值是以参照点为依据来进行估计的。根据调研了解到的情况和所取得的数据分析，对于土地转出方来说，家庭劳动力不足是农户想要将土地转出的一个主要原因，家庭劳动力不足分为两种情况。第一种情况：由于时代原因，年轻人大都不愿意进行土地耕种而选择外出打工，留在家中的老人因为年老体迈无法继续农作，在这种情况下，当不进行土地流转时，他们的土地处于无法带来收益的闲置状态，并且面临着抛荒问题。仅考虑土地流转这个单一的事件，此时农户面临两个选择，一是土地继续闲置，获取收益为0；二是土地转出，获取租金收入。此时农户的货币未来价值参照点为0，无收入。当农户认为获得货币价值——租金是一个好选择时，便会选择与土地转入方合作，将土地转出。第二种情况：家中老人无法再进行土地劳作，而自己要么在家耕种土地获得收入A，要么外出打工或者经商获得非农收入B，此时A与B之间互为机会成本，当农户选择外出打工而想将家中的闲置土地转出，这时他的货币价值参照点就为自己耕种土地所获得的净收入A，而预期的未来货币收入便是租金与非农收入B的总值，对预期未来价值的衡量是收入总值中高于参照点的那个部分，即“租金＋B－A”。当“租金＋B－A ＞ 0”时，农户是获得正效用的，当“租金＋B－A ＜ 0”时，农户便得到负效用。根据实际情况，非农经营所得的收入明显高于耕种收入，所以第一种情况在现实生活中发生的频率较高，在这里主要针对第一种情况进行讨论。

对于土地转入方来说，有71.85%的人是因为想要增加收入而转入土地（详见表10－2）。由于年龄原因或者个人素质不符合外出务工的条件，有些农户只能够在自己劳动力允许的前提下，依靠耕种更多的土地来增加收入。帮助亲戚朋友代耕而转入土地的农户占到本次所调查样本的8.89%，他们的亲戚朋友外出打工，为了保证土地不荒废，将土地或租给或“送给”转入方农户耕种，其中有一半的土地流转是不用支付租金的；由于粮食不够吃而转入土地的农户大多家中地少，租入土地进行耕种不仅能够满足生活所需，收成好的时候还能够出售盈余的粮食，增加收入，这部分农户占到19.26%。

表10－2　农户转入土地的原因

原因	频率	百分比（%）
粮食不够吃	26	19.26
增加收入	97	71.85
给亲朋好友代耕	12	8.89
合计	135	100

根据农地转入方选择进行土地流转的原因，对农户所获得货币价值的分析相对于农地转出方的简单一些，他们希望多劳多得，以包括租金、种子化肥等种植成本和人工劳动力成本在内的总成本为货币价值参照点，想获得大于总成本的收益，此时这笔交易才是“划算”的。从合作博弈中可以看出，农户转入方有可能因为自然灾害或者家庭变故等原因使得这笔交易“不划算”了，这时他们便面临着守约与毁约之间的选择。如果守约，他们在本年度会亏损，如果违约，便在当前“节约了”本该付出的租金成本，这笔失而复得的资金一定程度上对这笔“不划算”的交易进行了补偿，但是，转出方会因此拒绝再次向他租出土地，他失去了继续合作的机会。

我们在调研的过程中发现了一个“非理性决策”的现象：转出方有将土地免费送给亲朋好友耕种而不收取租金的，也有“随意租金”现象，即土地承租方在收成好的时候愿意给一些租金，收成不好的时候不给也没问题，这相当于将自己的一部分货币价值无条件让渡给了他人；转入方就算在遭受损失的情况下也不会轻易选择违约。如此看来，影响土地流转双方经济行为的因素不仅仅包括货币价值，合作博弈中提出的非货币价值是真实存在的，并且同货币价值一起影响农户的决策。

（二）非货币未来价值

影响农户是否进行农地流转的因素，还包括非货币未来价值。在流转的第一阶段，转出方农户想保证闲置的土地不抛荒，在亲朋需要而自己又有闲置土地时，也乐于不收租金将土地“送”给他们耕种。在流转的第二阶段，也就是签订合约之后，合约双方仍然要进行一次是否履行合约的选择。我们对调研所取得的数据进行分析，用（选择人数/调研总数）的方式表示。大多数农户认为，在交易中选择履约、合作有利于邻里关系（156/189），增加他人对自己的信任度（164/189），获得以后和他人继续合作的机会（161/189）等别人对自己的正面评价，并且在所调研的189户农户当中，有159户认为答应别人的事情就应该要做到，从自身的道德感方面也会促使他们选择履行约定，即为自己带来正效用。但是如果发生恶意毁约的情况，便会有亲友关系变差（141/189），信任度降低（173/189），产生心理负罪感（167/189）等负面效应，甚至导致他人不再与你合作（160/189）。农户在土地流转中的表现会影响自己的邻里关系、信任度、道德评价以及继续和他人合作的机会，并且大多数人认为这些因素将会对他们造成长期影响。以上因素共同构成了农地流转中的非货币未来价值，所以在农地流转过程中，农户的行为并不是总是“自私自利”的，而在一定程度上是“利他的”。综合看来，非货币价值同时具有利己性质和利他性质。

亚当·斯密所认同的是一种“自利与社会丰裕原则”，他在强调每一个人都有利己心的同时也认为这种利己心是有能力自然而然的实现社会丰裕的。这个意思是，利己行为和利他行为都是自然存在的，但是这种利他是被动的、潜在的，是在各种自利个体之间由一只“看不见的手”引导而不由自主的实现的①。从字面上看，利他行为就是不图回报，做有利于他人的事情。但在现实生活中，这种纯粹的利他行为毕竟是少数。从利他行为的动机上看，我们也可以将利他行为视为利己行为中的一部分，为了达成利己的目的，需要进行利他行为，由利己动机产生利他动机，最后发生利他行为而达成利己目的。以农地流转为例，土地承租方在正常情况下选择诚实守信的与土地出租方进行合作，这样能够形成双方都令人满意的未来价值的双赢局面，但在遭受亏损的情况下，土地承租方仍然愿意履约，支付租金，从表面上看这是一种利他行为，但进一步分析我们就会发现，承租方的行为最后会为自己带来好声誉和提升他人对自己的信任度，或者自己能够得到道德方面的正效用，实际上也起到了利己作用，仍然是一种双赢的局面。在土地流转过程中，我们将农户的非货币价值分为利己价值和利他价值两类。为了进一步分析利他价值，文中借鉴社会学中对利他行为的分类，具体分为“亲缘利他”（kin selection）、“互惠利他”（reciprocal selection）和“纯粹利他”（group selection）。

亲缘利他是以有血缘关系的个体为对象，为自己的亲属提供帮助或者做出牺牲、为之付出，大多数情况下是在父母与子女、兄弟姐妹与亲戚之间相互提供帮

① 董志勇．行为经济学．北京大学出版社，2005：92－98.

助。这种性质的利他是大部分生物都具有的本能，就像父母会毫无保留地为子女付出，兄弟姐妹之间会自然而然地伸出援助之手一样。生物学界的研究表示，亲缘利他行为的发生没有离开“有利于后代和种群生存繁殖”这一个目标，即使在大脑并不健全的一些物种当中也是如此。随着亲缘关系的疏远，“亲缘利他”的强度也会逐步衰减①。

互惠利他是指发生在没有血缘关系的生物个体之间，为了回报而相互提供的帮助，也可以说这是一种期权式的投资。在一定的情况下，施惠者以牺牲自己的利益为条件来帮助另一个与自己并没有亲缘关系的人（受惠人），施惠者希望在未来的一个时间，当自己需要帮助的时候，曾经的受惠人会向自己伸出援助之手（回报），此时“施惠人”和“受惠人”之间的角色进行了转换。施惠人的“投资”和受惠人的“回报”之间存在着一个时间差距，所以我们将这样的行为看作一种期权式的投资，并且具有一定的风险性。因此，互惠利他需要有一定的环境和条件限制，必然存在于长期的合作当中，由于机会主义者的存在，还要求有识别机制来抑制个体的机会主义倾向。这样的“利他”是以“利己”为目的的。

纯粹利他类似于我们常说的“道德”，利他主义者并不以追求回报为目标，对他人帮助的行为是为了个人的精神满足。实施利他行为的动机是纯粹利他和互惠利他最显著的区别，虽然纯粹利他不求回报，但他得到了自己精神上的满足，从根本上说也是“自利”的，这是一种广义的自利动机。

根据农户行为目的的不同和非货币未来价值为农户所带来效用的性质不同，将非货币未来价值分为利己价值、亲缘价值、互惠价值以及纯粹价值。

（1）利己价值。在土地流转过程中存在着很多由利己目的而引发的行为，这样的行为利益主体是自己，这里用收益与成本来进行说明。从收益方面来看，土地转出方是以当前的闲置土地的荒废程度和土地质量为土地参照点，他们希望未来土地不荒废，土地质量不变坏，这是土地价值收益；另外，有些人因为转出土地而获得了多余的闲暇时间，得到身心上的愉悦与放松，这是闲暇价值收益。从成本方面来看，土地流转双方需要对合作方的人品、是否有违约记录等信息进行了解，选择熟悉和信任的合作伙伴，不管是在合作方背景调查还是合同的设立、缔约方面都降低了信息成本，因为了解，所以不用过多的担心对方会违约，有效降低了监督实施的成本。我们将收益作价值的正效用，收益越高，利己价值越高，同时，将成本看作价值负效用，成本越低，利己价值越高。

（2）亲缘价值。将亲缘价值定义为满足自己对有血缘或者亲缘关系的人进行帮助的欲望，这样的欲望出自于人们的本能。在农村土地流转过程中，真实存在着亲缘利他行为，大多发生在兄弟姐妹和父母子女之间。例如，经常有农户将

① 洪名勇．利他行为及内在机制．贵州大学学报（社会科学版），2012：2.

一部分土地送给亲戚进行耕种而不收取租金，大部分原因是家里有空闲的土地，以把土地送给亲戚耕种的形式来对其提供帮助；另一种形式是由于亲戚外出打工，家中闲置的土地无人照看，为了保证亲戚的土地不荒废，自己便为他们免费代耕，代为照看。调研过程中，曾有一位农户表示：若不是因为是自己兄弟的土地，土地送给他做他都不做。由此可以看出，这种情况的土地流转界限明确，这种利他行为以血缘和亲情为纽带，没有任何的“功利”目的，符合亲缘利他的行为要求，我们将之称为亲缘价值。

（3）互惠价值。我们将互惠利他行为看作是发生在无亲缘关系人们之间的一种期权式的投资，互惠价值便是期权“到期”后的收益，包括人际关系、名声、信用度等。通常情况下，参与土地流转的双方存在着长期的合作博弈关系，而租入方想要维持长期合作的关系，必然要做出一些“利他的善举”，例如不拖欠租金，不破坏租入的土地等，我们可以将其视为农户的“当期投资”，虽然可能当期不能立刻获取收益，但是期权的“到期日”并不是固定的，当你需要的时候，期权便会到期，为你带来收益。例如，农户在合作中实施一些“利他的善举”，这会影响合作方对农户人品、名声等方面的评价，更加愿意将土地租给农户，或许农户还能够得到一些租金优惠，这便是期权的“回报”。通过利他行为，最终给农户带来了利己价值，使得双方在农地流转过程中都有收益，形成互惠价值。

（4）纯粹价值：在民风淳朴的农村，道德是大家默认需要遵守的一个规则，这个规则指导着大家的行为，这便是纯粹价值。在调研过程中，每当问到是否会因为个人利益而失信于合作方时，农户几乎都是立刻做出否定的答案，他们认为诚信守约很重要，轻易做出失信等不合作行为是不道德的，是不应该的，严格遵守契约能够让他们得到强烈的道德感。虽说这并不是以利己为目的的行为所带来的价值，但是从客观上看，最终还是达到了利己的效果。

第二节　未来价值对农地流转过程中农户行为决策的影响路径

前面我们将农户土地流转过程中影响未来价值判定的因素进行了分析，包括货币价值和非货币价值。对于货币价值来说，损失或者收益可以依照由土地流转所带来货币的盈余量或者损失量而得到；对于非货币价值来说，分为利己价值、亲缘价值、互惠价值和纯粹价值。这些因素共同作用，影响农户在土地流转过程中的行为。那么，货币价值和非货币价值又是通过怎么样的路径来影响农户的决策的呢？在这里，我们用心理账户来解答这个问题。

一、心理账户的定义和结构

芝加哥大学著名的行为金融和行为经济学家理查德·萨勒于1980年首次提出心理账户（psychic accounting）的概念，萨勒认为，不管是企业、家庭还是个人，都有一个潜在的心理账户系统。与传统的会计账户不同，心理账户最本质的特征是“非替代性”，也就是不同账户的金钱不能完全地替代，由此使人们产生“此钱非彼钱”的认知错觉，导致一系列的非理性经济决策行为①。例如，人们在消费决策时，会将过去付出和现在投入的总和作为成本来进行衡量，最后作出决策。举一个土地流转的例子，土地租入方会考虑，租入土地为他所带来的价值为A，而付出的成本为B，则他做这个决策的净价值就是V(A)－V(B)，人们最后的决策根据净价值的大小来确定。

丹尼尔·卡尼曼和特维尔斯基曾于1981年使用过心理账户（psychic accounting）的概念，用其来解释“演出”实验。他们得出的结论是，消费者决策的心理账户是根据不同的决策任务形成的，这是人们在不同情况下在心理上对结果（尤其是经济结果）的分类记账、编码、估计和预算的过程②。1984年，卡尼曼和特维尔斯基又提出，用“mental account”对心理账户的概念进行表达更加贴切。卡尼曼认为：人们在做出选择时，实际上就是对多种选择结果进行估价的过程。估计最简单的方式就是用获益与损失来评价结果，为此，卡尼曼教授提出用前景理论中的“值函数”假设和“决策权重”函数来解释人们对得失的评价机制。这些重要概念后来都被“心理账户”理论借鉴过来③。

《心理账户与消费者行为选择》这一篇文章是萨勒于1985年在Marketing Science杂志发表的，其中正式提出了“心理账户”理论，这是他的重要研究成果之一。萨勒认为：小到个体、家庭，大到企业、集团，都有或明确或潜在的心理账户系统。在做经济决策时，这种心理账户系统通常遵循一种与经济学的运算规律相矛盾的潜在心理运算规则，其心理记账方式与经济学和数学的运算方式都不相同④。1999年，Kivetz根据人们的财富来源，用“重要性—非重要性”的维度

---

① Thaler R. H. Towards a positive theory of consumer choice［J］. Journal of Economic Behavior and Organization, 1980（1）: 39－60.

② Tversky A, Kahneman D. The Framing of Decisions and the Psychology of Choice［J］. Science, 1981: 453－458.

③ Kahneman D, Tversky A. Choices, Values, and Frames［J］. American Psychologist, 1984, Vol. 39（4）: 341－350.

④ Thaler R. Mental Accounting and Consumer Choice［J］. Marketing Science, 1985, 4（3）: 199－214.

对心理账户进行编码和分类[①]。1999 年，泰勒在“Mental Accounting Matters”一文中对 20 年中心理账户的研究做了一个总结，并且提出：心理账户是个体或家庭编码、评估和记录金融行为的认知运算过程[②]。

心理账户普遍存在于个体、家庭或者是企业中，一些学者对其内隐结构进行了一些研究，他们对心理账户的分类大都是根据经验的总结，直观地从不同的角度对心理账户进行区分。Kivetz 在试验研究中把心理账户分为固定收入（regular income）和意外横财（windfall gain）；Henderson 根据财富的来源，把心理账户分为以下七类：赠礼（gift）、偶然所得（found in street）、彩票（lottery）、工作奖金（work bonus）、归还的欠款（debt repaid）、卖旧货所得（sale of stereo）、遗产（inheritance）[③]；Thaler 以消费支出为依据，分为日常消费品支出（common expenditure）和奢侈品支出（luxury）两个心理账户，此外，他也根据生命周期划分了“当前收入账户”、“当前资产账户”和“未来收入账户”；Kahneman 和 Tversky 通过实验，将心理账户区分为“最小账户”、“局部账户”和“综合账户”。

通过对心理账户的研究进行梳理，我们发现，心理账户就是人们在进行经济决策时，从心理上对结果（尤其是经济结果）的编码、分类和估价的过程。通过对农户在土地流转过程中的行为进行研究，我们发现仅仅用货币价值的得失来解释农户的经济行为是不够的，因为影响他们决策的因素还包括非货币价值的收益或者损失，所以，在构建他们的心理账户的时候，我们将利己价值、互惠价值、亲缘价值和纯粹价值等因素也囊括到心理决策的编码之中，同时，很多对心理账户结构的研究都是依据经验的总结和角度的不同来对心理账户进行区分。在这里，笔者会根据未来价值的特点来对农户的心理账户进行构建，以更全面的解读未来价值对农户在土地流转过程中行为的影响。

二、农地流转过程中心理账户的构建

根据调研的结果显示，很多农户在土地流转过程中并不是仅仅考虑金钱方面的得失，道德、信用等非货币价值也会对他们的决策产生巨大的影响。为了能够更好、更全面的探讨未来价值对农地流转过程中农户行为决策的影响，我们采用

---

① Ran Kivetz, Advances in Research on Mental Accounting and Reason – Based Choice [J]. Marketing Letters, 1999. 10 (3): 249 – 266.

② Richard H. Thaler. Mental Accounting Matters [J]. Journal of Behavior Decision Making, 1999 (12): 183 – 205.

③ Henderson, Pamela W., Peterson, Robert A. Mental Accounting and Categorization [J], Organizational Behavior & Human Decision Processes, 1992, 51 (1): 92 – 117.

卡尼曼教授的“前景理论”对价值进行评估，在这里依旧用“前景理论”中所提出的“价值函数”（value function）来进行心理账户的分析。

在前面我们对“价值函数”的三个重要特征进行了讨论（见图10－1），第一，价值函数是人们在决策时根据参照点的不同所得出得与失的结论，收益与损失是一个相对的概念，而不是一个绝对的概念；第二，收益与损失都符合敏感性递减的规律，所以价值函数曲线呈现出“S”形，收益曲线为凹形，损失曲线为凸形。距离参照点越近的差额让人们越敏感，越远则越不敏感；第三，人们都是损失规避的，所以损失曲线比收益曲线陡峭，损失规避对心理账户的运算影响非常大。

根据价值函数的三个显著特点，对心理账户的构建有三点启示：第一，一个相同的决策结果，在不同的情况下可能是损失也可能是收益，但是表述为损失或者收益会对人们的风险决策偏好有所影响。第二，不同的参照点导致人们对结果的不同认识。第三，同样的价值差额在不同的原始价值评估下，对人们的影响是不同的①。

我们用“前景理论”对农地流转中的未来价值进行评估，根据其参照点的不同，而将决策的结果价值评价为收益或者损失，根据价值对农户影响时间的长短和影响程度的大小，我们将农户的心理账户简单分为“固定账户”和“临时账户”，其中，固定账户中的收益与损失将会在长期持续对农户造成影响，而临时账户中的得失对农户的影响较小。笔者根据到贵州省湄潭县进行调研所得的数据，对两个账户中所包含的项目进行分析。在农地流转过程中，货币价值和非货币价值共同影响农户的行为决策，货币价值中包含了租金、种植成本、人工成本、其他成本和年收入五个项目，总体上用耕种净收入进行表示，非货币价值中则包含了保证土地不荒废、监管成本等利己价值，亲缘价值，类似期权的互惠价值和以道德感为主的纯粹价值。

为了更好地阐述农户的心理账户项目，我们根据调研中农村的实际情况，进行举例说明。假设：农户会根据不同价值对自己产生影响时间的长短来对“收益”和“损失”进行分类。农地转出方A为外出务工者，非农收入是生活的主要经济来源，他转出土地是为了保证老家的土地不荒废，租金的金额大小只占整体收入的一小部分，对他的生活并不能造成过大的影响。农地转入方B是A的亲戚，由于生活需要，转入土地进行耕种，增加收入。农户所在地是典型的“地域社会”和“熟人社会”，大家非常重视自己的人品、声誉等因素，如果农户B违约，将很难找到再次合作的对象。

情况一：农户A选择将土地免费“送”给熟悉的亲戚农户B耕种，他们之

① 李爱梅．心理账户与非理性经济决策行为研究．经济科学出版社，2007：101－104.

间一直保持着良好的合作关系，均履行契约。由于今年收成好，农户 B 给了农户 A 500 元“临时租金”作为报答。他们的账户显示如下：

表 10－3 显示了农户 A 进行土地流转的主要得失。由于合作的长期性，并且双方都遵守契约，选择合作，农户 A 不仅保证了土地不荒废，获得利己价值 V(X)，还增进了同亲戚（农户 B）的感情，以后也能够相互照应，获得了互惠价值和亲缘价值 V(Y)，这两项收益记入固定账户。另外，由于口头契约中约定的是免费的土地流转，农户 B 出于谢意自发的给农户 A 租金，进一步增进了他们的亲友关系 Y，但是这个租金收入是临时性的，具有偶发性，所以这个货币价值 V(P)需要记入临时账户。农户 A 在这样一个土地流转过程中没有损失，其固定收益价值为：V(X)＋V(Y)，这将对农户 A 造成长期的固定影响；临时收益价值为：V(P)，这样的货币收益是临时的，但是由此增进的亲友关系却是记入固定账户的。

表 10－3　　　　情况 1 中农户 A 的心理账户

	固定账户		临时账户		
	收益	损失	收益	损失	
利己价值——	土地不荒废 X	0	租金 P	0	——货币
互惠价值、亲缘价值——	亲友关系好 Y	0	0	0	价值

较之农户 A 的得失，表 10－4 显示的农户 B 的心理账户所包括的项目多一些。长期的土地流转保证农户 B 获得耕种的净收入，货币价值 V′(I)；同时，在免费租赁土地的前提下，当收成好的时候，农户 B 主动付给农户 A 500 元租金表示感谢的行为不仅增进了彼此间的感情，获得互惠价值和亲缘价值 V′(Y)，并且知恩图报的行为提升了他自身的道德感，获取了纯粹价值 V′(Q)，这些项目价值都具有固定性，能够在长时间内影响农户 B，均进入固定账户。租金对于农户 B 来说相当于仅发生在本年度内的货币价值损失 V′（P），记入临时账户，但是这样的损失为他带来了长期的价值 V′(Y)＋V′(Q)，并且保证了继续合作中长期货币价值 V′（I）的实现，有 V′(Y)＋V′(Q)＋V′(I)≥V′(P)，农户 B 最终获得了正效用，由此他愿意支付租金。

表 10－4　　　　情况 1 中农户 B 的心理账户

	固定账户		临时账户		
	收益	损失	收益	损失	
货币价值——	耕种净收入 I	0	0	租金 P	——货币
互惠价值、亲缘价值——	亲友关系好 Y	0	0	0	价值
纯粹价值——	道德感加强 Q	0	0	0	

在需要支付租金的情况下，我们只需要将租金加入固定账户即可，农户之间的心理账户状况大体不变，农户履约合作的行为仍然是未来价值实现的保证。

情况二：农户 A 选择将闲置的土地租给亲戚农户 B 耕种，农户 B 在本年度违约，要赖不支付租金。在这种情况下，他们的心理账户见表 10－5。

表 10－5　　情况 2 中农户 A 的心理账户

	固定账户		临时账户		
	收益	损失	收益	损失	
互惠价值、亲缘价值——	0	亲友关系恶化 Y	土地不荒废 X 0	0	——利己价值
互惠价值、亲缘价值——	0	信任损失 Z	0	租金 P	——货币价值

在情况二中，农户 A 是以信任农户 B 会履行合约为参照点，由于农户 B 的违约行为给 A 造成了对 B 的信任损失，"一朝被蛇咬，十年怕井绳"，A 受到欺骗后不愿意再将土地流转给 B，甚至在以后的生活中也不愿再与之接触，在针对 B 的问题上，A 损失了互惠价值和亲缘价值 $V(Y)+V(Z)$，记入固定损失账户。农户 A 虽然在本年度内仍然保证了土地不荒废，但在以后拒绝与 B 合作，需要寻找其他的土地需求方以转出闲置土地，所以将这次土地不荒废的利己价值 $V(X)$ 记入临时收益账户，并且，农户 A 以收入租金 P 为参照点，将 P 视为自己应得的收入，但这并没有实现，对于 A 来说，有货币损失 $V(P)$，并记入临时账户。这次农户 A 具有固定的非货币价值损失：$V(y)+V(Z)$，临时账户得失为：$V(X)-V(P)$。

表 10－6 中显示了在情况二中农户 B 的心理账户，由于他的毁约行为，农户 A 将拒绝与他继续合作。因为不能够再租入农户 A 的土地，在短时间也无法找到合作对象，目前，农户 B 只能在本次获取耕种净收入，所以货币价值 $V'(X)$ 从固定账户中转出，转入临时账户，此时他获取了本该支付给农户 A 的租金，这样的收入具有临时性，货币价值 $V'(P)$ 也记入临时收益账户。再来看农户 B 的违约行为所造成的损失，由于他的不讲信用，恶意"撕毁"当初的约定，农户 A 认为受到了欺骗，长期内不会再愿意与他来往，更谈不上再次合作，农户 B 在亲友关系方面受到了很大的损失 $V'(Y)$，另外，欺骗、损害他人利益等行为在农村被看作十分严重的问题，农户 B 被大家视为不讲信用的人，通常情况下不会选择与他合作，由此，损失了互惠价值和亲缘价值 $V'(Z)$ 以及利己价值 $V'(Q)$，$V'(Y)$、$V'(Z)$ 和 $V'(Q)$ 均会对农户 B 造成长期影响，记入固定损失账户。固定损失账户中的成本将会一直存在于农户在以后的生活或者土地租赁过程中，他任何时候都必须将这部分损失纳入账户之中，对他造成长期影响，大大降低了他的未来总收益。农户 B 在这次土地流转中的固定非货币价值损失为：$V'(Y)+V'(Z)+V'(Q)$，临时货币收益为：$V'(X)+V'(P)$，一般地，$(V'(Y)+V'(Z)+$

$V'(Q))\gg(V'(X)+V'(P))$。

表 10-6　情况 2 中农户 B 的心理账户

	固定账户		临时账户		
	收益	损失	收益	损失	
互惠价值、亲缘价值——	0	亲友关系恶化 Y	耕种净收入 X	0	——货币价值
互惠价值、亲缘价值——	0	他信度降低 Z	租金 P	0	——货币价值
利己价值——		再次合作机会 Q			

由于农户 A 的非货币价值损失$[V(Y)+V(Z)]$只针对农户 B，而农户 B 的非货币价值损失$[V'(Y)+V'(Z)+V'(Q)]$却是相对于农户 A 以及全村人来说，所以有$[V(Y)+V(Z)]\ll[V'(Y)+V'(Z)+V'(Q)]$。此时，农户 A 虽然也遭受了一定的损失，但是获取了相应的经验与信息，由于是外出务工者，租金对于他来说不是一笔重要的收入，其最终损失的大小需要根据他的心理感受来判断。农户 B 虽然获取了一定的临时货币收益，但是付出了固定的非货币价值损失的代价，同时也放弃了继续合作所带来的货币未来价值，从长远来看，得不偿失。

从以上两个例子中，我们可以清楚地看到，履约行为会为流转双方都带来收益，而毁约为农户带来的固定损失是远远大于临时收入的，并且大大影响了长远的未来价值的实现。一方面，在地域社会和熟人社会，农村中农户非常看重与亲朋之间的关系和自己的名誉，总是乐意将这些非货币价值记入固定收益账户之中，不会轻易做出有损自己声誉的事情，另一方面，农户大都十分看重自己的未来价值，只有目光短浅的人才会为了临时的收益而毁约，放弃固定收益账户中的未来价值。由此，农户总会在自己的心理账户中进行得失的比较和衡量，更倾向于实现固定账户中的收益，从而在进行农地流转的过程中更愿意选择诚信履约、长期合作的行为策略。

三、未来价值影响农地流转中农户行为的路径——价值循环模型

如图 10-5，未来价值循环模型显示了影响农户在土地流转中行为决策的路径。农户在首次合作时会构建一个心理账户进行未来价值的预期，并以此来决定是否要进行农地流转并签订流转契约。如果签订了契约，在后期履约的过程中，农户的行为会形成一个结果变量，显示固定账户和临时账户中的收益和损失，为农户提供下一次是否合作的信息和依据，并从中感知获取未来价值的风险，以此来进行下一次未来价值心理账户的构建并进行流转决策。如果在长期合作过程中，双方都遵守契约，诚信合作，则农户心理账户中的固定收益会增大，相应的对未来价值的预期估计增加，从而乐于进行土地流转，双方的流转进入进行良性

循环；如果发生违约、不合作的行为，土地转出方农户会将这次的结果变量纳入固定损失账户，并且感知到如果继续合作，未来价值实现的风险会增大，由此规避风险，拒绝再次合作，对于土地转入方农户来说，记入固定损失账户的非货币未来价值增加，这部分损失将会造成以后人们对他的评价降低，不再愿意和他合作等流转难问题，由此，未来价值大大降低，违约行为造成未来价值模型的恶性循环。农户总是偏向未来价值模型的良性循环的，所以他们在农地流转中更愿意选择履约、合作的行为策略。

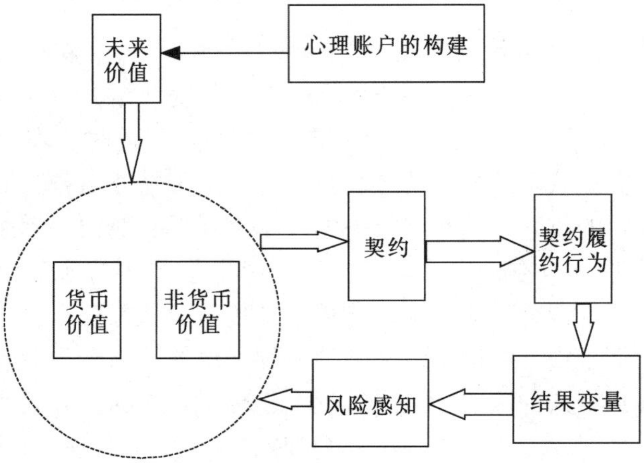

图 10－5　未来价值与契约履约

四、结论

根据贵州省湄潭县调研所得到的实际情况，我们对农地流转过程中影响未来价值的因素和心理账户的构建进行了分析。在农地流转过程中，农户的未来价值由货币未来价值和非货币未来价值两部分组成，不仅包括资金的往来，还有利己价值、亲缘价值、互惠价值和纯粹价值等组成部分。对进行农地流转的农户来说，非货币未来价值则是影响下一次合作的概率——贴现因子 γ 的重要因素，并且是保证货币未来价值实施的基础。在构建农户心理账户的过程中，我们根据农户行为所造成的价值得失对他影响程度的大小，将在土地流转过程中农户行为的心理账户简单分为“固定账户—固定收益、固定损失”和“临时账户—临时收益、临时损失”，其中，固定账户中的价值将会对农户造成长期影响，形成固定收益或者固定成本，临时账户造成的影响时长较短。“固定账户”和“临时账户”中都包括货币价值和非货币价值，影响农户的决策和行为。记入固定收益账户的非货币价值越大，贴现因子 γ 便会随之提高，固定收益账户中的货币未来价值也就越可观，农户越倾向于选择履约合作的策略。反之，记入固定损失账户的非货币价值越大，则农户之间下一次合作的概率 γ 越小，记入固定收益账户中的未来非货币价值也就相应降低。

第三节　未来价值、契约选择及口头契约自我履约机制

前面我们从合作博弈的角度对农地流转中未来价值的形成机制进行了分析，并且从心理账户的角度分析了未来价值对农地流转中农户行为决策的影响路径。这一节我们从农地流转契约选择与实施的角度出发，分析未来价值对农地流转中口头契约实施的影响。

一、未来价值对农户农地流转的契约选择

未来价值越大，农户就越倾向于进行农村土地流转，并且始终选择最优策略：[合作，合作]，实现帕累托最优。根据合作对象的不同，农户对未来价值的预期不同，在农地流转中对契约的选择也不尽相同。经过前文的分析，笔者认为未来价值能够影响农户对农地流转契约的选择方式，但未来价值是农户的一种心理感知和对未来收益的心理预期，是难以观察和度量的，要解决这一难题，必须深入农村，从农地流转的实际参与农户身上寻找答案。因此，笔者在调研中积极收集有关资料，以研究农地流转中未来价值对农户契约选择的影响。

（一）前提假设及研究假设

我们运用贴现效用模型对农村土地流转中农户的贴现率进行计算，由于是首次对农地流转中农户的贴现率进行估算，为了更准确地进行研究，我们根据贴现效用模型的特点和调研中的农户行为进行整个研究的前提假设，将影响贴现率计算的因素进行简化处理。

前提假设一：固定贴现率和时间一致性，固定贴现把农户的时间偏好总结为一个固定的贴现率①。在任一时期，农地流转中的农户对未来各期赋予相同的贴现率②。

---

① 科林・F. 凯默勒，乔治・罗文斯坦，马修・拉宾．行为经济学新进展．中国人民大学出版社，2009：200－201.

② 尼克・威尔金森．行为经济学．中国人民大学出版社，2012：155.

前提假设二：固定收益性，农户每年的收入保持稳定，不会发生大的变化。根据到湄潭县鱼泉镇进行调研的结果，农户在近五年内的耕种收入变化程度不明显，135个农户中，表示收入几乎没有变化的为77人，占比最多，达到48.1%；表示收入变化程度很小的农户有52个，占比32.5%；表示收入变化很大的农户有6个，仅占3.8%。以上数据是对前提假设二的可行性验证，说明在实际情况中农户的耕种收入具有固定性。

前提假设三：无限期合作期望，农户在一般情况下具有长期合作的意愿。根据调研结果，农地转入方大都由于综合素质、年龄或者思想上的原因而没有进行非农就业，种地是他们的主要收入来源。在自己承包的集体土地不够用的情况下，选择长期转入亲友的土地来进行耕种，以补贴家用。同时，笔者在调研过程中询问了农户的期望合作年限，通常情况下农户的回答是：能做多久做多久，笔者将这样的情况视为他们为了获得长期合作所带来的未来价值，在条件允许的情况下具有无限期合作的期望，由此，前提假设三是具有现实意义的。

现在，以农地流转中的土地转入方农户为研究对象进行研究假设。

第一，贴现率差异。长期实践证明，即使面对同一件事情，每个人的感受是不同的。比如在一个富农和一个穷农之间得到了3000元钱的收益，对于富农来说不足挂齿，但是对于穷农来说却是一笔巨大的收入。在农地流转的过程中同样如此，每个农户对每年至少应该获得的收益预期是不同的，即他们对未来价值的估计不尽相同，贴现率各有差异。有些人预计长期合作会带来很大的未来价值，则他会更加重视长期价值，有些人则更看重短期合作所带来的未来价值，而贴现率的差异大小反映出人们在估计未来价值时是注重短期价值还是长期价值。

在此提出研究假设一：不同的农户具有不同的未来价值预期，其贴现率是不同的。越看重长期未来价值的农户贴现率越小，越看重短期未来价值的农户贴现率越大。

第二，未来价值对于农地流转契约选择的影响。农户之间的农地流转通常发生在相熟的人之间，他们不需要签订书面契约，双方的权利义务在口头上说好即可。根据调研，在私人间的土地流转中，土地转入农户大都是进行小规模经营，相对寻找不熟悉的人通过签订书面契约的方式进行土地流转，与熟人进行合作，各项成本会小得多，包括信息成本、谈判成本、合同成本、监督成本等，成本越小，农户进行土地流转的难度就越低，他预期的未来收益就越大。而在与熟人之间进行土地流转时，通常选用的是口头契约。

由此提出研究假设二：未来价值的大小会影响农户对土地流转中契约形式的选择，未来价值越大，农户越倾向于选择口头契约的形式，反之，农户对未来价值的估计越小，他就越会选择书面契约。

（二）样本描述

我们的研究主要针对发生在农户与农户之间的农地流转，选取农地流转市场发展较好的湄潭县鱼泉镇为调研目标地点。湄潭县玉泉镇位于湄文水泥路主干线，距离县城15公里，总面积为106.7平方公里，人口总数1.84万人，其中农业人口1.77万人，占比96.2%，耕地面积1.9万亩，以田为主，达到1.5万亩，土地4033亩。调研涉仙谷山村、客家渡、新石村、石坝子村、周家寨等地，以户为单位采取随机抽样的方式，发出问卷200份，收回有效问卷189份，其中包括54户农地转出方和135户农地转入方。为了保证样本质量能充分反映土地转入方农户的心理预期和特征，本次调研以农地转入方为主要研究对象。

从表10－7中可以看出，当租入土地时，131个样本中选择签订书面合同的农户只有10户，仅占7.41%，选择口头契约的农户占92.59%；同时，仅有4户选择在签订口头契约的时候有第三方见证，所占比例很小，仅有3.2%。54个出租土地的样本中，湄潭县只有1户选择签订书面契约，只占1.85%，选择口头契约的农户占到97.78%之多；另外，为了避免违约情况，在签订口头契约时有第三方见证的农户有9户，占比16.98%。

表10－7　贵州湄潭县农地流转行为第三方见证情况表　单位：户

契约签订情况	签约时是否有第三方见证					
	转入方			转出方		
	有	没有	合计	有	没有	合计
书面	0	10	10	0	1	1
口头	4	121	125	9	44	53
合计	4	131	135	9	45	54

在农村土地流转过程中，签订口头契约并可以随意终止合同这种不规范的行为并不少见，既然签订书面合同可以很好地约束合同双方的行为，大部分农户进行土地流转时选择签订口头契约的原因是什么呢？

根据调查的资料，我们发现这样一个现象：在农地流转过程中，大部分口头契约都能够得到较好的实施，发生纠纷的情况较少。如表10－8所示，在签订口头契约的农户中，有125户土地转入方和53户土地转出方，分别只有5户和3户有违约情况的发生。

我们的一项调查研究表明，农地流转时农户选择口头契约具有普遍性，并且发现：在农地流转过程中，大部分口头契约都能够得到较好的实施。从贵州施秉、锦屏、金沙和平坝的调查来看，从农地承租方面看，有农地租赁契约纠纷的

表 10 -8 贵州湄潭县农地流转契约履约情况表

	转入方			转出方		
	无违约	违约	合计	无违约	违约	合计
书面	10	0	10	1	0	1
口头	120	5	125	50	3	53
合计	130	5	135	51	3	54

比例没有超过5%，只有3.2%的契约产生过租赁纠纷，高达96.8%的承租契约没有纠纷。从农地出租方面看，只有2.36%的农地出租契约发生过违约，高达97.64%的农地出租契约能够得到较好地履行①。

在农村，农地流转大都发生在熟悉的亲戚朋友之间，并且具有重复合作性，双方保持长期的合作才能够获得更大的未来价值。人具有风险规避性，对于损失远远比相等的收益敏感得多，淳朴的农民更是如此，违约对他们来说造成的损失非常巨大，如果将非货币价值形容成一个人的品牌，那么违约的行为会造成品牌价值的降低，导致经济亏损。由此，流转大都发生在个人品牌价值高的农户之间，他们之间相互熟悉，相互信任，不需要耗费太多的监督成本，并且相信能够在他们之间形成互惠双赢的局面，所以，他们之间只需要签订口头契约，并且能够得到很好的自我实施，不规范的土地流转却取得了规范行为的效果，未来价值对农户的行为起到了规范和引导的作用。

（三）研究方法、计量模型

前期研究：测度贴现率的研究方法包括现场研究法和实验研究法。现场研究法主要由人们生活中的经济决策推算贴现率，实验研究法则是询问人们对真实的或假定的报仇的跨时预期的评价，包括选择任务、配对任务、定价任务和评级任务②。为了使研究更贴近于农户在农地流转中跨期决策的真实贴现率，我们选择现场研究法进行研究。

后期研究：根据所获取的贴现率计算未来价值大小，并且运用SPSS16.0软件作为工具，使用Binary Logistic回归模型分析未来价值是否对农地流转中契约的选择具有影响。

在本研究中，我们将未来价值定义为在未来一段时间内可以让人们获得高于其参照点的收益，也就是实现他所期望的正效用。农户对未来价值的判定属于跨

---

① 洪名勇．欠发达地区的农地流转分析．中国农村经济，2009：8.

② 科林·F. 凯默勒，乔治·罗文斯坦，马修·拉宾．行为经济学新进展．中国人民大学出版社，2009：234 -240.

期决策范畴，他们将会权衡不同时间内的成本和收益做出决策。对农户未来价值的评价指针设计和计算是本研究的一个重点，也是一个创新点，经过长期研究，笔者尝试使用效用贴现模型来进行农地转入方未来价值的计算。贴现效用模型是保罗·萨缪尔森（Paul Samuelsol）于1973年提出的，将跨期决策中的不同动机精简为一个参数——贴现率，表示他把预期的未来效用贴现到当前的比率①。而在农地流转中，我们用贴现率来计算农户的未来价值。

贴现率的计算方法一般有很多种，其中，标准的复利公式法是最简单的方法，又包括离散复利计算公式和连续复利计算公式。我们选择离散复利计算公式来进行贴现率的估计，公式如下：

$$F = P(1 + r)^n$$

其中，F为未来价值，P为当前价值，n为时期数，r为贴现率。

我们根据贴现率计算公式中涉及的变量以及农户的收益特点进行评价指标的设计。未来价值包括货币未来价值和非货币未来价值，非货币未来价值是保证货币未来价值得以实施的重要前提，在本书中，我们认为农村土地流转中农户的未来价值最终集中体现在货币价值的实现上。计算包括两个步骤，第一步，估算一年期的农户贴现率；第二步，用贴现率计算农户在无限期合作中的未来价值。

第一步，计算农户的一年期贴现率，涉及指标如下：

当前价值P＝成本总和C

当农户进行农地流转时，必须要考虑当期投入的各项成本，包括租金C_1，种子、化肥等土地耕种成本C_2，耕种土地所需花费的人工成本C_3，其中，人工成本可以分为两种情况，一种是农户自己耕种所需要付给自己的工资，另一种是农户请人耕种所需要支付的人工费，两种花费之和便为人工成本。由于这些都是在农作物收成之前就必须有的支付，将各项成本总和C视为当前价值P。

$$P = C + C_1 + C_2 + C_3 \tag{10.2}$$

一年期未来价值F_1

调研于2013年3月进行，现阶段农户会对本年度耕种转入土地获得的收成有一个预期的估计，包括本年内预期至少每亩地的作物收成Q（千克）和预期作物的售价Y（元），一年期的预期收益为X×Y，即本年度的一年期未来价值F_1。

$$F_1 = Q \times Y$$

时间n，第一步计算的是一年期的贴现率，n＝1。

一年期贴现率r。

本年度内农户的总成本C的价值即为当期价值，将农户所估计的本年预期收益视为一年期未来价值F_1，则有一年期贴现率r的计算公式为：

① 尼克·威尔金森．行为经济学．中国人民大学出版社，2012：161－162.

$$(r+1)^1=\frac{F_1}{C}\Rightarrow r=\frac{F_1}{C}-1 \tag{10.3}$$

第二步，计算无限期合作中的未来价值，涉及指针如下所示：

（1）时间 $n\rightarrow+\infty$

在第二步计算中假设合作年限是无限的，即农地流转合作双方都期望一直合作下去。

（2）无期限未来价值 F

无期限未来价值 F 代表农户选择一直合作能够为他带来的总收益，这里用一年期未来价值 F_1 和贴现率 r 来计算无限期的未来价值。根据效用贴现模型的特征，本次计算中假设农户转入方的每年收益和年贴现率保持不变，有无限期未来价值 F 的计算公式：

$$F=\frac{F_1}{r} \tag{10.4}$$

本次研究根据以上方法进行贴现率与未来价值的计算，计算结果见表 10 -9。

表 10 -9　　土地转入方农户贴现率及未来价值

编号	C1（元）	C2（元）	C3（元）	C = C1 + C2 + C3（元）	X（千克）	Y（元/千克）	F1 = X × Y（元）	r =（F1/C）-1（%）	F（元）
1	250	300	867	1417	1200	1.2	1440	0.016	88716.52
2	250	350	588	1188	800	1.5	1200	0.010	118800.00
3	350	200	636	1186	1000	1.2	1200	0.012	101657.14
4	150	240	643	1033	700	1.5	1050	0.016	63802.94
5	150	250	1097	1497	1100	1.4	1540	0.029	53613.49
6	150	300	499	949	800	1.2	960	0.012	82821.82
7	150	230	983	1363	1000	1.4	1400	0.027	51572.97
8	200	280	894	1374	1000	1.4	1400	0.019	73984.62
9	200	250	1072	1522	1200	1.3	1560	0.025	62482.11
10	200	250	807	1257	800	1.6	1280	0.018	69954.78
11	150	250	1060	1460	1000	1.5	1500	0.027	54750.00
12	100	250	708	1058	900	1.2	1080	0.021	51938.18
13	90	250	689	1029	700	1.5	1050	0.020	51450.00
14	200	250	557	1007	850	1.2	1020	0.013	79010.77
15	100	300	776	1176	1000	1.2	1200	0.020	58800.00
16	350	200	636	1186	1000	1.2	1200	0.012	101657.14

续表

编号	C1（元）	C2（元）	C3（元）	C = C1 + C2 + C3（元）	X（千克）	Y（元/千克）	F1 = X × Y（元）	r = (F1/C) - 1（%）	F（元）
17	150	300	514	964	750	1.3	975	0.011	85445.45
18	150	230	795	1175	1000	1.2	1200	0.021	56400.00
19	100	300	776	1176	1000	1.2	1200	0.020	58800.00
20	200	250	949	1399	1100	1.3	1430	0.022	64534.52
21	150	200	679	1029	700	1.5	1050	0.020	51450.00
22	200	250	959	1409	1200	1.2	1440	0.022	65450.32
23	150	330	894	1374	1000	1.4	1400	0.019	73984.62
24	150	250	700	1100	800	1.4	1120	0.018	61600.00
25	150	200	746	1096	700	1.6	1120	0.022	51146.67
26	100	300	624	1024	800	1.3	1040	0.016	66560.00
27	200	250	826	1276	1000	1.3	1300	0.019	69116.67
28	160	150	1135	1445	600	2.5	1500	0.038	39409.09
29	300	160	721	1181	800	1.5	1200	0.016	74589.47
30	200	200	566	966	700	1.4	980	0.014	67620.00
31	250	200	702	1152	900	1.3	1170	0.016	74880.00
32	300	150	1110	1560	1000	1.6	1600	0.026	62400.00
33	300	200	1141	1641	1200	1.4	1680	0.024	70689.23
34	200	180	766	1146	900	1.3	1170	0.021	55867.50
35	100	100	59	259	200	1.3	260	0.004	67340.00
36	100	250	708	1058	900	1.2	1080	0.021	51938.18
37	200	300	334	834	600	1.4	840	0.007	116760.00
38	250	400	423	1073	900	1.2	1080	0.007	165548.57
39	200	180	642	1022	800	1.3	1040	0.018	59048.89
40	400	210	801	1411	1100	1.3	1430	0.013	106196.32
41	200	220	815	1235	900	1.4	1260	0.020	62244.00
42	400	500	1076	1976	400	5	2000	0.012	164666.67
43	200	180	795	1175	1000	1.2	1200	0.021	56400.00
44	100	250	670	1020	800	1.3	1040	0.020	53040.00
45	150	250	833	1233	900	1.4	1260	0.022	57540.00
46	100	300	700	1100	800	1.4	1120	0.018	61600.00

续表

编号	C1（元）	C2（元）	C3（元）	C = C1 + C2 + C3（元）	X（千克）	Y（元/千克）	F1 = X × Y（元）	r = （F1/C）- 1（%）	F（元）
47	100	300	776	1176	1200	1	1200	0. 020	58800. 00
48	150	500	927	1577	800	2	1600	0. 015	109704. 35
49	150	300	1185	1635	700	2. 4	1680	0. 028	61040. 00
50	150	200	916	1266	1000	1. 3	1300	0. 027	48405. 88
51	200	250	1054	1504	700	2. 2	1540	0. 024	64337. 78
52	100	250	594	944	800	1. 2	960	0. 017	56640. 00
53	150	200	1074	1424	700	2. 1	1470	0. 032	45506. 09
54	200	300	942	1442	700	2. 1	1470	0. 019	75705. 00
55	100	250	793	1143	900	1. 3	1170	0. 024	49530. 00
56	200	300	904	1404	1100	1. 3	1430	0. 019	77220. 00
57	200	200	776	1176	800	1. 5	1200	0. 020	58800. 00
58	150	300	788	1238	900	1. 4	1260	0. 018	70903. 64
59	200	200	966	1366	1000	1. 4	1400	0. 025	56247. 06
60	130	300	749	1179	800	1. 5	1200	0. 018	67371. 43
61	100	220	848	1168	1000	1. 2	1200	0. 027	43800. 00
62	233	400	750	1383	1000	1. 4	1400	0. 012	113894. 12
63	100	200	837	1137	900	1. 3	1170	0. 029	40311. 82
64	120	230	608	958	750	1. 3	975	0. 018	54944. 12
65	0	200	502	702	600	1. 2	720	0. 026	28080. 00
66	150	200	608	958	750	1. 3	975	0. 018	54944. 12
67	220	180	748	1148	900	1. 3	1170	0. 019	61052. 73
68	100	170	741	1011	800	1. 3	1040	0. 029	36256. 55
69	100	130	593	823	650	1. 3	845	0. 027	31610. 68
70	225	600	838	1663	1200	1. 4	1680	0. 010	164343. 53
71	240	300	237	777	600	1. 3	780	0. 004	202020. 00
72	450	400	345	1195	800	1. 5	1200	0. 004	286800. 00
73	313	150	1004	1467	1000	1. 5	1500	0. 022	66681. 82
74	166. 7	300	686	1152. 7	900	1. 3	1170	0. 015	77957. 17
75	375	450	663	1488	1000	1. 5	1500	0. 008	186000. 00
76	250	300	694	1244	900	1. 4	1260	0. 013	97965. 00

续表

编号	C1（元）	C2（元）	C3（元）	C = C1 + C2 + C3（元）	X（千克）	Y（元/千克）	F1 = X × Y（元）	r =（F1/C）- 1（%）	F（元）
77	150	20	583	753	600	1. 3	780	0. 036	21753. 33
78	200	200	767	1167	850	1. 4	1190	0. 020	60379. 57
79	180	230	739	1149	780	1. 5	1170	0. 018	64015. 71
80	400	300	928	1628	1100	1. 5	1650	0. 014	122100. 00
81	240	230	305	775	600	1. 3	780	0. 006	120900. 00
82	120	230	294	644	500	1. 3	650	0. 009	69766. 67
83	180	270	451	901	650	1. 4	910	0. 010	91101. 11
84	330	200	578	1108	800	1. 4	1120	0. 011	103413. 33
85	560	150	991	1701	1150	1. 5	1725	0. 014	122259. 38
86	528	200	756	1484	1000	1. 5	1500	0. 011	139125. 00
87	0	120	548	668	500	1. 4	700	0. 048	14612. 50
88	0	150	853	1003	760	1. 4	1064	0. 061	17494. 95
89	280	160	883	1323	900	1. 5	1350	0. 020	66150. 00
90	500	200	856	1556	1050	1. 5	1575	0. 012	128984. 21
91	200	230	595	1025	800	1. 3	1040	0. 015	71066. 67
92	260	200	864	1324	900	1. 5	1350	0. 020	68746. 15
93	350	150	971	1471	1000	1. 5	1500	0. 020	76086. 21
94	0	120	846	966	800	1. 3	1040	0. 077	13576. 22
95	400	200	1022	1622	1100	1. 5	1650	0. 017	95582. 14
96	240	240	654	1134	500	2. 3	1150	0. 014	81506. 25
97	160	200	718	1078	1000	1. 1	1100	0. 020	53900. 00
98	300	300	782	1382	1000	1. 4	1400	0. 013	107488. 89
99	250	100	708	1058	900	1. 2	1080	0. 021	51938. 18
100	100	230	650	980	400	2. 5	1000	0. 020	49000. 00
101	100	190	1058	1348	1000	1. 4	1400	0. 039	36292. 31
102	110	160	862	1132	900	1. 3	1170	0. 034	34853. 68
103	140	240	566	946	800	1. 2	960	0. 015	64868. 57
104	100	220	848	1168	500	2. 4	1200	0. 027	43800. 00
105	230	110	877	1217	500	2. 5	1250	0. 027	46098. 48
106	250	300	481	1031	800	1. 3	1040	0. 009	119137. 78

续表

编号	C1（元）	C2（元）	C3（元）	C = C1 + C2 + C3（元）	X（千克）	Y（元/千克）	F1 = X × Y（元）	r = （F1/C）- 1（%）	F（元）
107	240	210	788	1238	900	1. 4	1260	0. 018	70903. 64
108	0	240	886	1126	900	1. 3	1170	0. 039	29941. 36
109	0	240	914	1154	1000	1. 2	1200	0. 040	30104. 35
110	120	270	738	1128	500	2. 3	1150	0. 020	58963. 64
111	200	220	815	1235	900	1. 4	1260	0. 020	62244. 00
112	150	230	766	1146	900	1. 3	1170	0. 021	55867. 50
113	100	330	749	1179	1000	1. 2	1200	0. 018	67371. 43
114	210	100	659	969	900	1. 1	990	0. 022	45681. 43
115	120	250	804	1174	1000	1. 2	1200	0. 022	54184. 62
116	100	400	529	1029	400	2. 6	1040	0. 011	97287. 27
117	100	260	784	1144	900	1. 3	1170	0. 023	51480. 00
118	150	2000	7128	9278	120	80	9600	0. 035	276611. 18
119	0	250	698	948	750	1. 3	975	0. 028	34233. 33
120	180	220	700	1100	800	1. 4	1120	0. 018	61600. 00
121	150	180	886	1216	500	2. 5	1250	0. 028	44705. 88
122	200	150	822	1172	500	2. 4	1200	0. 024	50228. 57
123	150	310	721	1181	1000	1. 2	1200	0. 016	74589. 47
124	110	180	780	1070	1000	1. 1	1100	0. 028	39233. 33
125	100	200	837	1137	900	1. 3	1170	0. 029	40311. 82
126	120	280	585	985	1000	1	1000	0. 015	65666. 67
127	0	260	806	1066	1000	1. 1	1100	0. 032	34488. 24
128	0	240	766	1006	400	2. 6	1040	0. 034	30771. 76
129	180	170	878	1228	900	1. 4	1260	0. 026	48352. 50
130	100	210	789	1099	450	2. 5	1125	0. 024	47552. 88
131	120	310	1029	1459	600	2. 5	1500	0. 028	53378. 05
132	240	200	1025	1465	1000	1. 5	1500	0. 024	62785. 71
133	130	280	824	1234	900	1. 4	1260	0. 021	59801. 54
134	120	230	916	1266	1000	1. 3	1300	0. 027	48405. 88
135	150	200	878	1228	900	1. 4	1260	0. 026	48352. 50

资料来源：湄潭县问卷调查统计。注：免费租入农户租金为0。

（四）检验结果分析

1. 贴现率差异计算结果

我们运用以上计算方法，将135份样本结果进行整理。我们可以看到，在农地流转这个问题上，每一个土地转入方农户的贴现率是不一样的，贴现率的范围在0.004%～0.077%之间。如图10-6所示，总体上农户的贴现率与未来价值成反比。

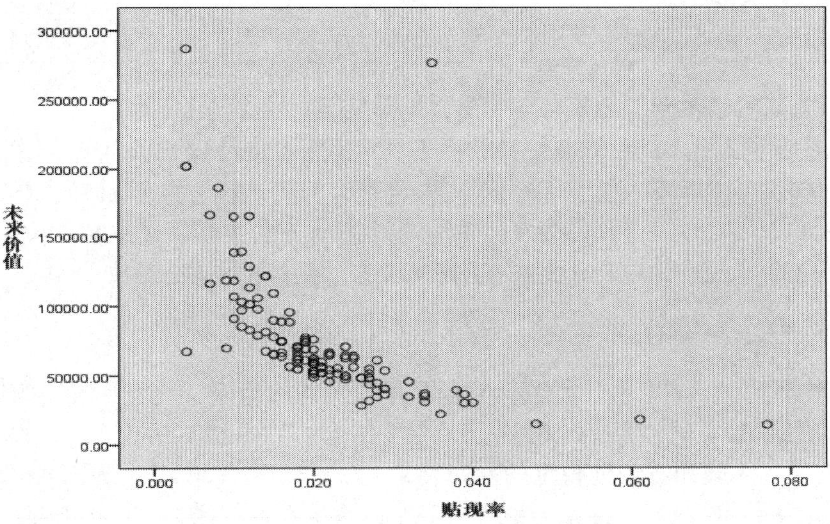

图10-6　土地转入方农户的贴现率与未来价值分布散点图

由于样本数据较多，为了能够更直观地看到样本结果，笔者经过进一步的整理，得到表10-10。在原始资料中，我们发现处于贴现率区间0.032%～0.039%的农户无限期未来价值收益的平均值高于处于贴现率区间0.02%～0.029%的农户，这与研究假设二不相符。经过研究，发现处于贴现率区间0.032%～0.039%的农户中有一名农户是进行茶叶种植，本年度预期收益F1大大高出其他农户，并且影响了分析结果，所以笔者将数据进行了一定的调整，除去了这名农户的数据后再一次进行分析。调整后的数据如表中所示，一年期贴现率在0.004%～0.009%之间的农户有8名，他们的无限期未来价值平均值最高，为158063.29元；而一年期贴现率处于较高区间：0.040%～0.077%的农户无限期的未来价值仅有29456.22元。农户的贴现率大多处于0.01%～0.029%之间。由此我们发现，农户的贴现率与未来价值成反比，贴现率越低的农户更重视长期收益，其未来价值越高；反之，未来价值越低的农户越注重短期收益，其未来价值越低。实际的调查结果证明了研究假设一。

表 10－10　　土地转入方农户贴现率与未来价值 F 分布

一年期贴现率 r 范围（%）	农户频数	无限期未来价值 F 平均值（元）	农户频数调整	无限期未来价值 F 调整平均值（元）
0.004－0.009	8	158063.29	8	158063.29
0.01－0.019	53	85416.14	53	85416.14
0.02－0.029	61	53578.21	61	53578.21
0.032－0.039	9	67090.39	8	34126.98
0.040－0.077	4	29456.22	4	29456.22

2. 未来价值对于农地流转契约选择的影响

在此我们运用 SPSS 16.0 统计软件工具，运用 Bianry Logistic 回归模型进行分析。在 Logistic 回归模型中，我们以“农户对契约的选择”为被解释变量，如果选择签订口头契约，则赋值为 1；如果选择签订书面契约，则赋值为 0。同时，选择农户的“无限期未来价值 F”为解释变量。具体的模型表示如下：

$$\log\frac{P_i}{1-P_1} = a + \beta X_i + \mu \qquad (10.5)$$

其中，P_i表示农户在土地流转时选择口头契约的概率，X_i表示农户的无限期未来价值预期。

表 10－11 输出了当前模型的回归结果。Cox & Snell R^2和 Nagelkerke R^2是两个伪决定系数（“伪”，表示与线性回归中的决定系数相区别，对于 Logistic 回归而言，通常模型伪决定系数比线性回归中的决定系数小①。），他们从不同的角度反映未来价值，解释了农户在契约选择中的变化占总变化的比例。由两个伪决定系数来看，当前模型的拟合程度较好。constant 项的回归系数为负数，解释变量未来价值的回归系数为正数，并且都通过了显著性检验。未来价值的回归系数为 0.001，这是因为未来价值的赋值较大，所以相应得到的回归系数较小，这并不影响回归的结果。从结果分析，未来价值与农地流转中契约形式的选择之间存在一种正相关关系，土地转入方农户的无限期未来价值的预期越大，其越会在农地流转中选择口头契约进行交易；相反，农户对无限期未来价值的预期越小，其会更偏向于选择书面契约。实证分析的结果较好的证明了本文的研究假设 2。

二、未来价值农地流转口头契约自我履约

这里仍然以上文中的合作博弈为模型进行分析。同村庄的农户在进行土地流

① 张文彤．SPSS 统计分析高级教程．高等教育出版社，2004：160－170.

表 10－11　　Logistic 回归结果

	B	S. E.	Wald	Sig	Cox & Snell R Square	Nagelkerke R Square
未来价值	0.001	0.000	4.343	0.037	0.368	0.896
constant	－24.313	11.840	4.217	0.040		

转时，他们一般具有固定的合作对象和长期的合作要求，也就是说，他们之间的博弈是不断重复的。通过分析，我们了解到，非货币未来价值是影响贴现因子 γ 的重要因素，保证了货币价值的实现。未了方便分析，我们将合作状态下农户 A 的收益（X＋Z）用 a_1 表示，农户 B 的收益（Y＋Z）用 b_1 表示，将农户 B 毁约状态下农户 A 的损失（$X+Z_1$）用 a_2 表示，农户 B 的损益（$X+Y-Z_2$）用 b_2 表示，则双方合作博弈如图 10－7。

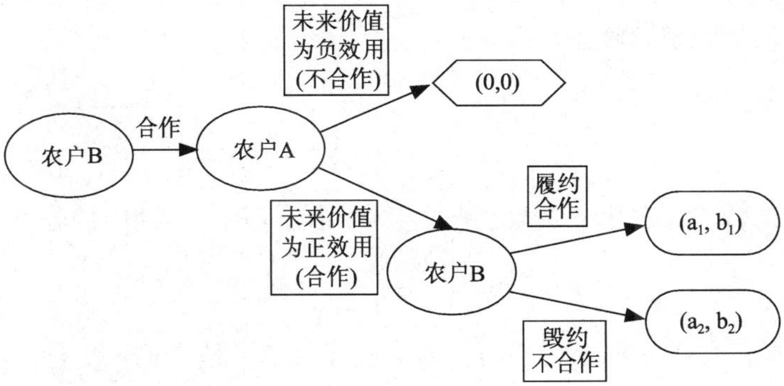

图 10－7　货币价值与非货币价值共同作用下的农地流转合作博弈

假设农户之间的期望合作年限是无限期的，并且双方预期再次合作的概率为 γ，如果转入方农户 B 选择违约、不合作策略，土地转出方农户 A 将不再与他合作。根据心理账户中的分析，如果农户 A 希望并预期能够获得相应的未来价值而选择合作，农户 B 也会在跨期决策中选择获取未来的收益，同时，为了避免个人品牌价值的“贬值”，他也会选择合作策略。在他们进行无限次合作博弈的情况下，土地转出方农户 A 的未来价值贴现总收益为：

$$\prod_{N-A} = a_1 + \gamma a_1 + \gamma^2 a_1 + \cdots + \gamma^{n-1} a_1 = \frac{a_1}{1-\gamma}，其中 n \to +\infty。$$

土地转出方农户 B 的未来价值贴现总收益为：

$$\prod_{N-B} = b_1 + \gamma b_1 + \gamma^2 b_1 + \cdots + \gamma^{n-1} b_1 = \frac{b_1}{1-\gamma}，其中 n \to +\infty。$$

中国农户的人口流动性差，同村或者住所临近的农户来往密切，他们之间不仅熟知彼此的人品、家庭背景、名声等信息，并且还便于土地流转契约履行的监督。在农地流转的重复博弈之中，加深了合作双方的彼此了解。在传统的村庄之中，自私、名声不好、恶意欺骗他人的“坏人坏事”经过大家的口口相传，便形成了个人的非货币负价值，记入固定损失账户后，将会受到长时间的影响，甚至可能在村庄内被边缘化，加大未来与其他人再进行交易的成本，在生活中他人也不会愿意帮助一个“坏人”。所以，假如农户 B 在农地流转的第 i 次选择违约，不合作，则农户 A 从当前开始，不再与 B 合作，即下一次继续合作的概率 γ 无限小，他们之间的土地流转终止。

土地转出方农户 A 在前（i－1）期中的贴现收益为：

$$a_1 + \gamma a_1 + \gamma^2 a_1 + \cdots + \gamma i^{i-2} a_1 = \frac{a_1(1-\gamma^{i-1})}{1-\gamma} \tag{10.6}$$

在第 i 次的交易中，农户 A 因为农户 B 的违约，当期的损失为 a_2，其中包含非货币损失—Z_1，导致贴现因子 γ 无限小，交易终止于此。总的看来，农户 A 的此时的未来价值贴现总收益为：

$$\prod_{I-A} = a_1 + \gamma a_1 + \gamma^2 a_1 + \cdots + \gamma i^{i-2} a_1 + \gamma^{i-1} a_2 = \frac{a_1(1-\gamma^{i-1})}{1-\gamma} + \gamma^{i-1} a_2，一般$$

$a_2 < 0$

再看土地转入方农户 B 的贴现收益，他在前（i+1）期中的收益为：

$$b_1 + \gamma b_1 + \gamma^2 b_1 + \cdots + \gamma i^{i-2} b_1 = \frac{b_1(1-\gamma^{i-1})}{1-\gamma} \tag{10.7}$$

在第 i 次，农户 B 选择了违约，独享全部收益，他在第 i 次合作中的收益为 b_2，为了方便表示，将 b_2 设为常量，由此得到农户 B 进行土地流转的未来价值贴现总收益为：

$$\prod_{I-B} = b_1 + \gamma b_1 + \gamma^2 b_1 + \cdots + \gamma i^{i-2} b_1 + \gamma^{i-1} b_2 = \frac{b_1(1-\gamma^{i-1})}{1-\gamma} + \gamma^{i-1} b_2 \tag{10.8}$$

根据农村的实际情况，由于农地转出方一般是外出打工者或者劳动力不足者，通常情况下他们没有违约的理由。土地转出方农户 A 经过对比，进行长期合作是他的上上之策，所得收益 $\prod_{N-A} > \prod_{I-A}$，农户 A 是否继续合作的决策是以农户 B 在履行契约中的行为为参考的，如果 B 违约，A 是被动接受的一方，所以，土地转入方的行为是整个农地流转过程中的主导因子。一般来说，土地转入方农户 B 有两种违约行为：不交租金或者没有保护好对方的土地。如果农户 B 的合作未来价值 $\prod_{N-B}$ 大大高于不合作未来价值 $\prod_{I-B}$，即 $\prod_{N-B} > \prod_{I-B}$，则 B 会选择诚信合作，不会违约。对农户 B 的价值不等式进行进一步分析：

$$\frac{b_1}{1-\gamma}-\left[\frac{b_1(1-\gamma^{i-1})}{1-\gamma}+\gamma^{i-1}b_2\right]=\frac{b_1\gamma^{i-1}}{1-\gamma}-\gamma^{i-1}b_2\rangle 0 \tag{10.9}$$

只要以上不等式成立，农户 B 就会因为想要获得可观的未来价值而选择合作，每期的决策集合（合作，合作）就是完美纳什均衡。影响农户 B 是否选择合作的因素取决于上式中的参数，对此我们进行比较静态分析。

b_1的变化对均衡的影响：

$$\frac{\partial}{\partial b_1}\left[\frac{b_1\gamma^{i-1}}{1-\gamma}-\gamma^{i-1}b_2\right]>\frac{\lambda^{i-1}}{1-\gamma}>0 \tag{10.10}$$

由式（10.10）可以看出，在阶段博弈中，选择履约合作策略为土地转入方农户 B 带来的收益 b_1越大，B 遵守合约，获取未来价值的可能性就越大。

b_2的变化对均衡的影响：

$$\frac{\partial}{\partial b_2}\left[\frac{b_1\gamma^{i-1}}{1-\gamma}-\gamma^{i-1}b_2\right]=-\gamma^{i-1}<0 \tag{10.11}$$

这说明，如果在决策时，选择毁约能为农户 B 带来的收益 b_2 越大，他就越不会遵守契约约定。

贴现因子 γ 的变化对均衡的影响：

$$\frac{\partial}{\partial \gamma}\left[\frac{b_1\gamma^{i-1}}{1-\gamma}-\gamma^{i-1}b_2\right]=\frac{\gamma^{i-2}[(i-1)b_1+\gamma b_1+\gamma b_2(1-\lambda)^2}{(1-\gamma)^2}>0 \tag{10.12}$$

在决策时，贴现因子 γ 越大，对农户 B 的履约激励就越大，他的未来价值增大，前文中所提出的邻里关系、他信度等非货币价值对贴现因子有较大的影响。

根据实际调研的结果，当承租人再次申请交易时，出租方会根据其行为的不同而具有不同的转出土地意愿，即贴现系数 γ 是不同的。笔者对 54 户农地转出方对于不同行为的人再次转出土地的意愿进行了统计，对于完全履约，一直选择诚信合作策略的人，农户的贴现系数 γ 为 98%，保证了他们的再次合作，未来价值具有很大的空间，能够形成双方共赢的局面；对于部分履约，有时会不合作的人，农户的贴现系数 γ 降低为 24%，再次将土地租给对方的可能性很小，大大影响了长期未来价值的实现；对于不完全不履约的人，农户的贴现系数 γ 趋近于 0，他们一般已经不可能再继续合作。因此，我们进行重复博弈时的假设情况是真实存在的，而博弈的结果也符合现实情况。农户非常关心自己的未来价值，在正常情况下，他们的贴现因子较高，保证了土地流转口头契约的实施。

通过对重复合作博弈中的收益进行分析，得出结论：在博弈双方相对固定的无限期重复博弈中，只要满足无限期合作所带来的未来价值大于当前不合作的收益，就会出现［合作，合作］的最优结果，并且这样的结果是自我实施的，不需要第三方的参与，也不需要以书面合同等形式来进行约束。

这个结论对传统的中国农村的土地流转有直接的意义。农村的人口流动性低，土地流转通常发生在相熟、相邻的人之间，并且合作对象相对固定。人们非常关心自己的未来价值收益，由于是与信任、熟悉的人合作，所以双方对进行下一次合作的预期都很高，即贴现因子 γ 较大，由于合作双方都非常了解彼此的相关信息，并且只会和信任的人合作，一旦发生诸如毁约的事件，便会“坏事传千里”，将所损失的非货币未来价值记入固定损失账户中，会大大降低贴现因子，所以大家都非常在乎自己的名声，想与大家保持良好的关系。农户根据长期形成的习惯来进行土地流转，只需要签订一个口头契约，在没有第三方监督和书面合同的情况下仍然能够很好地自我实施，保持农地流转的高效率。我们也可以将这种习惯看作一种农村的习俗元制度，大家都自觉并且相信他人也会同样遵守这样的制度，能够放心地进行人际交往，这也解释了在我国村庄内部、农户之间进行农地流转时以签订口头契约为主要形式，并且都能够得到很好的实施的原因。

三、研究结论

从农户的心理因素出发，研究未来价值对农地流转中口头契约实施的影响。首先分别从合作博弈和心理账户的视角对未来价值的形成机制及其对农地流转中农户行为决策的影响进行了分析，再用实证研究的方法计算农户的贴现率与未来价值，并根据 Binary Logistic 回归模型分析未来价值与农户在土地流转中对契约形式选择的关系，并运用价值博弈模型分析农户口头契约的自我实施。从总体上看，研究结论主要有：第一，未来价值是在未来一段时间内可以让人们获得高于其参照点的收益，也就是实现他所期望的正效用，包括货币未来价值和非货币未来价值。货币未来价值为农户在进行土地流转过程中所能够得到的金钱收益，非货币价值则包括利己价值、亲缘价值、互惠价值和纯粹价值。货币价值是农地流转过程中农户未来价值的最终表现形式；非货币价值能够对农户的行为起到如同正式制度一般的约束作用，并且是货币价值得以实现的保证，二者共同影响农户在农地流转过程中的行为。第二，农户在进行农地流转时，会创建一个心理账户，对自己的得失进行衡量，从而决定在交易中的行为。心理账户包括“固定账户—固定收益账户，固定损失账户”和“临时账户—临时收益账户，临时损失账户”。其中，记入固定账户中的收益价值和损失价值将会对农户造成长期影响，其价值在长期内让农户获得正效用，加大了对未来价值的预期，而记入固定损失账户中的价值将会对农户形成一种长期固定成本，加大农户再进行农地流转的难度，大大减小他们可以获取的未来价值；记入临时账户中的项目则只会对农户形成短期影响。心理账户是未来价值对农户在土地流转中行为决策进行影响的途径之一。第三，农户在进行农地流转时，会对未来的收益有一个预期，从而进行跨期决策。根据效用贴现模型，可以用贴现率来表示农户这样的预期，不同的农户对于未来价值具有不同的预期，他们的贴现率也随之不同，导致了他们在农地流转中不同的行为决策。农户的贴现率与未来价值成反比，贴现率越低的农户更重视长期收益，其未来价值越高；反之，未来价值越低的农户越注重短期收益，其未来价值越低。第四，在农地流转过程中，未来价值与农户对契约的选择决策具有正相关关系。农户对未来价值的预期越高，便越会选择口头契约的形式进行农地流转；反之，对未来价值的预期越小，便越倾向于选择书面契约。第五，我国农村是一个熟人社会和地域社会，农户与农户之间的农地流转通常具有固定的交易对象并进行无限次的合作博弈，因此，农户能够根据每次合作所带给他的经验与信息来进行未来价值的预期。当贴现因子足够大，合作能够带给他们的未来价值可观时，合作双方始终都会选择合作策略，然而当贴现因子较小，选择违约的不合作策略反而能获取较大的未来价值时，则会发生土地流转纠纷事件。根据农村的实际情况，农户都非常看重未来价值，流转大都发生在个人品牌价值高的农户之间，他们之间相互熟悉，相互信任，不需要耗费太多的监督成本，并且相信能够在他们之间形成互惠双赢的局面，所以，他们之间只需要签订口头契约，并且能够得到很好的自我实施，不规范的土地流转却取得了规范行为的效果，未来价值对农户的行为起到了规范和引导的作用。

第十一章　农地流转口头契约自我履约机制的实证研究

从形式上看，农地流转契约包括口头契约和书面契约，主要是口头契约。契约的履约机制分为自我履约和第三方参与的履约。本章建立了一个分析农地流转口头契约自我履约机制的分析框架，利用贵州三个县583户农户调查进行的实证研究。

第一节　农地流转口头契约履约：现象与文献综述

农地流转口头契约虽然是一个不少学者注意到的现象，但缺乏对其履约机制的研究，在这一节，我们将对相关研究进行梳理。

一、农地流转口头契约：一个广泛存在的经济现象

进入新世纪以来，不少专家学者开始对农地流转进行调查。从众多学者的调查看，在农地流转过程中，很多农民选择了口头契约。表11－1给出了新世纪以来，部分专家、学者在调查中发现的农地流转契约情况，从表11－1提供的资料来看，在农地流转过程中，人们更多选择口头契约而放弃书面契约。据农业部《全国农村经营管理统计数据》的统计数据显示，在全国土地流转面积中，2012年有64.69%的农地是在农户之间进行流转的，2011年和2012年书面流转契约仅占61.13%和65.17%，可见在农地流转过程中，农户之间以口头契约来约定流转双方的权利与义务是一种比较普遍的形式。值得学术界深思的是，为什么这些口头契约能够得到很好履行？违约比例为什么比较低？

表 11－1　农地流转契约选择　单位:%

时间	调查区域	口头契约比例	书面契约比例	作者	文献名称	文献来源
2003	浙江省绍兴市、湖北省钟祥市与宜城市	77.9	22.1	钟涨宝 汪萍	农地流转过程中的农户行为分析——湖北、浙江等地的农户问卷调查	《中国农村观察》, 2003 年第 6 期
2005	17 个省（市）	87.6	12.4	叶剑平 蒋妍 丰雷	中国农村土地流转市场的调查研究——基于 2005 年 17 省调查的分析和建议	《中国农村观察》, 2006 年第 4 期
2007		76.46	23.54	邓大才	农地流转的交易成本与价格研究——农地流转价格的决定因素分析	《财经问题研究》, 2007 年第 9 期
2009	贵州省四县	97.46（承租） 97.24（出租）	2.54（承租） 2.76（出租）	洪名勇	欠发达地区的农地流转分析——来自贵州省 4 个县的调查	《中国农村经济》, 2009 年第 8 期
2010	湖南常德市	60	40	朱强	基于 TRA 的农户农地流转行为研究——以湖南常德市 322 户农户为例	《湖南科技大学学报（社会科学版）》, 2010 年第 1 期
2012	广东增城市、梅州市	40.50	59.50	罗必良 汪沙 李尚蒲	交易费用、农户认知与农地流转——来自广东省的农户问卷调查	《农业技术经济》2012 年第 1 期
2013	黑龙江	81.4	18.6	刘文勇 孟庆国 张悦	农地流转纠纷：基于合约视角的分析——来自广东省的农户问卷	《广东社会科学》, 2013 年第 1 期
2014	广东英德、鹤山	96	4	石敏 李琴	我国农地流转的动因分析——基于广东省的实证研究	《农业技术经济》, 2014 年第 1 期
2015	贵州三个县	90.14	8.86	洪名勇 龚丽娟	农地流转口头契约自我履约机制的实证研究	《农业经济问题》2015 年第 8 期
2015	辽宁，贵州	64.4	35.6	安海燕 洪名勇	农户农地流转契约形式选择及其影响因素分析——基于 545 份问卷调查数据	湖南农业大学学报（社会科学版）2015 年第 5 期

二、文献综述

农地流转不仅越来越受到国家的高度重视，而且也是近年来学术界研究的热点课题和前沿性课题之一。在农地流转过程中，将流转双方连接起来的纽带是流转契约。从形式上看，农地流转契约主要有书面契约和口头契约。从农民进行农地流转时对契约的选择来看，既有选择书面契约的，又有选择口头契约的，但从农民选择两种契约的比例看，选择口头契约所占的比例远远大于选择书面契约的比例。

在新制度经济学的研究视野中，契约是一种具体的制度安排。按照契约经济学的观点，契约无处不在，契约将交易双方联系在一起。正是从这种意义上讲，人们生活在契约的世界里。在制度经济学研究的视野中，契约安排的重要性不仅在于农民选择什么样的契约，而在于契约是否能够得到顺利实施，因为如果契约（制度）不实施，其产生的效果将会比没有制度更糟糕。制度的实施对于签订农地流转契约的有关主体来讲，就是契约的履约。契约的履约有其内在规律，这种规律就是我们所讲的契约履约机制。在诺斯看来，契约可以是自我实施的，也可以由第三方来实施①。从契约履约是否需要第三方参与的视角来进行分析，契约履约机制可以分为自我履约机制和第三方参与下的履约机制②。从履约的效率来看，由于两种履约机制的成本效率不一样，因此，签约双方会根据履约情况选择适合自己的履约方式，即有时选择自我履约，有时选择第三方参与下的履约。如果一种契约在不需要第三方参与的情况能够自我履约，这种履约机制称为自我履约机制。但是自我履约机制并不能保证所有契约都能够得到顺利实施，这时，就需要第三方参与，从而促使契约得以顺利实施。在契约经济学的视野中，虽然第三方参与下的履约是非常重要的，但由于现实生活的多数契约是通过自我履约机制来运行的，因此，理解和研究自我履约机制是经济学的根本任务，正如克莱因所指出，只有认识到契约的自我履机制之后，“才能对契约安排有充分的认识”③。

在农业经济领域，对契约实施机制或者履约机制研究较多的主要集中在农业产业化领域，分析和讨论龙头企业与农户之间的契约关系及履约机制。Macleod

① 诺思．制度、制度变迁与经济绩效．上海三联书店、上海人民出版社，1994：75－80.

② 巴泽尔．国家理论——经济权利、法律权利与国家范围．上海财经大学出版社，2006.

③ 本杰明·克莱因．不完全契约在自我执行交易中的作用．载布鲁索，格拉尚．契约经济学，中国人民大学出版社，2011：48－57.

等归纳了双方信息对称条件下，设计自我履约契约的原则①。Levin 认为自我实施约束将能降低激励强度②，因此，应在信息不对称的条件下对激励机制进行设计，以降低契约履约过程中存在的道德风险。Lew in – Solomons 运用计量模型来研究如何降低企业的违约概率③，Lee 等研究了在资产专用性水平条件下，企业违约对农户造成的损害④。Wu 梳理有关文献后认为，在龙头企业与农户之间的履约过程中，研究如何对农户进行保护的文献相对较少，并且多是定性研究，定量研究成果不多⑤。浦徐进在重复博弈视野下，从理论上建立计量模型进行的分析表明，在龙头企业与农户签订长期契约时，如果企业给予农户一定的风险贴水，将有助于抑制公司的违约倾向，从而促进契约的稳定的自我履约⑥。

从现有研究成果看，契约履约机制可以分为自我履约机制和第三方参与的履约机制。借助于第三方参与，尤其是在国家作为第三方参与的前提下，契约更能够顺利履约。但第三方参与的履约存在履约成本较高、消耗时间过长等原因，使得人们只有在交易双方直接的谈判失效时，才会诉诸法律，即通过第三方参与来促进对方履约⑦。因此，在经济生活中，契约的履约在多数情况下是依靠交易双方自我履约来进行的。正因为这样，本杰明·克莱因才对契约的自我履约机制给予高度重视。在农地流转领域，契约是将农地流转双方有效联系在一起，并促进双方合作的有效工具。在农户进行农地流转时，如果农民选择了口头契约来约束流转双方的行为，而多数口头契约能够得到较好的履约。从学术研究的层面来看，农地流转口头契约为什么能够自我履约？其背后的规律或者说机制是什么？关于这一点，长期以来学术界没有给予应有的重视，不能不说是学术界研究的一大遗憾。本章力图在借鉴有关研究的基础上，构建一个整体性的分析框架，用以解释为什么农地流转过程中的口头契约能够得到自我履约，在此基础上，用我们贵州 3 个县的调查资料，对农地流转口头契约的自我履约机制进行实证研究。

---

① Macleod, et. Implicit contracts, incentive compatibility, and involuntary unemployment [J]. Econometrica, 1989 (57): 447 – 480.

② Levin J . Relation incentive contracts [J]. American Econmic Review 2003 (93): 835 – 857.

③ Lew IN Solomons SB. Asset specificity and hold up in franchising and grower contracts: a theoretical rational forgovernment regu – lation [R]. University of Cambridge and Iowa StateUniversity, Working Paper. 2000.

④ Lee MS, et. Balancing grower protection against agency concerns: an economic analysis ofcontract termination damages [J]. Journal of Agricultural and Resource Economics, 2008 (33): 154 – 168.

⑤ Wu SY. Producer protection legislation and termination damages in the presence of contracting frictions [R]. IZA Working , Paper, 2009.

⑥ 浦徐进，吴林海，曹文彬．公司和农户间自我履约机制的设计：一种风险贴水的方法．财贸研究，2010：3.

⑦ 迪克西特．法律缺失与经济学．中国人民大学出版社，2007.

第二节 信任博弈与农地流转口头契约自我履约

我国的农村土地市场在很大程度上讲，是一种村庄内部的土地市场，在村庄内部的土地租赁过程中，土地租赁契约既有书面契约，又有口头契约，而在长期的实践过程中，口头契约已经成为一种农地租赁过程中的习俗元制度安排。农地流转口头契约的实施机制主要有自我履约机制和第三方参与的履约机制两种①，在这里，我们通过信任博弈来对农地流转口头契约的自我履约机制进行探讨②。

一、农户之间农地流转的信任博弈

信任博弈是我们分析的理论基础③，就一个村庄内来讲，在农户之间农地流转过程中，农户之间是互动的，为了分析农户之间的这种互动行为，可以利用图11-1所示的信任博弈。

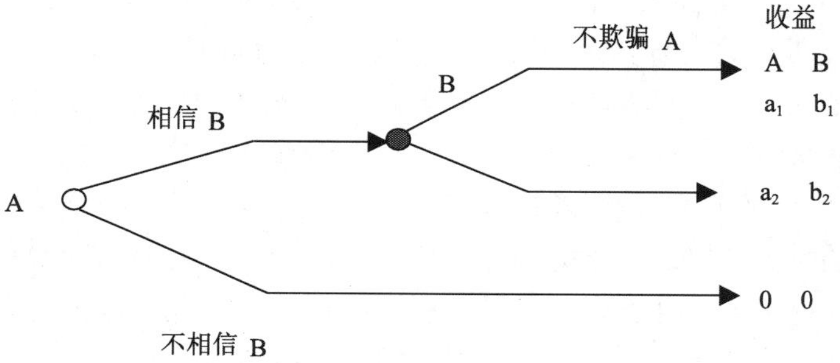

图11-1 信任博弈的结构

假设有A、B两个农户进行完全信息的信任博弈，在第一阶段，A采取行动，他可以选择相信B，也可选择不相信B。在不相信B的情况下，博弈自然结束。在相信B的情况下，第二阶段就由B来行动。B可以选择欺骗，也可以选择不欺骗。如果B选择不欺骗，他们的收益为（a_1，b_1）；否则为（a_2，b_2）。为了使分析有意义，我们假设 $a_1>0>a_2$，$0<b_1<b_2$。如果博弈是一次性的，纳什均衡就是A不相信B，两个农户的收益均为零。因为A信任B的话，那么B就会

① 洪名勇．习俗元制度与农地习俗及其实施机制探析．宁夏社会科学，2006：2.

② 洪名勇．信任博弈与农地流转口头契约履约机制研究．商业研究，2013：1.

③ Kreps, D., P. Milgrom, Roberts, J. and Wilson, R., "Reputation and Imperfect Iformation", Journal of Economic Theory, 1990, pp. 253-279.

在欺骗和不欺骗之间进行选择，欺骗带给他 b_2 的收益，而不欺骗带来 b_1 的收益，博弈达到均衡时，B 一定会选择欺骗 A 而获得 b_2 的收益。因此，信任会使 A 损失 $|a_2|$ 的收益，A 最佳选择是不信任。如果博弈只进行一次而且是非合作博弈的话，则互不信任就是唯一的均衡结果。如果农户 A 和 B 不能够签订一份可实施或者可执行的有约束力的契约，这一结果就是唯一的自我执行的博弈结果，显然这不是帕累托最优的，因为农户 A 和 B 之间没有潜在的合作收益。另一方面，A 和 B 也可以签订一份可以实施的契约，这里的可实施是指契约能够由第三方来实施或者执行（如法院或者仲裁人等）。如果契约实施的成本足够低，那么农户之间的农地流转是可行的，但是，一些条款是无法写入书面契约的，即使能够写入，事后的状态第三方可能也无法证实。结果在现实生活中，土地法律在契约的实施或者执行方面存在一定的局限性，而且第三方验证需要较多的信息。

事实上，在一个村庄内部，农户之间在农地流转时，他们之间的博弈不是一次性的，而是不断重复的。因此，我们应该考虑农户之间能够重复多次博弈的情形，并且这种博弈是长期的，我们假设农户进行的是无限次博弈（在实际生活中，只要双方不知道博弈什么时候结束就可以视为无限次博弈），并且假设他们共同的时间贴现因子为 $0<\delta<1$。如果 A 选择相信 B，为了获得未来的收益且为了在日后的博弈中避免 A 的惩罚，B 就不会滥用 A 的信任。在无限期界下，如果 A 和 B 互相信任，那么他们的总贴现收益分别为：

$$\prod_{C-A} = a_1 + \delta a_1 + \cdots + \delta^{n-1} a_1 + \cdots = \frac{a_1}{1-\delta} \tag{11.1}$$

$$\prod_{C-B} = b_1 + \delta b_1 + \cdots + \delta^{n-1} b_1 + \cdots = \frac{b_1}{1-\delta} \tag{11.2}$$

假如 B 在第 i 次欺骗了 A，再假设 A 受到 B 的欺骗后再不相信 B，他们的交易结束，这时他们的总贴现收益分别为：

$$\prod_{N-A} = a_1 + \delta a_1 + \cdots + \delta^{i-2} a_1 + \delta^{i-1} a_1 \tag{11.3}$$

$$\prod_{N-B} = b_1 + \delta b_1 + \cdots + \delta^{i-2} b_1 + \delta^{i-1} b_1 \tag{11.4}$$

显然在无限期条件下，$\prod_{C-A} \rangle \prod_{N-A}$，只要 B 欺骗的收益小于不欺骗的收益，即

$$\prod_{C-B} > \prod_{N-B} \Leftrightarrow \frac{b_1}{1-\delta} \rangle b_1 + \delta b_1 + \cdots + \delta^{i-2} b_1 + \delta^{i-1} b_2 \tag{11.5}$$

以上不等式成立时，B 就不会欺骗。从而，每期（信任，不欺骗）就是子博弈完美纳什均衡，B 在边际上是否欺骗取决于式（11.5）的参数，我们进行如下的比较静态分析。首先看 b_1 的变化对均衡的影响。

$$\frac{\partial}{\partial b_1}\left[\frac{b_1}{1-\delta}-(b_1+\delta b_1+\cdots+\delta^{i-2}b_1+\delta^{i-1}b_2)\right]$$
$$=\frac{b_1}{1-\delta}-(\delta+\cdots+\delta^{i-2})$$
$$=\frac{1}{1-\delta}-\frac{\delta(1-\delta^{i-2})}{1-\delta} \tag{11.6}$$
$$=\frac{1-\delta(1-\delta^{i-2})}{1-\delta}>0$$

这说明，如果在阶段博弈中，选择不欺骗给 B 带来的收益越大，B 就越不会进行欺骗。现在我们来看 b_2变化对均衡的影响。

$$\frac{\partial}{\partial b_2}\left[\frac{b_1}{1-\delta}-(b_1+\delta b_1+\cdots+\delta^{i-2}b_1+\delta^{i-1}b_2)\right]$$
$$=-\delta^{i-1}<0 \tag{11.7}$$

这说明，如果在阶段博弈中，选择欺骗给 B 带来的收益越大，B 就越有激励进行欺骗。我们再来看贴现因子是如何影响均衡结果的。

$$\frac{\partial}{\partial \delta}\left[\frac{b_1}{1-\delta}-(b_1+\delta b_1+\cdots+\delta^{i-2}b_1+\delta^{i-1}b_2)\right]$$
$$=\frac{\partial}{\partial \delta}\left[\frac{b_1}{1-\delta}-b_1(\delta+\cdots+\delta^{i-2})-\delta^{i-1}b_2\right]$$
$$=\frac{\partial}{\partial \delta}\left(\frac{b_1}{1-\delta}-b_1\frac{1-\delta^{i-1}}{1-\delta}-\delta^{i-1}b_2\right) \tag{11.8}$$
$$=\frac{\delta^{i-2}[(i-1)b_1+b_1\delta+\delta b_2(1-\delta)^2]}{(1-\delta)^2}$$

因此，当模型中的参数满足 $(i-1)b_1+b_1\delta+\delta b_2(1-\delta)^2\rangle 0$ 的条件时，贴现因子越大，B 就越有激励表现得诚实。在博弈双方固定，且在无限期的博弈模型中，只要贴现因子现值小于丧失的未来收益的贴现值时，就会出现博弈双方合作的结果，且这种合作完全是可以自我实施的，契约的实施不需要第三方的参与①。

以上博弈模型对博弈相对固定、流动性不强的社会具有直接的意义，例如，在中国农村社区尤其是传统的农业社会中，人口的流动性较低，因此博弈双方是相对固定的；并且人们非常关心自己的未来收益，即人们的贴现因子比较高。所以，农地流转过程中的治理基本上可以通过长期博弈的各种内在制度安排，如口头契约来实施。即是说，农地流转过程中的口头契约是自我实施的。这种自我履约机制的一个特点是，对信息结构的要求很低，只需要交易双方共同知道的信息就可以了。因为不需要第三方实施，所以这种信息结构就不需要公共知识。因

① 王永钦．声誉、承诺与组织形式．上海人民出版社，2005：40－44.

此，一个自然的推论是，自我履约机制几乎不需要中间组织，这在某种程度上可以解释为什么中国农村农户在农地流转过程中缺乏中间组织，而且还可以保持高效率。

二、信任博弈与农地流转口头契约的自我履约

事实上，就同一个村庄内部来讲，在我国农户长期的租赁实践中，农户之间在农地流转时不是签订书面契约，而多以口头契约的形式约定出租农户和租入土地的农户之间的权利与义务，这在不少地区已经形成了一种习俗。从新制度经济学的视角来看，习俗作为一种自发社会秩序，一旦生成，它就能作为人们社会活动与事务中的一种常规性固化习俗本身所覆盖的团体、社群或社会中成员的现象型行为，从而它本身也就作为一种事态、一种情形像一种社会规则那样对成员的各自行为有一种自我强制性的规约。而这种规约本身实际上给当事人和其他当事者一种确定的信息，告诉他应该这样做并有信心地预期到他本人如此行动亦会从别人那里获得同样的合作。因此，只有在习俗这种自发社会秩序中，人们才能有信心与他人有序地交往，即每个人均自我强制地遵守这种自发秩序，并且也会有信心预计到他人亦会这样做。这里并不要求每个人都是理性的，而是每个人均假定大家今天会大致继续昨天的情形，因而会放心地进行社会活动与交往。这样，就使人们不必每天揣度、算计并周详地考虑别人要干什么和正在干什么，而只是简单地假定别人亦会遵循以前的行为模式。正是因为这一点，人类才从那种霍布斯世界的人人是强盗的野蛮或未开化社会过渡到文明社会。单从这一点来说，人类社会之所以成为社会，或者说人类社会之所以能与其他动物群体区别开来，正是因为人类社会有习俗这种自发的社会秩序在起维系作用。也正是从这一视角来考虑，作为一种自发社会秩序的习俗是社会（包括经济体系和市场本身）运行的基础，或者说是社会之成为社会、经济之成为经济以及市场之成为市场的维特根斯坦所说的那种“逻辑坐标”。

前文的分析说明，目前，在欠发达地区，农户间的农地流转基本上是自发进行的，在大多数情况下采取口头契约形式。从理论上讲，由于口头契约缺乏法律保障，农地流转过程中的契约应该不能保证得到很好地履行。但调查发现，农户之间就农地流转口头契约能够得到较好履行。这说明，在长期的农地流转实践中，农户之间在农地流转时不签订书面契约，而以口头契约的形式约定出租农户和承租农户双方的权利与义务，这在不少地区已经形成了一种习俗[①]。从新制度经济学的视角来看，习俗作为一种自发社会秩序，一旦生成，它本身也就作为一

① 洪名勇．农地习俗元制度：共同性、多样性与差异性．中国农业经济评论，2005：4.

种事态、一种情形像一种社会规则那样对成员的各自行为有一种自我强制性的规约。

从信任博弈的视角来看，由于村庄内部，农户之间在进行农地流转时，农户之间的博是无限次博弈，因此，农户之间能够建立起一种信任机制，使得口头契约能够自我实施。从农地承租方面看，4个样本县中，有农地租赁契约纠纷的比例没有超过5%，只有3.2%的契约产生过租赁纠纷，高达96.8%的承租契约没有纠纷。从农地出租方面看，只有2.36%的农地出租契约发生过违约，高达97.64%的农地出租契约能够得到较好地履行①。从农户发生土地流转时有无第三方证明人情况来看，在租入土地的农户中，没有请第三方来证明的农户有95户，占79.17%；而请第三方来证明的只有25户，占20.83%。第三方证明主要是村干部或者是双方都同意的非村干部。分省情况来看，福建省绝大部分农户租入土地时没有请第三方作为证明人，占95%；而黑龙江省一半以上的农户租入土地时请了第三方为证明人。在租出土地的农户中，没有请第三方的农户有47户，占95.83%，而只有2户请了村干部作为第三方证明人，仅占4.17%。在福建省租出土地的45户中，只有1户请了第三方作为证明人，仅占2.22%。这说明，口头契约是目前农地租赁过程中的主要契约形式②。2006年2月，我回到老家进行调查，在整个小村小组的83户农户中，进行土地流转的农户有52户，全部为口头契约，并且没有违反契约的现象发生，由于农户之间的土地租赁行为不是一次完成的，并且农户之间双方能够清楚地了解对方信息，包括声誉、收入、支出及生活习俗、习惯等信息，一旦违反口头契约，对方不仅会采取中断交往等惩罚措施，而且违反契约一方今后无法在村庄内部获得信任并将失去自己的声誉，其成本是非常大的，因此，虽然农户之间签订的口头契约，但这种口头契约能够很好地自我履约。农户之间进行农地流转的口头契约之所以能够自履约，其主要的原因在于居住在同一个村庄内的农户不仅重视自己的声誉，而且在于相互之间具有一种信任博弈关系，并且还能够满足信任博弈的要求，即是说，同一村庄内的农户对有关农户的信息有较为全面的了解，正如诺斯所指出的，在交换双方相互拥有对方的大量知识以及交易中包含重复交易时，合约是自我实施的③。

三、结论

在村庄内部、农户之间发生农地流转行为时，相互之间签订的契约多数不是

① 洪名勇．马克思土地产权制度理论研究．人民出版社，2011：432－449.

② 陈和午，聂斌．农户土地租赁行为分析．中国农村经济，2006：2.

③ 诺思．制度、制度变迁与经济绩效．上海三联书店、上海人民出版社，1994：75.

书面契约，而是根据习俗签订的口头契约，本研究从信任博弈的视角分析了农户之间口头契约能够自我履约的机制，并以目前农地流转口头契约的实施情况对这一结论进行经验性检验。

第三节　农地流转口头契约自我履约机制：分析框架与研究假设

沿着制度经济学的分析路径，借鉴有关研究成果，构建农地流转口头契约自我履约的分析框架，提出相应的研究假设。

一、分析框架

在制度经济学的分析视野中，正式契约（如书面契约）的履约是至关重要的，书面契约的履约保证了交易的充分进行。但现实生活中，由于信息不对称、交易成本以及行为人机会主义行为的存在，不仅导致现实生活中大量口头契约的存在，而且也限制书面契约的有效性。在这种情况之下，非正式契约如口头契约的自约履约保证了交易的顺利进行。这样，书面契约与口头契约两者的共同作用保证了交易的有效进行。

从契约履约的角度来看，与书面契约的履约机制一样，口头契约的履约机制也包括自我履约机制和第三方参与下的履约机制两种。由于篇幅所限和本书研究的主题，我们暂不对第三方参与下的履约机制进行研究，笔者将专文对第三方参与的履约机制进行讨论。在这里，我们主要对契约的自我履约机制进行分析。农地流转涉及至少流转双方，从农地流转过程中的一方来看，自己之所以自觉履约，有两种机制在起作用：一是自我强化机制或者称声誉机制，二是自我纠错机制。从农地流转另一方来看，由于自己对对方信任，相信对方也会像自己一样自觉履约，从而自觉履行流转契约中约定的有关事项。图 11－2 描述了信任、声誉、纠错三种机制是如何让农户自我履行流转口头契约的，作为农地流转主体，不管是流出方或是流入方，之所以自我履约，其关键在于履约之后可以获得持续的收益，即自我履约具有未来价值。自我履约的未来价值是指在履行协议的情况下将来会获得的各种收益，包括货币性收益与非货币性收益。我们知道，自我履约也是有成本的，只有自我履约的收益大于成本，或者说自我履约带来的收益大于违约的收益时，农地流转双方才会自我履约。

首先，声誉机制或者自我强化机制，自我强化机制使农地流转双方自觉遵守契约规则。对于居住在同一个村庄的农户来讲，如果个人遵守流转时达成的协

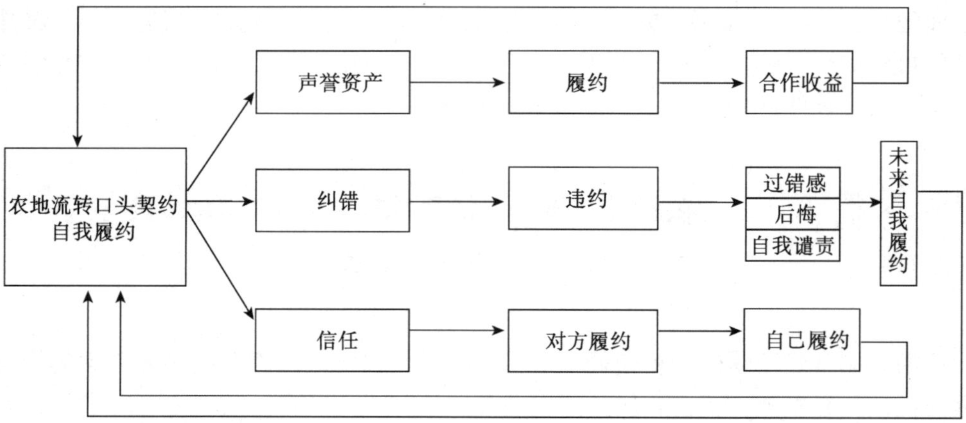

图 11-2　信任、声誉、纠错与农地流转口头契约自我履约

议，那么农地流转契约就能够通过自我履约不断发挥作用。农地流转契约之所以能够得到自我履约，原因在于如果流转双方都自觉履约，不仅在个人心中会产生一种义务感，即自己应该遵守，而且还会提升自己的声誉，这种声誉会成为一种资产，使自己能够与他人合作或者友好相处。这样，个人就会从自觉遵守农地流转契约中获得满足和声誉资产，不断积累起来的声誉资产反过来又强化个人未来对农地流转口头契约的自觉遵守与实施。在这里，我们也可以将这种机制称为声誉机制，声誉机制促进农地流转一方与另一方的合作，从而在持续合作中分享收益。

其次，我们来分析自我纠错机制。就农地流转口头契约自我履约来看，除声誉机制或者称为自我强化机制之外，另一种促进流转双方自我履约的机制是纠错机制或者称不自我惩罚机制。自我纠错机制发挥作用的关键在于，如果农地流转一方因某种原因没有按照契约规定履约后，在一定时期内可能对自己的违约行为进行反省，由于没有履约是村庄内众人不赞同或者是大家反对的。因此，个人可能会由于自己没有履约而从心理上产生一种过错感，从而后悔自己没有履约的行为，并对自己没有履约的行为进行谴责，农户的这种行为有利于今后流转口头契约的自我履约。

第三，信任机制。在农地流转过程中双方之间的信任是口头契约自我履约的重要机制之一，对农地流转签约双方，一方给予另一方的信任能够激发对方的积极性，让对方也产生信任。正因为是这样，著名学者什托姆普卡认为，给予他人信任有利于唤起他人的积极性，对方也会在行动中信任自己①。这样，我们给予

① 什托姆普卡．信任——一种社会学理论．中华书局，2005：139.

信任的互动使我们免于焦虑、怀疑和警戒，允许更多的开放和自由，并从监督和控制他人的一举一动、时刻“注意他们的手”的需要中解脱出来。交易过程中双方之间的“信任可能被报之以相互的信任，因此我们将享受被信任的各种利益”。从总体上看，信任对于市场经济的运行具有较为重要的作用，一是激励个人一起参与的各种形式的联合，丰富了人际关系网络，扩大互动范围，允许更亲密的人际关系。二是信任促进了沟通的扩展，并解决了阻碍自发的集体行动的“众人致误码现象”。三是由于认同意识，信任增强了个体与组织如家庭、合作社等的联结，并且产生合作、相帮互助的倾向。四是信任降低了交易成本，提高了交易双方之间合作的可能性①。就农地流转双方而言，履约能够给自己带来一定收益，但其前提条件是对方也必然履约。按照主流经济学的观点，农地流转双方是否履约应对各种情况进行综合分析与判断；如果农地流转只是一次性和短期的，从理性人的视角看，对方履约而自己选择违约是最优策略，但问题在于，农地流转的另一方也可能出于同样的考虑和选择，这样，不是农地流转过程中的纠纷频发，就是农地流转双方均陷入囚徒困境。而走出囚徒困境的可能之路就是自己信任对方，对方也信任自己。由于信任的作用，复杂的囚徒困境就被大大简化了②。

第四，未来价值。农地流过程中签约双方是否自我履约，还涉及一个非常核心的问题，即自我履约对未来价值的影响，如果自我履约的价值大于违约的价值，那么农地流转主体会自我履约，相反就可能违约。从农地流转当事人的视角来看，农地流转不仅可以取得一定的收益，而且还要承担一定义务或者责任。一般地，违约的价值是当期的，而履约获得的价值或者收益是未来的，如果违约的当期价值大于未来履约的价值（未来利润流量的现值），则当事人选择违约的可能性是比较大的；如果履约的价值大于当期违约的价值，则当事人选择履约的可能是会大增强③。

二、研究假设

基于以上分析，我们可以得出本书研究的四个推论或者说四个研究假设。

假设一：在发生农地流转时，如果农户越是注重自己的声誉，那么在通过口头契约约束双方行为时，农户越能够自我履约。

---

① 什托姆普卡．信任——一种社会学理论．中华书局，2005：141.

② 尼克拉斯·卢曼．信任．上海世纪出版集团、上海人民出版社，2005：33－40.

③ 本杰明·克莱因．不完全契约在自我执行交易中的作用．载布鲁索，格拉尚．契约经济学，中国人民大学出版社，2011：48－57.

假设二：如果流转双方之间的信任度越高，农地流转口头契约越能够自我履约。

假设三：如果一个农户越重视流转双方之间的合作所产生的未来价值，那么农地流转口头契约越能够自我履约。

假设四：如果一个农户具有内心的自我惩罚行为，那么在上期或者本期的违约行为后，农户的自我纠错将有利于今后农地流转口头契约的自我履约。

第四节 调查区域与调查样本描述

在这一节，我们就调查区域的选择进行说明，同时，就调查样本的基本情况进行介绍。

一、调查区域的选择

本研究选择贵州湄潭、金沙和施秉为调查样本，之所以选择贵州为研究样本，一是贵州是全国较早进行农地产权制度改革的省区之一，在多数人看来，安徽小岗村开启了中国农地产权制度改革的序幕。事实上，贵州顶云公社进行农地产权制度改革的时期比小岗村还要早一些，小岗村是1978年下半年才开始进行农地产权制度改革的，而顶云公社的改革此时已经取得了初步成效。只不过前者众人皆知，后者却鲜为人知。因此，选择贵州进行农地流转研究具有较强的代表性。在贵州，我们选择湄潭、金沙和施秉3个县为研究的样本县，湄潭是国家农地制度改革试点县，金沙是贵州省省委、省政府的农地制度改革试验县，施秉是少数民族自治县，且这3个县均为传统的农业县，这样，我们能更好地观察和研究农地流转口头契约的自我履约情况。从经济发展水平的角度来看，2013年贵州省农民人均纯收入为5434元，在调查样本中，施秉农民人均纯收入为5737元，略高于全省平均水平；湄潭、金沙农民人均纯入分别为7975元和6475元，均高于全省平均水平；从财政运行的情况看，全省财政收入与财政支出之比为61.94%，其中金沙、湄潭和施秉分别为98.83%、36.63%和36.62%，金沙财政运行不仅明显好于湄潭和施秉，而且也好于全省情况，而湄潭和施秉的财政运行不仅没有金沙县好，而且比全省平均运行情况都要差（详见表11-2）。

二、调查方法

我们设计好调查问卷之后，没有选择发放问卷，再收回调查问卷的方式，而

表 11－2　调查样本县 2013 年基本情况　单位：亿元，元,%

	GDP	财政收入	财政支出	农民人均纯收入	财政收入/财政支出
湄潭	54.04	7.07	19.30	7975	36.63
金沙	154.84	50.73	51.33	6475	98.83
施秉	23.19	3.71	10.13	5737	36.62
贵州	8006.79	1919.18	3098.25	5434	61.94

资料来源：2013 年贵州省国民经济和社会发展统计公报，2013 年金沙县国民经济和社会发展统计公报，2014 年湄潭县政府工作报告和 2014 年施秉县政府工作报告。

是由课题组成员自己到农户家中或者田间地头，调查人员亲自与农户访谈，然后再填写调查问卷。2012 年 7～8 月，我们对贵州湄潭、金沙、施秉三个县 13 个乡镇 48 个村、583 户农户进行了入户调查。

三、调查样本描述

这次调查了湄潭县黄家坝镇、鱼泉镇、永兴镇、城关镇，金沙县平坝乡、城关镇、西洛乡、沙土镇、甘溪乡，施秉县双井镇、杨柳塘乡、牛大场镇和城关镇共 13 个乡镇，48 个村 583 户农户。从调查样本分布来看，湄潭 221 户、占 37.91%；金沙 172 户、占 29.50%；施秉 190 户、占有 32.59%。调查农户的平均年龄为 48.82 岁，平均受教育年限为 6.0 年，村干部有 34 人，党员有 41 人。为对农村流转的情况进行全面反映，调查过程中我们以农户是否进行过土地流转情况进行调查。调查发现，在湄潭、金沙和施秉的 221 户、172 户和 190 户调查样本中，曾经有过农地流转和正进行农地流转的农户分别为 211 户、167 户和 183 户，分别占调查样本的 95.48%、97.09% 和 96.32%。从总体上看，三个调查样本县曾经进行过农地流转的农户为 561 户，占调查总农户数的 96.23%（详见表 11－3）。

表 11－3　贵州三县农地流转基本情况　单位：户

	转入		转出		合计	
	样本	有土地流转	样本	有土地流转	样本	有土地流转
湄潭	94	90	127	121	221	211
金沙	94	91	78	76	172	167
施秉	108	103	82	80	190	183
小计	296	283	287	277	583	561

从转入农户对契约的选择来看，农地流转过程中虽然不同县对书面契约与口头契约的选择有一定差异，但主要以口头契约为主。从总体上看，三个县 284 户

农地转入户中，口头契约为256户、占90.14%；书面契约为28户、占9.86%。分县看，湄潭县有78户农户选择口头契约，占86.67%；选择书面契约的为12户，占13.33%；金沙县选择口头契约的有83户、占91.21%。选择书面契约的有8户、占8.78%；施秉县有95户选择口头契约、占92.23%。选择书面契约的为8户、占7.77%（详见表11－4），在三个调查本样县中，湄潭选择口头契约的比例低于金沙和施秉，施秉选择口头契约的比例是最高。

表11－4　转入农户的契约选择　单位：户，%

	流转农户	书面契约	口头契约	书面契约比例	口头契约比例
湄潭	90	12	78	13.33	86.67
金沙	91	8	83	8.79	91.21
施秉	103	8	95	7.77	92.23
合计	284	28	256	9.86	90.14

从转出农户对流转契约选择的角度来看，湄潭有107户选择口头契约、占88.43%；有14户选择书面契约、占11.57%。金沙有68户选择口头契约、占89.47%；有8户选择书面契约、占10.53%。施秉有74户选择口头契约、占92.5%；有6户选择书面契约、占10.11%（详见表11－5）。在调查的三个样本县中，施秉选择口头契约的比例仍然是最高的，而湄潭选择口头契约的比例是最低的。从总体上看，三个样本县曾经或者正在进行农地流转经历的277户农户中，选择口头契约的有249户，占89.89%，这比例虽然低于转入农户，但口头契约仍然是农户的主要选择。

表11－5　转出农户的契约选择　单位：户，%

	流转农户	书面契约	口头契约	书面契约比例	口头契约比例
湄潭	121	14	107	11.57	88.43
金沙	76	8	68	10.53	89.47
施秉	80	6	74	7.5	92.5
合计	277	28	249	10.11	89.89

第五节　实证分析

这一节，我们以分析框架和研究假设为基础，运用逻辑回归模型和贵州调查资料，进行计量分析。

一、计量模型

由于农地流转契约的履约与不履约不是连续变量，而是 0 ~ 1 变量，因此，我们选择逻辑回归模型作为本书的计量模型。我们拟使用的逻辑回归模型为：

$$P = F(\alpha + \beta_i x_i + \varepsilon) = \frac{1}{1 + e^{-(\alpha+\beta_i x_i+\varepsilon)}} \tag{11.9}$$

其中，e 为自然对数的底，P 为事件发生的概率。逻辑回归模型值域范围为 [0, 1]，逻辑回归模型中的变量关系服从 logistic 函数分布。对 11.1 式进行转换之后，实际用于计量分析的模型为：

$$\text{logit}(P) = \ln\left(\frac{P}{1 - P}\right) = \alpha + \beta_i x_i + \varepsilon \tag{11.10}$$

二、变量定义

由于本书主要是对农地流转口头契约的自我履约机制进行研究，从前文的分析看，我们主要是从信任、声誉、未来价值和自我惩罚四个方面对农地流转口头契约的自我履约机制进行研究。因此，被解释变量为口头契约履约情况，解释变量分别为信任、声誉、未来价值和自我惩罚，为了更全面的分析农地流转口头契约的履约机制，我们还将年龄、性别、民族也作为解释变量来进行分析，每个变量的具体定义见表 11 -6。

表 11 -6　　模型中的变量定义

变数	变量类型	变数含义	变量定义	预期方向
履约	被解释变量	是否履约	自我履约 =1，否则 =0	
信任	解释变量	是否为信任他人而选履约	是 =1，否 =0	正
声誉	解释变量	是否为获得好的名声而履约	是 =1，否 =0	正
未来价值	解释变量	是否为获得契约给定的收益而履约	是 =1，否 =0	正
自我惩罚	解释变量	选择违约是否会产生负罪感	是 =1，否 =0	正
民族	解释变量	是汉族还是少数民族	汉族 =1，少数民族 =0	负
性别	解释变量	男性还是女性	男性 =1，女性 =0	负
年龄	解释变量	农户的年龄	实际年龄	正

三、描述性分析

从契约的自我履约情况看，不管是从转入农户的自我履约率还是转出农户的自我履约率都是比较高的。三个县转入农户的自我履约率均超过了95%，全部转入样本农户的自我履约率达到96.13%。三个县转出农户的自我履约率虽然有一定差异，金沙县较低而施秉县较高，但即使自我履约率较低的金沙县也达到92.11%，而全部转出农户的自我履约率接近95%（详见表11-7）。如果将转入农户与转出农户结合起来看，在曾经发生过农地流转的561户农户中，自我履约农户达到536户，自我履约率达到95.54%。

表11-7　　农地流转自我履约情况　　单位：户，%

	转入			转出		
	流转样本	履约	履约率	流转样本	履约	履约率
湄潭	90	88	97.78	121	115	95.04
金沙	91	87	95.60	76	70	92.11
施秉	103	98	95.12	80	78	97.5
小计	284	273	96.13	277	263	94.95

从上分析说明，在农地流转过程中，农户选择的流转契约主要是口头契约，口头契约的履约机制主要为自我履约机制。

四、计量结果

运用逻辑回归模型对农地流转口头契约的自我履约机制进行计量分析，模型的回归结果见表11-8。从回归结果看，信任、声誉、未来价值、自我惩罚（心理负罪感）、年龄5个解释变量的系数均为正，除年龄因素之外，其余几个变量均通过了相应水平的显著性检验。模型的-2对数似然值为23.414，Cox & Snell R方为0.108，Nagelkerke R方达到0.732，这说明解释变量解释了被解释变量的73%以上，说明模型拟合度较高，并具有较强的解释能力。

从信任的视角看，如果农地流转一方越信任对方，意味着对方自觉履约的可能性越大。正是出于这一判断，农户选择自我履约，模型回归系数显著性水平为0.013，从而检验了假设一。

从声誉的视角看，在农村经济活动中，声誉是一种非常重要的资产或者称为资本，如果一个人具有良好的声誉，他不仅得到大家的认同，而且还能够以较低

表 11-8　计量结果

解释变量	B	S. E,	Wals	Sig.	Exp (B)
常量	3.365	5.426	0.385	0.535	28.944
信任	4.076	1.643	6.154	0.013	58.938
声誉	2.352	1.173	4.017	0.045	10.502
未来价值	3.986	1.555	6.571	0.010	53.855
自我惩罚	3.352	1.354	6.130	0.013	28.569
年龄	0.098	0.060	2.654	0.103	0.906
性别	-0.717	1.431	0.251	0.616	0.488
民族	-2.432	4.404	0.305	0.581	0.088
-2 对数似然值	23.414				
Cox & Snell R^2	0.108				
Nagelkerke R^2	0.732				

的成本获得相应的资源。用契约经济学家的话来讲，如果前一交易过程中由于不履约将导致其声誉贬值，声誉贬值将产生声誉效应，这种声誉效应将使交易者在未来的交易中成本上升①。我们的回归结果表明，在农地流转过程中，声誉机制是起作用的，声誉因素的回归系数为正，该系数的显著着性水平为0.045，从而使假设二得到检验。

从未来价值的视角看，农地流转契约虽然只规范流转期内双方的行为、责任、权利及义务等，但农地流转双方之所以进行农地流转，不仅为获得流转期的收益，而且还为了双方的合作而获得未来较长时期内的收益。即如果双方合作愉快，下一期可能选择继续合作，通过继续合作而取得未来收益。从回归结果看，未来价值因素的回归系数为正，并且通过相应水平的显著性检验。这说明，农地流转双方为合作取得未来价值进了农户的自我履约，这说明假设三是正确的。

从自我惩罚的视角来看，贵州是典型的山区，大山阻隔使农户交流的空间受到较大限制。在农地流转过程中，流转对象多数为本村庄的农户，大家较为熟悉。如果自己做错了事或者违约后，有时虽然口头不讲，但心理还会有一定的负罪感，对自己进行一定程度的自责。这种自责或者负罪感相应于一种自我纠错机制，可能使农民在未来的类似行为中减少违约行为，促进农地流转中口头契约的自我履约，从而检验了假设四。

以上分析说明，农地流转口头契约的自我履约可以通过信任机制、声誉机

① 本杰明·克莱因．契约与激励：契约条款在确保履约中的作用．载科斯，哈特等．契约经济学，中国人民大学出版社，1999：184-211.

制、未来合作带来的收益机制（未来价值）以及自我惩罚机制得到较好解释。回归模型给我们另外的启示就是，从性别的视角来看，与男性调查对象相比，女性农户更能够自我履约。从民族视角来看，少数民族与汉族相比，少数民族更愿意自我履约。从年龄因素看，年龄越大农户越倾向于自我履约。

五、研究结论与政策含义

与书面契约相比，口头契约作为一种成本较低的契约安排，对于促进农地顺利流转具有积极作用。口头契约要能够发挥这种作用，关键在于其能否自我履约。我们对贵州3个县进行的实证研究表明：农地流转契约主要是口头契约，农地流转口头契约多数是自我履约的。农地流转口头契约之所以能够自我履约，其核心在于信任机制、声誉机制、未来价值机制与农户自我惩罚机制的作用。

本研究的政策含义在于：在目前农户流转农地多数采用口头契约的情况之下，农地流转市场的顺利运行应以契约的履约为前提，在农地流转口头契约的两种履约机制中，农民多数情况下选择自我履约。农地流转口头契约的自我履约机制启示我们：第一，应重视信任在农地流转自我履约机制中的作用，信任促进了农户选择低成本的自我履约机制。因此，应加强信任体系建设，充分发展信任这种非正式制度安排在农地流转市场上的作用。第二，加强声誉资产的培育。声誉不仅是一种重要的非正式制度安排，而且更是一种非稀缺的无形资产，良好的声誉促进了农地流转口头契约的自我履约，从而降低了农地流转市场运行的成本。第三，重塑农户之间的合作观。对于进行农地流转的农户来讲，自己之所以流转土地，不仅重视眼前利益，而且还需要考虑未来利益。对农地流转未来价值的重视促进了农地流转口头契约的自我履约，因此，我们应进一步引导农户不仅要具有短期的合作观，而且还要树立长期的合作观，促进农地流转市场有序顺利运行。第四，做错事之后进行自我惩罚不仅对农民身心修养至关重要，而且对于农地口头契约的自我履约意义重大。所以，充分发挥自我惩罚这种自律机制在农地流转市场中的作用，不仅是学术研究的任务，而且也应该引起政府部门的高度关注。

第十二章　农地流转口头契约自我履约对农户未来合作意愿的影响研究

农户之间流转的契约主要是口头契约，农地流转契约对于维护农户利益和保障农地规模经营意义较大，而契约履约情况更是关乎农户的切身利益，口头契约自我履约情况会影响农户下一轮的合作意愿。

第一节　一个解释性框架

农户之间的关系是持续的，不是一次性的，因此，前一期的履约情况影响未来农户之间的合作。在这一节，我们在梳理有关研究的基础上，建设一个农地流转口头契约自我履约对未来农户合作意愿的解释性框架。

一、文献综述

近十年来，在农村人口大量向城市转移的背景下，我国农地流转的规模迅速扩大。截至 2014 年年底，农户家庭承包的土地已有 27% 通过转让、转包、出租等方式进入流转市场。政府也高度重视土地流转对解决“谁来种地”、保障国家粮食问题的重要作用，同时也为了实现土地规模经营，促进传统农业向现代农业转变，也积极推动土地流转。在 2015 年中央一号文件中，为了保障农民的土地权益，中央发出了“两权分离”转向“三权分置”的政策指引，倡导农户的承包权和经营权的分离，并积极探索承包权和经营权的财产权实现路径。为了让农户能够放心的流转土地，中央明确要求各地要规范土地流转合同，通过区域性统一的书面合同来保障农户土地流转权益，减少土地纠纷。据农业部《全国农村经营管理统计数据》显示，2012 年书面流转契约的比例已经达到 65.17%。但根据我们在贵州的动态追踪，农户选择书面契约的概率很低，大多数还是选择口头契约。有学者对贵州 4 个县 452 户农户的调查发现农户之间土地流转采用口头契约的比例高达 97.46%[①]，钱龙、洪名勇等对贵州省三县 543 名农户的调查表明，虽然书面契约的比例有所提高，但口头契约的比例依然高达 83.06%[②]。在农地流转中，选择口头契约已经成为一种习俗。这一判断也得到另一项大区域调查的证实，叶剑平等 2005 年对 17 省的调查，统计出农户选择口头契约的比例为 79.17%[③]，而叶剑平、田晨光对 17 省 1956 名农户的调查，选择书面契约的比例也只有 32.76%[④]。

农地流转过程中契约选择能够对交易的公平性和有效性，对利益分配格局和双方预期有深刻影响[⑤]。但长期以来农地流转契约问题没有得到应有的重视，多停留在简单描述契约选择的层次。当然，近年来越来越多的学者开始关注这一领域，对农地流转契约选择的影响因素或选择机制[⑥⑦]、农地流转契约的自我履约机制进行了深入研究[⑧⑨]。但笔者并不打算继续探讨上述问题，而是主要聚焦于契约履约后的问题，即关注契约履约程度对农户进一步合作意愿的影响。由于口头契约仍然在农地流转中占据主导地位，因而我们将聚焦于口头契约的自我履约情况及其对农户后续决策的影响。本章试图从博弈、信任和声誉的综合视角，构建起一个解释性框架，来分析农户在口头契约自我履约后的合作意愿变化。并基于我们对贵州省湄潭县、金沙县和施秉县的农户调查，进行验证性分析。本章后续安排如下，第一节提供一个解释框架，第二节对研究区域和调研数据进行简要介绍，第三节运用统计描述性分析来初步证实我们的判断，并基于不同视角对样本进行划分，分析不同人群的合作意愿的差异性，最后是结论与政策建议。

---

① 洪名勇．欠发达地区的农地流转分析 ——来自贵州省 4 个县的调查．中国农村经济，2009：8.

② 钱龙，洪名勇，刘洪．差序格局视角下的农地流转契约选择——基于贵州三县调查．西北农林科技大学学报（社会科学版），2015：4.

③ 叶剑平，蒋妍，丰雷．中国农村土地流转市场的调查研究——基于 2005 年 17 省调查的分析和建议．中国农村观察，2006：4.

④ 叶剑平，田晨光．中国农村土地权利状况：合约结构、制度变迁与政策优化——基于中国 17 省 1956 位农民的调查数据分析．华中师范大学学报（人文社会科学版），2013：1.

⑤ 钱龙，洪名勇，刘洪．差序格局视角下的农地流转契约选择——基于贵州三县调查．西北农林科技大学学报（社会科学版），2015：4.

⑥ 洪名勇．信任博弈与农地流转口头契约履约机制研究．商业研究，2013：1.

⑦ 孟召将．交易费用决定了农地流转契约选择——区域比较研究．江西财经大学学报，2012：4.

⑧ 洪名勇，钱龙．声誉机制、契约选择与农地流转口头契约自我履约研究．吉首大学学报（社会科学版），2015：1.

⑨ 洪名勇，龚丽娟．农地流转口头契约自我履约机制的实证研究．农业经济问题，2015：8.

二、农地流转口头契约自我履约与农户合作意愿：一个解释性框架

农地流转契约口头自我履约记录对农户进一步合作意愿的影响尚未得到学术界重视，本书试图借鉴博弈论、信任和声誉理论来构建一个解释性框架（图12－1)，并基于这一框架提出相应的假说。

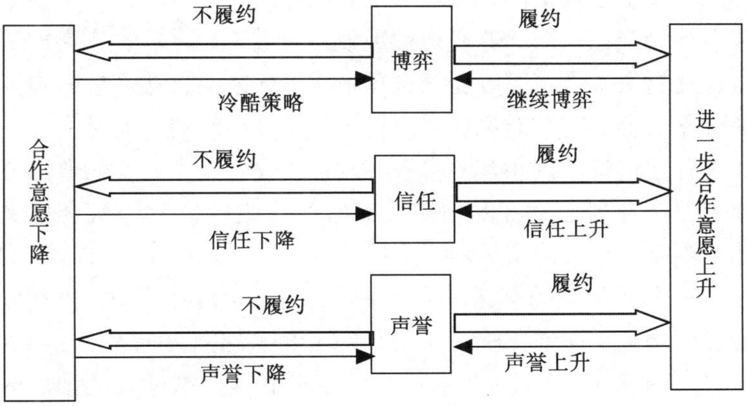

图12－1　作用机理

从博弈视角来看，如果对方在上一轮合作中欺骗了自己或者采取机会主义行为，对另一方的利益进行了侵害，那么被侵害方有两种策略可以选择。一种就是“针锋相对”，即在下一轮合作中对对方的爽约行为进行报复，让对方也遭受损失。通过这一措施，让对方明白不合作的结果将是“共输”。第二种就是“冷酷策略”，当对方在合作中侵害了己方的利益，另一方将选择永远不和对方合作。通过这种不再合作的行为，让对方的持续收益流断绝。相比“针锋相对”，冷酷策略给对方造成的损失是长期性的，同时也更具威慑力。在土地流转中，每一个农户都面临众多的合作者，这是一个竞争性的市场。当某一农户的利益被合作方侵害，他既可以终止合作，也可以在下一轮合作中给予对方惩戒。但由于土地是农户最看重的生产和生活资料，农户处置土地并非完全基于经济理性思维，此时安全性原则可能占据主导地位①，农户多会采取被动的、保守的保护措施，即更换合作方。因而，从博弈视角来看，在土地流转过程中，当农户遭受对方爽约时，通常不会继续和对方合作。

从信任视角来看，信任是个体认同另一个人的言词、承诺以及口头或书面的

① 詹姆斯·斯科特．农民的道义经济学：东南亚的反叛与生存．译林出版社，2001.

陈述可靠的一种概括化的期望①，这种期望包含对对方的善意和执行能力的期待。而双方之所以能够达成合作行为，其基础在于相互信任。只有双方互信时，才敢于托付，将本属于自己的资源暂时让渡于对方使用。因而，从本质上来说，信任也是一种将自己暴露给他人的风险性行为②，受到感情和理性双重影响。信任是如何产生的呢？涂尔干认为信任来自于血缘关系，福山认为信任来自于文化和习俗，制度学派认为信任来自制度保障，理性选择学派认为信任是基于精心算计后的选择。虽然上述理论不无道理，但我们赞同信任构建论。格南诺维特提出信任只能来自社会交往，而非普遍道德或制度安排③。科尔曼认为信任是一种社会资本，这种社会资本是在双方互动过程中建立起来的，并会进一步为信任主体带来更多的合作机会。吉登斯也认同信任不是预先给定的，而是在互动中相互构建起来的，这种建构意味着相互的自我开放，代表着人类高度的道德自觉性④。

信任代表着相互满足对方的预期，不出现"敲竹杠"等机会主义行为，即使面对诱惑或困难，也要忠实的践行契约约定。但一旦其中一方 A 采取了侵害行为，辜负了另一方 B 对其的信任，那么基于 A 在 B 的心目中的可信度就会降低。这种可信度受到两个层面的影响，一是 A 对 B 的侵害程度的绝对值大小，二是 B 对所遭受的损失的承受能力⑤。当 B 损失的绝对值越大或对 B 的损坏的相对程度越深时，在面临新的合作机遇时，B 对 A 的信任度就会越低。以农地流转契约为例，当合作方完全履约时，农户没有遭受损失；当合作方部分履约时，农户遭受部分损失；而当合作方完全不履约时，农户遭受损失最大。因而，不难推断出：被调查农户对完全履约、部分履约和完全不履约的农户的信任程度依次降低，和对方进一步合作的可能性也逐渐降低。

无名氏定理揭示出，在无限次重复博弈的前提下，只有每个参与者都有足够的耐心（当贴现因子足够大时），那么每一次博弈的均衡结果都是帕累托最优的。但是在现实生活中，有限次重复博弈时合作行为也频繁出现。之所以如此，其中一个关键原因在于声誉的存在。声誉是个人既往信息的综合及其获得的外在评价，代表着个人的可信程度。良好的声誉是契约自我履约的保障机制，声誉主要通过激励效应、网络效应来促进个体进行自我履约。正如 Fama 在研究委托——代理问题时指出，声誉是一种隐性激励，良好的声誉能够带来持续的收益

① Rotter，J. B. A. New Scale for the Measurement of Interpersonal Trust [J]. Journal of Personality，1967 (35)：651 -665.

② 洪名勇，钱龙．多学科视野下的信任及信任机制研究．江西社会科学，2013：1.

③ 蔡翔．国外关于信任研究的多学科视野．科技进步与对策，2006：5.

④ 董才生．论吉登斯的信任理论．学习与探索，2010：5.

⑤ 胡荣，李静雅．城市居民信任的构成及影响因素．社会，2006：6.

流，声誉主体为了获得更长远的利益多会珍惜声誉，因而选择履行契约①。声誉的网络效应即外溢效应，此时声誉作为一种信息流在众多潜在合作者之间传播。声誉的网络性使得声誉成为一种公共品，当一方选择违约，即使其当前合作方无法予以惩罚，但潜在合作者会降低与其合作的倾向，从而使得小区性的惩罚成为可能。声誉很大程度上保障了契约的自我履约，作为主体的宝贵财产，在带来潜在利益的同时，声誉也有着产生道德风险的潜在可能。一旦发生毁誉事件，重新赢得良好的声誉将比之前更困难。也就是说，声誉作为一种资产，其构建过程是缓慢和长期的，但如果想损毁它则是很容易的。在农地流转契约履约中，完全履约的声誉值会继续累加，部分履约的农户则会受到轻微损害，而完全不履约的农户的声誉将严重受损。因而，在下一轮的合作中，被调查农户可能会保持和完全履约农户的合作，降低与部分履约农户的合作倾向，与完全不履约农户的合作意愿则最低。基于上述分析，提出下述假设：农地流转契约的履约情况越好，农户越可能选择和对方进一步合作。

第二节　区域情况与数据描述

这一节对研究区域进行简介，就研究数据来源进行说明，同时对调查数据进行简要描述。

一、研究区域概况

本次调研的地点为贵州湄潭县、金沙县和施秉县。其中湄潭县是国家农地制度改革试验区，“增人不增地，减人不减地”的政策指导即来自湄潭的实践。金沙县是贵州省农地制度改革试验点，该县与湄潭县一样，也从 20 世纪 80 年代起不再重新分配土地。施秉县隶属黔东南州，是典型的苗族自治县。就经济水平来说，金沙县相对最好，各项指标排在全省前列。湄潭县则在全省排名居中，而施秉县各项经济指标都很落后，是典型的欠发达民族县。三县经济发展有着明显的层次性，因而样本选择具有典型性。

二、数据来源与描述

为了深入调研农村土地流转过程中的契约选择及其选择机制，课题组于 2012

① 洪名勇，钱龙．信任、声誉及其内在逻辑．贵州大学学报（社会科学版），2014：1.

年7~8月，对贵州省湄潭县、金沙县和施秉县12个乡镇39个村进行了实地调研。此次调研采用配额抽样和随机抽样的方法，选择有过土地流转经验的农户作为调研对象，共发放问卷593份，获得以口头契约形式流转的有效问卷457份，其中转入土地农户260名，转出土地农户197户。

在整体样本中，男性居多，占比66.74%左右。从年龄来看，平均年龄为50岁左右，40岁及以下有104人，41~50岁之间有179人，51~60岁100人，60岁以上有68人。被访农民文化程度普遍偏低，整体受教育程度不足6年。其中63人为文盲，161人为小学学历，初中学历有197人，高中及以上学历仅为35人。从家庭主要收入来看，以务农为主的农民占比65.4%；以务工为主占比34.6%，说明被调查的贵州农民依然以农业收入为主。

从土地流转租金形式来看，免费代耕比例较高，达到了24.7%；支付粮食作为租金的比例约为36.76%。支付货币租金的比例仅为38.1%。就土地流转规模来看，单笔流转规模普遍过小，1亩及以下规模流转数有87例；1~2亩规模为141例；2（不含）~5亩140例；流转面积达到5亩以上只有89笔。从流转的土地类型来看，以水田和旱地为主，其中56%为水田，40.5%为旱地。从流转契约年限来看，多数流转并未约定契约年限，比例高达79.2%，约定期限为1年、2~10年、10年以上的比例分别只有8.5%、7.9%和4.4%。从土地去处和来源人际关系来看，流转给亲人和亲戚的比例高达49.45%；流给朋友或邻居的比例也达到了33.26%，可见三县的土地流转仍以熟人流转为主。从地缘关系来看，74.39%的案例流转给本组村民；转给本村外组的比例亦达到17.29%。因而，当前农地流转主要是村内部的市场。从口头履约情况来看，整体履约率达到了97.8%，这说明口头契约的自我履约情况十分良好。但是询问农户“第一次合作没有履约，下一次更倾向于书面合同”，高达近70%的农户表示，为杜绝此类情况再发生，会选择书面契约而非口头契约。

第三节 实证分析

在这一节，以我们构建的解释性框架为基础，运用贵州三个县入户调查的数据，对农地流转口头契约自我履约对未来农户合作意愿进行实证分析。

一、整体层面分析

为了研究土地流转契约自我履约情况对农户进一步合作的意愿，我们分别设置下述三个问题，“对完全履约的人您再次流转的意愿”、“对部分履约的人您再次流转的意愿”和“对完全不履约的人您再次流转的意愿”，并请被调查农户回答继续合作的意愿。合作意愿为百分制，范围设置为 0～100，0 表示不愿意合作，100% 表示完全愿意进一步合作。统计描述性分析显示，当对方能够完全履约时，有 444 户完全愿意和对方合作，选择率高达 97.15%，2.8% 表示有 50% 可能性与对方合作。当对方只是部分完成合同约定内容时，农户选择在下一轮合作的意愿就迅速降低。有 69.36% 的农户表示不愿意再将土地流转给地方或从对方那转入土地，17.5% 的农户的合作意愿下降至 10% ～50% 之间，12.7% 的农户合作意愿在 50% ～100% 之间。对于完全没有履约的合作方，农户的选择也惊人的一致，有 94.96% 的农户表示不会和对方再合作。这与我们的假说预期完全相符，即合作方的履约情况越好，农户越愿意在下一轮流转中与其合作。

从博弈视角来看，农户本着吃一堑、长一智的心理，在上次流转中一旦遭受对方部分或完全爽约，多选择不再与对方进行流转交易。这既是农户基于安全性考虑选择的自保行为，同时也是一种间接性的惩罚措施，通过“冷酷策略”不与对方合作，减少对方的合作空间。从信任视角来看，如果合作方部分履约或者完全不履约，那么就表明其是不太可信或完全不可信的。在对对方履约没有信心、不相信对方的合作善意的前提下，为了保障自己的利益不再被对方侵害，在下一轮合作中理性的选择不合作是十分合理的。上述统计性分析也显示出，因对方履约不完全造成的损失越大，农户对合作方的信任程度快速下降。这也说明因为前一轮信任造成的损失越大，农户在下一轮合作中选择继续信任的可能性越低，从而相应的合作概率也越低。声誉的易碎性也可以清晰地从上述数据中看出，完全履约的人能够得到下一次合作机会的概率达到 97.1%，部分履约的人获得合作的机会接近 3 成，而完全不履约的人只有 5% 的机会获得下一次合作机会，可见一旦合作方不履约，农户就很容易丧失对其信任，对方的声誉也迅速贬值。这进而导致农户越会选择不与其合作，终止后续的合作接触。

二、样本分析

但不同特征的群体会根据契约履约情况进一步合作产生哪些影响呢？为了深入分析不同群体特征的特点，分别从个体特征和流转契约特征两个维度 8 个变量维度进行分析。在问卷中选择回答部分履约的农户的合作意愿居中，可以从完全履约和完全不履约群体的选择决策推断出来，下述分析中仅着重分析处于两个极端情况的群体选择差异（详见表 12－1）。

从性别视角来看，无论是对完全履约的人还是对完全不履约的人，女性相对男性而言，继续和对方合作的意愿均较高。且通过了 Chi 平方检验，因而两性的选择具有系统差异性。这在一定程度上说明女性更容易相信别人，也更容易和对

表 12-1 农地流转口头契约自我履约情况对未来合作的影响

分组	流转意愿均值	完全履约时再次流转意愿	Chi 平方	不完全履约时再次流转意愿	Chi 平方
性别	女性	0.990	0.001	0.066	0.003
	男性	0.984		0.043	
年龄	40 岁及以下	0.986	0.001	0.048	0.044
	41~50 岁	0.986		0.044	
	51~60 岁	0.980		0.040	
	60 岁以上	0.992		0.073	
教育程度	文盲	0.992	0.000	0.126	0.000
	小学	0.991		0.049	
	初中	0.982		0.025	
	高中及以上	0.971		0.028	
家庭收入来源	农业	0.981	0.001	0.046	0.174
	非农	0.988		0.056	
约定流转年限	未约定	0.986	0.008	0.052	0.018
	1 年期	0.987		0.077	
	2~10 年内	0.972		0.028	
	10 年以上	1.000		0.000	
流转涉及的面积	1 亩及以下	0.977	0.000	0.092	0.000
	1~2 亩	0.989		0.043	
	2~5 亩	0.986		0.029	
	5 亩以上	0.989		0.056	
转入土地类型	水田	0.986	0.221	0.039	0.000
	旱地	0.984		0.070	
租金形式	免费	0.986	0.056	0.071	0.008
	实物	0.988		0.042	
	货币	0.983		0.046	
转入转出	转入	0.987	0.168	0.057	0.014
	转出	0.985		0.04	

方维持合作关系。即使对方有违约行为，也有更大的可能性谅解对方并继续合作。

从年龄视角来看，对完全履约的人，不同年龄阶段的农户均在98%比例以上会与对方合作。这表明完全履约的人能够获得大家的一致信任，为了奖励这种完全履约的行为，让对方享受再一次的合作机会及其附属收益流。对于完全不履约的个体，随着年龄的逐渐增长，农户的合作意愿逐渐下降，之后再次上升，呈现“U”字型，且通过 Chi 平方检验，这说明进一步合作意愿具有年龄差异性。但对于完全不履约的个体，即使 60 岁以上的农户合作意愿都最高，达到了 0.073，40 岁及以下的合作意愿达到 0.048，也说明整体上不履约的个体基本很难再次赢得信任和合作机遇。

从教育程度来看，对完全履约的人，农户多会选择在下一轮中进行合作。令人意外的是，并非是文化程度越高的农户而是文化程度低的农户更愿意和对方合作，且上述差异通过 Chi 平方。其中文盲的平均流转意愿只有 0.992，而高中及以上则只有 0.971，小学和初中的农户的进一步合作意愿居中，分别为 0.991 和 0.982。对于不完全履约的合作方，与上述现象相似，学历越低的个体越愿意相信对方。其中，文盲的合作意愿为 0.126，小学为 0.049，初中为 0.025，高中及以上为 0.028。因而，整体而言，学历越低的农户，有着更高的合作意愿，无论是对方有良好的履约记录还是不良的合作记录。

从家庭收入来源视角来看，对于完全履约的个体而言，以非农业收入为主的农户有着更高的流转意愿，达到 0.988；对于以农业为主的农户，相应的流转意愿只有 0.981。对于不完全履约的个体，以非农为主的合作意愿为 0.056，农业为主的为 0.046。这可能是因为对于非农业收入为主的农户而言，土地流转而获得的收益相对来说重要性较低，对于风险的抵抗能力较高，即使被侵害损失不在可接受范围内。

从约定流转年限来看，对于完全履约的合作对象，未约定年限的农户和约定一年期的农户有着很高的合作意愿，分别为 0.986 和 0.987。约定合同 2～10 年内的农户选择意愿最低，为 0.972。约定 10 年以上的农户进一步合作意愿最高，达到 1。不难发现，对于不定期[①]、短期的农户以及长期合作的农户而言，都更愿意相信对方。这可能是因为合作期限较短时，农户的利益即使被侵害，也能够迅速结束合约减少侵害。而对于长期合作的农户，由于双方已经实现长期合作，说明双方是充分互信的，双方的利益联结是“双赢”或“双输”。在涉及利益较大的前提下，为了获得长期贴现利益，因而保持合作和信任对双方都非常有益。但对于完全不履约的个体，契约年限为长期的农户的合作意愿最低，均值为 0。这与上述解释具有一致性，由于完全不履约的个体不再可信，长期合作的话可能带来更大损失，因而理性的选择是不再合作。此时，短期不定期契约和一年

① 不定期的契约对于农户来说，就是说转入或转出户其中一方一旦不愿意再继续合作，就可以单方面通知对方下一期不再合作，且对方不予以反对。农民选择不定期也是因为其具有充分的灵活性。

期契约的合作意愿较高，分别为0.077和0.052，这也是因为短期契约的可塑性高，涉及利益少，进一步合作带来的损失少，因而农户的进一步合作意愿稍高。

从涉及流转的面积来看，对于完全履约的个体而言，存在随着面积增大，农户的流转意愿逐渐增强的现象。流转5亩以上的农户、流转2~5亩的农户和1~2亩的农户依次为0.989、0.986和0.989，而1亩及以下的农户只有0.977。对于完全不履约的个体，则存在随着流转面积增大，农户流转意愿逐渐降低的现象，且通过了Chi平方检验。对于5亩以上的农户，进一步合作的意愿仅仅达到0.016，只达到一亩及以下农户的20%左右。这是因为土地流转的面积越大，涉及农户的利益越大，面对不可信的合作方，进一步合作的风险较大，因而农户多理性的选择不再合作。

从流转土地类型来看，当面对完全履约的合作方时，被调查农户并不存在差异，无论是流转水田还是流转旱地，都不影响农户进一步的合作意愿。但是当农户面对的是不完全履约的个体时，群组差异就十分显著了。流转水田的农户的合作意愿较低，为0.039；而流转旱地的农户的流转意愿相对较高，达到了0.07。之所以会出现上述现象，可能是因为贵州是典型的喀斯特地区，农户的人均田地都很好，尤其是水田更是十分稀缺和宝贵。在流转土地过程中，还出现了“顶田吃土”的现象①。面对完全履约的人，由于对方可信度高，因而土地类型并不影响农户的决策。但是当面对完全不履约的人，由于风险较大，农户对宝贵的水田的珍惜程度更高，而对旱地的珍视程度稍低。

从租金形式来看，面对完全履约的合作方，虽然存在一定差异，但绝对差异程度很小。表现为租金免费和租金为实物（粮食）的进一步合作意愿较高；而以货币资金为基础的契约，农户愿意进一步合作的概率稍低。在决定是否与完全不履约的个体是否进一步合作时，农户的决策则存在明显群组差异。当租金是免费时，农户的合作意愿均值为0.071，当租金为实物租金时降低到0.046，当租金为货币时，进一步合作意愿降到最低，仅仅为0.042。之所以出现上述这种情况也很容易理解，因为从租金形式也可看出农户流转土地的真实目的②。租金为免费时要么是为帮助亲友，要么是为了防止土地抛荒借给其他人耕种。因而并不体现农户的经济思维，而是社会思维。当租金为实物时，这种流转也通常在关系亲密的双方之间发生，因而土地流转利益也并非占主导。但是当农户之前约定以支付货币来完全履约时，双方都是为了追求利益最大化，这时候人际信任向契约

---

① 洪名勇．欠发达地区的农地流转分析——来自贵州省4个县的调查．中国农村经济，2009：8.

② 钱龙，洪名勇，刘洪．差序格局视角下的农地流转契约选择——基于贵州三县调查．西北农林科技大学学报（社会科学版），2015：4.

性的制度信任转变。这种信任比较脆弱，一旦出现一方有违约，双方就很难在下一轮进行合作。

从转入转出视角来看，面对完全履约的个体，农户的合作意愿并不呈现明显的群组差异。但是当面对完全不履约的个体时，农户在下一轮的合作意愿就体现出差异性，转出户表现出比转入户更低的合作意愿。这可能是因为土地是珍贵的生产和生存数据，对于转出户而言失去土地意味着失去生计来源，而对转入户仅仅意味着部分收入的减少，因而不同的风险让转出户更加谨慎①。

三、研究结论与政策含义

土地流转契约自我履约情况对农民进一步的合作意愿有何影响是一种“契约后”研究，这是我们此前关于契约形式选择机制（“契约前”）、契约履约机制研究（“契约中”）的继续。本章从博弈、信任和声誉视角，构建起了一个解释性框架，并基于此提出本书的关键研究假说：合作方自我履约情况越好，农户越愿意在下一轮合作中与其合作，相应的合作愿望越高。整体层面的统计性分析证实了上述判断。为了分析不同特征的群组是否存在合作意愿的差异，我们从个体特征和流转契约特征两个维度进行了分组分析。结果表明，农户下一步的合作意愿存在性别、年龄、教育程度、家庭收入来源、约定流转年限、流转涉及面积、流转土地类型租金形式和转出转入的群组差异。

本研究的政策含义为：第一，上一轮的契约自我履约情况对农户下一轮的土地流转合作意愿有深刻影响。只有当对方完全履约时，有很大可能性继续获得信任和赢得声誉，从而拥有下一轮的合作机会。但是一旦对方只是部分履约，或者完全不履约，那么将很大程度或者基本丧失了下一轮的合作机遇。因而，既要加强对契约履约情况的监督，形成第三方促进契约的力量，也要重视农户自我履约这一情形。通过营造“履约光荣、失约可耻”，“履约得益、失约惩罚”的环境，引导农户们珍惜自身的声誉，形成人人讲信用，人人从信用中获益的良好局面，从而促进土地流转市场的健康发展。第二，根据不同的履约情况，不同特征的农户呈现采取差异化的合作倾向，这说明进一步的合作意愿具有多样性特征。因而，需要根据不同群体的特征，针对性的予以保障和引导，一旦某一群体出现问题可以针对性的提供改进措施。

① 钱龙，洪名勇，刘洪．差序格局视角下的农地流转契约选择——基于贵州三县调查．西北农林科技大学学报（社会科学版），2015：4.

参考文献

[1] 奥斯特罗姆.制度分析与发展的反思[M].北京：商务印书馆，1996.

[2] 艾伦·施瓦茨.法律契约与不完全契约[A].科斯，哈特，斯蒂格利茨.契约经济学[C].北京：经济科学出版社，1999：96-134.

[3] 安东尼·德·雅赛.重申自由主义[M].北京：中国社会科学出版社，1997.

[4] 安海燕，洪名勇.农户农地流转契约形式选择及其影响因素分析——基于545份问卷调查数据[J].湖南农业大学学报（社会科学版）.2015（5）：12-17.

[5] 巴泽尔.国家理论——经济权利、法律权利与国家范围[M].上海：上海财经大学出版社，2006.

[6] 巴泽尔.产权的经济分析[M].上海：上海三联书店，2002.

[7] 巴泽尔.国家与第三强制实施者的多样性[A].科斯，诺思，威廉姆森.制度、契约与组织[C].北京：经济科学出版社，2003：246-295.

[8] 白展航.允诺、契约义务与契约自由——英美法视域中规范契约理论之发展[D].中国政法大学博士论文，2005.

[9] 布伦南，布坎南.宪政经济学[M].北京：中国社会科学出版社，2004.

[10] 本杰明·克莱因，基思·莱弗勒.市场力量在确保契约绩效中的作用[C].陈郁.企业制度与市场组织——交易费用经济学文[A].上海：上海三联书店、上海人民出版社，1996：169-205.

[11] 本杰明·克莱因.不完全契约在自我执行交易中的作用[A].布鲁索，格拉尚.契约经济学[C].北京：中国人民大学出版社，2011：48-57.

[12] 本杰明·克莱因.契约与激励：契约条款在确保履约中的作用[A].科斯，哈特等.契约经济学[C].北京：经济科学出版社，1999：184-211.

[13] 波斯纳.法律的经济分析[M].北京：中国大百科全书出版社，1996.

[14] 蔡翔.国外关于信任研究的多学科视野[J].科技进步与对策，2006

(5)：178－180.

［15］陈国富．契约的演进与制度变迁［M］．北京：经济科学出版社，2002.

［16］陈和午，聂斌．农户土地租赁行为分析——基于福建省和黑龙江省的农户调查［J］．中国农村经济，2006（2）：42－48.

［17］陈郁．企业制度与市场组织——交易费用经济学文［M］．上海：上海三联书店、上海人民出版社．

［18］程宏伟．隐性契约与企业财务政策研究［D］．西南财经大学博士论文．2005.

［19］柴玉梅，王黎明．一个信任和声誉模型及其应用［J］．计算机工程与应用 2006（1）：205－207.

［20］邓大才．农地流转的交易成本与价格研究——农地流转价格的决定因素分析［J］．财经问题研究，2007（9）：89－95.

［21］董才生．论吉登斯的信任理论［J］．学习与探索，2010（5）：64－67.

［22］董梁，李松涛，沈思玮．声誉问题的博弈分析［J］．系统工程理论方法应用，2002（11）：253－259.

［23］迪克西特．法律缺失与经济学［M］．北京：中国人民大学出版社，2007.

［24］恩格斯．家庭、私有制和国家的起源［M］．北京：人民出版社，1954.

［25］冯艳芬，董玉祥，刘毅华，王芳．基于农户调查的大城市郊区农地流转特征及影响因素研究——以广州市番禺区 467 户调查为例［J］．资源科学，2010（7）：1379－1386.

［26］胡荣，李静雅．城市居民信任的构成及影响因素［J］．社会，2006（6）：45－61.

［27］胡愈．认知、大脑与演化：信任研究的新进展［J］．理论月刊，2011（3）：73－76.

［28］胡乐明．“交易”范畴的演化［J］．山东财政学院学报，2001（1）：16－19.

［29］弗里德．契约即允诺［M］．北京：北京大学出版社，2006.

［30］费孝通．乡土中国［M］．上海：生活．读书．新知三联书店，1985.

［31］费方域．契约人假定和交易成本的决定因素——威康姆森交易成本经济学述评之一［J］．外国经济与管理，1996（5）：26－29.

［32］费方域．交易、合同关系的治理和企业——威廉姆森交易成本经济学

述评之二［J］．外国经济与管理，1996（6）：8－15.

［33］菲吕博顿，瑞切夫．制度经济学［M］．上海：上海财经大学出版社，1998.

［34］福山．信任：社会道德和繁荣的创造［M］．呼和浩特：远方出版社出版，1998.

［35］高晓红．先秦儒家义利观及其现代意义［J］．学术界，2006，120（5）：218－222.

［36］格兰诺维特．镶嵌：社会网与经济行动［M］．罗家德，译．北京：社会科学文献出版社，2007：8－15.

［37］何丽红，李丹．基于委托代理理论的物流外包信任机制研究［J］．统计与决策，2008（18）：182－184.

［38］洪名勇．欠发达地区的农地流转分析——来自贵州省4个县的调查［J］．中国农村经济，2009（8）：79－88．

［39］洪名勇．信任博弈与农地流转口头契约履约机制研究［J］．商业研究，2013（1）：151－155.

［40］洪名勇，钱龙．声誉机制、契约选择与农地流转口头契约自我履约研究［J］．吉首大学学报（社会科学版），2015（1）：34－43.

［41］洪名勇，龚丽娟．农地流转口头契约自我履约机制的实证研究［J］．农业经济问题，2015（8）：13－20.

［42］洪名勇，钱龙．多学科视野下的信任及信任机制研究［J］．江西社会科学，2013（1）：190－194.

［43］洪名勇，钱龙．信任、声誉及其内在逻辑［J］．贵州大学学报（社会科学版），2014（1）：34－39.

［44］洪名勇．农地习俗元制度及其实施机制研究［D］．南京：河海大学博士论文，2007.

［45］洪名勇．制度经济学［M］．北京：上海财经大学出版社，2012.

［46］洪名勇，钱龙．多学科视野下的信任及信任机制研究［J］．江西社会科学，2013（1）：190－194.

［47］洪名勇．农地习俗元制度及其实施机制研究［M］．北京：经济科学出版社，2008.

［48］洪名勇．信任博弈与农地流转口头契约履约机制研究［J］．商业研究，2013（1）：151－155.

［49］洪名勇．利他行为及内在机制［J］．贵州大学学报（社会科学版），2012（2）：90－96.

［50］洪名勇．农地习俗元制度：共同性、多样性与差异性［M］．中国农业

经济评论，2005（4）：417－426.

［51］洪名勇．声誉、空间与农地流转契约选择研究［J］．江西财经大学学报，2017（1）．

［52］黄晓红．基于信号传递的农户声誉对农户借贷结果影响的实证研究［J］．经济经纬，2009（3）：108－111.

［53］黄宗智．发展还是内卷：十八世纪英国与中国［J］．历史研究，2002（4）：150－176.

［54］H. 培顿·扬在．个人策略与社会结构——制度的演化［M］．上海：上海三联书店、上海人民出版社，2004.

［55］科斯等．企业、市场与法律［M］．北京：生活·读书·新知三联书店，1990.

［56］科斯，诺斯，威廉姆森等．制度、契约与组织［M］．北京：经济科学出版社，2003.

［57］柯武刚和史曼飞．制度经济学：社会秩序和公共政策［M］．北京：商务印书馆，2000.

［58］考特和尤伦．法和经济学［M］．上海：上海三联书店、上海人民出版社，1999.

［59］贾生华、吴波．基于声誉的私人契约执行机制［J］．南开经济研究，2004（6）：16－20.

［60］康芒斯．制度经济学［M］．北京：商务印书馆，1997.

［61］克拉夫，基伏等．制度与经济绩效：产权与契约的执行［A］．载克里斯托夫．克拉格．制度与经济发展［C］．法律出版社，2006：80－108.

［62］孔祥智，徐珍源．转出土地农户选择流转对象的影响因素分析——基于综合视角的实证分析［J］．中国农村经济，2010（12）：17－67.

［63］李延喜，吴笛，肖峰雷，姚宏．声誉理论述评［J］．管理评论，2010（10）：4－10.

［64］李霞，李万明．农地流转口头协议的制度经济学分析——一个交易费用的分析框架［J］．农业经济，2011（8）：85－86.

［65］李伟民，梁成．特殊信任与普遍信任：中国人信任的结构与特征［J］．社会学研究，2002（3）：11－22.

［66］李敬湘，张衔．国有企业高管激励中的契约选择：隐性契约与显性契约［J］．云南社会科学，2009（4）：121－124.

［67］李延喜，吴笛，肖峰雷，姚宏．声誉理论研究述评［J］．管理评论，2010（10）：3－11.

［68］廖飞，施丽芳，茅宁，丁德明．互动公平、委员会决策程序公平与员

工决策承诺：基于公平启发理论与不确定管理理论的实证研究［J］. 南开管理评论，2012（2）：4－18.

［69］罗必良. 村庄环境条件下的组织特性、声誉机制与关联博弈［J］. 改革，2009（2）：72－80.

［70］罗必良. 信誉的生成机制及其制度性作用［J］. 经济理论与经济管理，2002（10）：18－22.

［71］罗必良，汪沙，李尚蒲. 交易费用、农户认知与农地流转——来自广东省的农户问卷调查［J］. 农业技术经济，2012（1）：11－21.

［72］罗必良，刘茜. 农地流转纠纷：基于合约视角的分析——来自广东省的农户问卷［J］. 广东社会科学，2013（1）：35－44.

［73］刘文勇，孟庆国，张悦. 农地流转租约形式影响因素的实证研究［J］. 农业经济问题，2013（8）：43－48.

［74］刘一明，罗必良，郑燕丽. 产权认知、行为能力与农地流转签约行为——基于全国890个农户的抽样调查［J］. 华中农业大学学报（社会科学版），2013（5）：23－28.

［75］刘凤芹，王姚瑶. 声誉机制与默认合约：一个"敲竹杠"治理方案的实证比较［J］. 社会科学战线，2013（11）：55－59.

［76］刘凤芹，王姚瑶. 资产专用性、"敲竹杠"及其治理安排：一个前沿综述［J］. 产业组织评论，2012（4）：139－158.

［77］刘颖. 关于信任的经济学与社会学思考［J］. 生产力研究，2007（23）：7－9.

［78］刘业进. 分工、交易和经济秩序［M］. 北京：首都经济贸易大学出版社，2009.

［79］马克思. 马克思、恩格斯全集第23卷［M］. 北京：人民出版社，1972.

［80］马本江. 经济学中信任、信用与信誉的概念界定与区分初探——兼论信任问题与信用问题的一致性［J］. 生产力研究，2008（12）：14－16.

［81］莫申江，王重鸣. 基于行为认知视角的组织声誉研究前沿探析与展望［J］. 外国经济与管理，2012（3）：65－71.

［82］麦克尼尔. 新社会契约论——关于现代契约关系的探讨［M］. 北京：中国政法大学出版社，1994.

［83］孟召将. 交易费用决定了农地流转契约选择——区域比较研究［J］. 江西财经大学学报，2012（4）：13－20.

［84］尼克拉斯·卢曼. 信任［M］. 上海：上海世纪出版集团，上海人民出版社，2005.

[85] 彭正龙，沈建华，朱晨海．心理契约：概念、理论模型以及最新发展研究［J］．心理科学，2004（2）：456－458.

[86] 彭泗清．信任的建立机制：关系运作与法制手段［J］．社会学研究，1999（2）：55－68.

[87] 皮天雷，张平．声誉真的能起作用吗？——逻辑机制、文献述评及对我国商业银行的启示［J］．经济问题探索，2009（11）：122－127.

[88] 皮天雷．国外声誉理论：文献综述、研究展望及对中国的启示［J］．首都经济贸易大学学报，2009（3）：95－101.

[89] 浦徐进，吴林海，曹文彬．公司和农户间自我履约机制的设计：一种风险贴水的方法［J］．财贸研究，2010（3）：27－32.

[90] 钱龙，洪名勇，刘洪．差序格局视角下的农地流转契约选择——基于贵州三县调查［J］．西北农林科技大学学报（社会科学版），2015（4）：47－54.

[91] 钱龙，洪名勇，龚丽娟，钱泽森．差序格局、利益取向与农户土地流转契约选择［J］．中国人口资源与环境，2015（12）：95－104.

[92] 诺斯．交易成本、制度和经济史［J］．经济译文，1994（2）：23－28.

[93] 诺斯．制度、制度变迁与经济绩效［M］．上海：上海三联书店、上海人民出版社，1994.

[94] 世界银行．2011 个世界发展报告［M］．北京：清华大学出版社，2012.

[95] 什托姆普卡．信任——一种社会学理论［M］．北京：中华书局，2005.

[96] 石敏，李琴．我国农地流转的动因分析——基于广东省的实证研究［J］．农业技术经济，2014（1）：49－55.

[97] 萨拉尼耶．合同经济学［M］．上海：上海财经大学出版社，2008.

[98] 孙立平．“关系”、社会关系与社会结构［J］．社会学研究，1996（5）：20－30.

[99] 斯密德．财产、权力和公共选择［M］．上海：上海三联书店、上海人民出版，1999.

[100] 陶富源．社会关系形成中主体向度的契约方式［J］．哲学研究，2013（1）：16－23.

[101] 汪丁丁．信誉：在从猿到人转变过程中的意义［J］．浙江大学学报（人文社会科学版），2003（2）：130－135.

[102] 王春超，李兆能．农村土地流转中的困境：来自湖北的农户调查［J］．

华中师范大学学报（人文社会科学版），2008（4）：51－56.

［103］王佳司，徒剑萍．当代中国社会的宗教信仰和人际信任［J］．世界宗教文化，2010（4）：78－85.

［104］王玉玲．基于声誉的不完全契约的实施［J］．北方经济，2007（6）：18－19.

［105］王永钦．声誉、承诺与组织形式［M］．上海：上海民人出版社，2005.

［106］汪和建．迈向中国的新经济社会学——交易秩序的结构研究［M］．北京：中央编译出版社，1999.

［107］威廉姆森．资本主义经济制度：论企业签约和市场签约［M］．北京：商务印书馆，2002.

［108］肖条军，盛昭瀚．两阶段基于信号博弈的声誉模型［J］．管理科学学报，2003（1）：27－31.

［109］亚历山大·J. 菲尔德．利他主义倾向——行为科学、进化理论与互惠的起源［M］．长春：长春出版社，2005.

［110］叶剑平，蒋妍，丰雷．中国农村土地流转市场的调查研究——基于2005年17省调查的分析和建议［J］．中国农村观察，2006（4）：48－55.

［111］叶剑平，田晨光．中国农村土地权利状况：合约结构、制度变迁与政策优化——基于中国17省1956位农民的调查数据分析［J］．华中师范大学学报（人文社会科学版），2013（1）：38－46.

［112］伊特韦尔，米尔盖特，纽曼．新帕尔格雷夫经济学大辞典（第二卷）［M］．北京：经济科学出版社，1996.

［113］余津津．现代西方声誉理论评述［J］．当代财经，2003（11）：18－22.

［114］于茂荐．信任、声誉机制在虚拟企业治理中作用研究［J］．当代经济管理，2010（5）：27－30.

［115］詹姆斯·斯科特．农民的道义经济学：东南亚的反叛与生存［M］．北京：译林出版社，2001.

［116］张翠娥，万江红．农村土地流转中人情与利益的博弈［J］．湖北社会科学，2005（6）：69－71.

［117］张东辉，王杰．契约经济学发展的若干前沿问题［J］．经济学动态，2005（11）：102－106.

［118］张五常．关于新制度经济学［A］．科斯，哈特等．契约经济学［C］．北京：经济科学出版社，1999：61－90.

［119］张五常．企业的契约性质［A］．陈郁．企业制度与市场组织［C］．

上海：上海三联书店、上海人民出版，1996：240－269.

［120］张五常．再论中国［M］．香港：香港信报出版有限公司，1987.

［121］张五常．经济解释［M］．北京：商务印书馆，2000.

［122］张康之．在历史的坐标中看信任——论信任的三种历史类型［J］．社会科学研究，2005（1）：11－17.

［123］张仙峰．网络欺诈与信任机制——交易链面向网上消费者的信任机制研究［M］．北京：经济管理出版社，2007.

［124］张缨．信任、契约及其规制——转型期中国企业间信任关系及结构重组研究［D］．北京：中国社会科学院博士论文，2001.

［125］赵其卓，唐忠．农用土地流转现状与农户土地流转合约选择的实证研究——以四川省绵竹市为例，中国农村观察，2008（3）：13－19.

［126］钟涨宝，汪萍．农地流转过程中的农户行为分析——湖北、浙江等地的农户问卷调查［J］．中国农村观察，2003（6）：55－64.

［127］朱强．基于TRA的农户农地流转行为研究——以湖南常德市322户农户为例［J］．湖南科技大学学报（社会科学版），2010（1）：96－101.

［128］Andreas Herig and Emilia. O. Lorini. "A Logic of Trust and Reputation." Oxford University Press, 2009, Vol. 18. 1.

［129］Allen, D. W. and Lueck, D. The Nature of the Farm: Contracts, Risk and Organization in Agriculture［J］. Journal of Economics, 1992, 82（1）: 100－104.

［130］Anne－Kathrin, J. F. "To Trust or Not To Trust: The Dynamics of Social Interaction in Psychosis." Oxford University Press, 2012, Vol. 135.

［131］Andreas Herig and Emilia. O. Lorini. "A Logic of Trust and Reputation." Oxford University Press, 2009, Vol. 18. 1.

［132］Bob Rietjens and Ribbert van der Kroft. "Trust and Reputation on eBay: Towards a Legal Framework for Feedback Intermediaries." Information & Communications Technology Law, 2006, Vol. 15. 1.

［133］Bratikowski, B. and Walsh, G. "Investigating Mediators Between Corporate Reputation and Customer Citizenship Behaviors." Journal of Business Research, 2011, Vol. 64. 1.

［134］Bos, W. "What Motivates Repayment? Neural Correlates of Reciprocity in the Trust Game." Oxford University Press, 2009, Vol. 4.

［135］Bob Rietjens and Ribbert van der Kroft. "Trust and Reputation on eBay: Towards a Legal Framework for Feedback Intermediaries." Information & Communications Technology Law, 2006, Vol. 15. 1.

［136］Bratikowski, B. and Walsh, G. "Investigating Mediators Between Corporate Reputation and Customer Citizenship Behaviors . " Journal of Business Research , 2011, Vol. 64. 1.

[137] Cheng, L. , Rosett, A. Contract with a Chinese Face Socially Embedded Factors in the Trans formation from Hierarchy to Market, 1978 – 1989 [J]. Journal of Chinese Law, 1991 (5): 143 – 244.

[138] Coleman, J. C. Foundation of Social Theory . Cambridge, Mass : Harvard University Press, 1990 .

[139] David M. Walker, The Oxford Companion to Law. Oxford University Prees. 1980.

[140] Diamond D. Reputation Acquisition in Debt Marke [J]. Journal of Political Economy , 1989, 97 (4): 828 – 862.

[141] Douglas, B. & M. D. Whinston, "Contracts and Strategic Ambiguity", The American Economic Review, 1998 (4): 902 – 933.

[142] Deutsch, M. Trust and suspicion. Journal of Conflict Resolution [J]. 1958 (2): 265 – 279.

[143] Fama, E. F. Agency Problems and The Theory of the Firm [J]. Journal of Political Economy, 1980, 88 (2): 288 – 307.

[144] Herbig. P. J. Milewicz and J. Golden. A Model of Reputation Building and Destruction [J]. Journal of Business Research, 1994, 31 (1): 23 – 31.

[145] Klein Benjamin. Fisher – General Motors and the Nature of the Firm [J]. Journal of Law and Economics, 2000, 43 (1): 105 – 141.

[146] Klein, D. Border Lines of Law and Economic Theory: Transaction Cost Determinants of Unfair Contractual Arrangments [J]. American Econnomic Review Papers and Proceeding 70, 1980: 5356 – 5362.

[147] Klein, B. and Leffler, K. B. The Role of Market Forces in Assuring Contractual Performance [J]. Journal of Political Economy, 1981 (89): 615 – 641.

[148] Kreps, D. , Milgrom, P. , Roberts, R. , Wilson. Rational Cooperation in the Finitely Repeated Prisons Dilemma [J]. Journal of Economic Theory , 1982 (27): 245 – 252.

[149] Kreps, D. , P. Milgrom, Roberts, J. and Wilson, R. , "Reputation and Imperfect Iformation", Journal of Economic Theory, 1990, Vol. 27, pp. 253 – 279.

[150] Kandori, M. Social Norm and Community Enforcement [J]. Review of Economic Studies , 1992 (59): 63 – 80.

[151] Khodyakov, D. "Trust as a process : a three dimensional approach" . Sociology, 2007, Vol. 41.

[152] Lee MS, et. Balancing grower protection against agency concerns: an economic analysis of contract termination damages [J]. Journal of Agricultural and Resource Economics, 2008 (33): 154 -168.

[153] Lew IN Solomons SB. Asset specificity and hold up in franchising and grower contracts: a theoretical rational forgovernment regu - lation [R]. University of Cambridge and Iowa StateUniversity, Working Paper. 2000.

[154] Levin J . Relation incentive contracts [J]. American Econmic Review 2003 (93): 835 -857.

[155] Lewis, J. D. and Weigert, A. J. "Trust as a SociaI ReaIity." SociaI Forces , 1985, Vol. 4.

[156] Morrison, A. D. and Jr. Wilhelm, W. J. "Partnership Firms, Reputation, and Human Capital." The American Economic Review, 2004, Vol. 94. 5.

[157] Milglom, P. R, North, D. Weingast B R. The Role of Institutions in the Revival Trade: The Law Merchant [J]. Private Judges, and the Champagne Fairs, Economics and Politics , 1990 (2) : 1 -23.

[158] Macleod, et. Implicit contracts, incentive compatibility, and involuntary unemployment [J]. Econometrica, 1989 (57): 447 -480.

[159] Morrison, A. D. and Jr. Wilhelm, W. J. "Partnership Firms, Reputation, and Human Capital." The American Economic Review, 2004, Vol. 94. 5.

[160] Nicholas Emler. A Social Psychology of Reputation [J]. European Review of Social Psychology, 1990 (1): 171 -193.

[161] Rotter, J. B. A. New Scale for the Measurement of Interpersonal Trust [J]. Journal of Personality, 1967 (35): 651 -665.

[162] Rotter, J. B. A. New Scale for the Measurement of Interpersonal Trust [J]. Journal of Personality, 1967 (35): 651 -665.

[163] Rousseau, D. M. Psychological and Implied Contracts in Organizations. Employee Responsiblities and Rights Journal, 1989, 2 (2): 121 -139.

[164] Rotter, J. B. A. New Scale for the Measurement of Interpersonal Trust. Journal of Personality [J]. 1967 (35): 651 -665.

[165] Siddhartha, D. , Knight, Thomas O. and Love, Alan H. Evolution of Agricultural Land Leasing Models: A Survey of the Literature [J]. Review of Agricultural Economics, 1995, 21 (1): 148 -176.

[166] Schlenker, B. R. , Helm, B. , and Tedeschi, J. T. The Effects of Personnality and Situational Variables on Behavioral Trust. Journal of Personality and Social Psychology [J]. 1973 (25): 419 -427.

[167] Telser, L, A Theory of Self – Enforcing Agreements, Journal of Business, 1980, Vol. 53, pp. 27 – 44.

[168] Weigelt, K. and Camerer, C. Reputation and Corporate Strategy. A Review of Recent Theories [J]. Strategic Management Journal, 1988, 9 (5): 443 – 454.

[169] Wu SY. Producer protection legislation and termination damages in the presence of contracting frictions [R]. IZA Working , Paper, 2009.

[170] Wrightsman, L. S. Interpersonal Trust and Attidudes toward Human Nature. In J. P. Robinson, RP Shaver and LS Wrightsman (Eds.), Measures of Personalty and Social Psychological Attitudes [M]. San Diego: Academic Press, 1974.

[171] Yoram. Barzel. "Measurement Cost and the Organization of Markets". Journal of Law & Economics, 1982: 27 – 28.

后　记

市场经济是一种交易经济，进行交易的双方通过契约联结起来，通过契约实现了交易双方之间的合作。有了契约，市场经济才能顺利运行，没有契约市场经济不可能有效运行。从某种程度上讲，市场经济就是契约经济。正因为这样，党的十八届四中全会通过的《中共中央关于全面推进依法治国若干重大问题的决定》指出："社会主义市场经济本质上是法治经济。使市场在资源配置中起决定性作用和更好发挥政府作用，必须以保护产权、维护契约……为基本导向"，并要求全社会"强化规则意识，倡导契约精神"。

对于契约，不同国家、不同学科的理解并不一致，即使是在法学领域也是如此。例如大陆法系国家普遍认为"契约为一种合意，依此合意，一人或数人对于其他一人或数人负担给付、作为或不作为的债务"（《拿破仑法典》，商务印书馆1979年版，第48页）。在英美法系国家认为，契约"是指适格当事人之间基于合法之对价而达成的作为或不作为某一行为的协议"（参见薛波主编：《元照英美法词典》，法律出版社2003年版，第312页）。更何况，经济学家、社会学家对于契约，都有自己的理解。在制度经济学家看来，契约就是一种制度安排。不仅契约内容形式千差万别、内容丰富，而且契约形式也多种多样。不同契约安排不仅签约成本不一样，而且所需要的知识也不相同；同时，不同契约风险也不一样，其契约实施成本也不同。因此，契约选择也就成为经济学研究的前沿性课题之一。在这一领域，科斯、威廉姆森就市场契约还是企业契约的选择方面做出了杰出贡献。正因为他们在契约选择方面做出的杰出贡献，他们分别于1991年和2010年获得诺贝尔经济学奖。当我快写完后记时，2016年诺贝尔经济学奖正式颁布，授予了研究产权与契约理论的哈佛大学的奥列佛·哈特（Oliver Hart）教授和麻省理工大学的本特·霍姆斯特罗姆（Bengt Holmstrom）教授。这进一步说明，契约问题是经济学研究的前沿问题，沿着科斯、威廉姆森的交易成本研究路径，一些经济学家者在农业经济领域，对农户之间、农户与企业之间的契约选择进行了探讨。

在深入农村调查中，我们发现在一定环境条件下，农民在进行土地流转时，一些农户选择了书面契约；而当流转对象和流转环境变化之后，农户可能放弃书面契约而选择口头契约。同时，在贵州农村农户之间流转农地时，多数农民选择口头契约，而且以口头契约进行流转的农户之间很少有纠纷，口头契约似乎成为农户流转农地时的一种习俗，过去在调查和撰写《农地习俗元制度及实施机制》这一著作时，我就将口头契约视为一种习俗。作为一个研究制度经济学的学者，契约是众多制度安排之一。在契约经济学的视野中，不仅契约选择是重要的，而且契约履约对经济顺利运行是至关重要的。那么，农户在流转农地时，为什么选择这种契约而放弃另一种契约，即契约的选择机制是什么？当契约选定之后，契约又是如何履约的，即契约履约的内在机制是什么？在法制社会中，对于约束力不强的口头契约，为什么较少出现违约行为？其内在的自我履约机制是什么？调查归来，翻阅有关文献资料，特别想看一看，在学术界，对于农地流转契约选择机制是什么？口头契约为什么能够有效履约或者说口头契约的自我履约机制是什么？遗憾的是在现有研究文献中，找不到答案。

行走在田间地头、行走于乡村之间，自己常常要想，作为一名学者，作为一名高校老师，作为一名科研人员，应该将搞清楚其中奥秘。正是在这样的背景下，沿着对口头契约这种习俗元制度自我履约机制的深入探讨，我申请了国家自然科学基金，并获得资助。在是国家自然科学基金（71173056）和贵州大学文科重点特色学科重大项目（GDZT201504）的资助下，我们重新梳理有关研究成果，进一步厘清学术框架，重新界定关键概念，积极组织团队进行研究设计、调查设计。参加研究的人员有安海燕副教授、龚丽娟老师以及我的研究生钱龙、王珊。钱龙撰写了第六章和第十二章的初稿，第十章是在王珊的硕士论文为基础进行修改而成，安海燕老师撰写了第八章第二节，其余章节由我负责完成，初稿完成后由我负责修改。在研究过程中，熊德斌教授、龚丽娟老师参与了调查，我的研究生钱龙、王珊、唐贤浩、刘洪、周欢、冉小勇、杜瑞贇、朱玉鹏、张梦飒以及北京航空航天大学的学生洪霓参与调查。可以说，专著的完成是集体共同努力的成果。在研究过程中，安海燕老师获得一项与农地制度相关的国家社科基金，钱龙、王珊先后被浙江大学录取为博士研究生，王珊、钱龙的硕士论文直接与本项目相关。可以说，我们在完成科学研究的同时，也培养了教师和研究生。虽然本成果是一项团队成果，但书中的缺点和错误与众人无关，自当由本人负责。

作者

2017 年 4 月